教育部社科研究·青年项目

国际关系退化机制与国际秩序重构

An Analysis of Regression of The International Relations And The Remaking of International Order

谢剑南 著

时 事 出 版 社

序（一）

作为一名青年学者，谢剑南主持承担了教育部国际问题研究的青年基金项目，撰写了《国际关系退化机制与国际秩序重构》一书，现将由国际关系专业知识界享有盛誉的时事出版社出版，并与广大国际关系研究者和兴趣爱好者见面，对此我感到由衷的高兴。

国家间的战争与和平、友好与竞争、结盟与敌对，一直牵动着各国的神经，也关系着各国人民的命运。千百年来，国际关系学者一直在探索国家关系的本质和动态关系，自国际关系学在20世纪初成为相对独立的学科以来，国际关系理论的发展通过几次大论战而得以不断发展与创新，先后形成了现实主义、理想主义和建构主义三大理论鼎足的格局。除此之外，各种其他理论也出现在国际关系理论或范式的视域，如：英国学派、民主和平论和霸权稳定论等。研究国际关系理论是一件有意义但难以深度把握的工作，但正是因为其非常重要又难以把握之故，更显其重要性。

理论的主要功能在于描述、解释和预测。对于国家尤其是民族国家来说，我们可以直观认为，国家仍然是人的集合，必然带有人性的利益特点和价值倾向。国家间关系还有自身特定的定律，尤其是国际体系中的现代民族国家，尽管在国际体系的行为体中具有不可置疑的主体性地位，但在全球化的大背景下，民族国家无论在形式还是内容上，都不能完全适应现代人类社会所面临问题的复杂性、多样性和多元性。

正如法律带有道德的外衣一样，事实本身就带有价值倾向。国际关系历史上所发生的事件，都或多或少地带有当政者的价值观与人性情感的影子，因而不难理解国家间存在的友好与亲善、摩擦与冲突、战争与和平，由此而产生的相关的国际关系的进化与退化。国际关系的退化，简而言之，即由友好、合作、和平、互利的关系状态退化到摩擦、冲突、敌对、战争的关系状态，从大量的历史经验来看，国际关系退化是正常的国际关系之一，尽管有不同原因、不同类型、不同层次的退化，但依然可以看出国际关系退化是有一定规律可循的，正是看到了这种规律性，此书才更具有其本身应有的价值。

我们往往较多地谈论国际关系的进化，谈论国际合作的条件和国际冲突的原因，较少谈论国际合作的原因和国际冲突的条件，国际关系的退化就掩藏在这些原因和条件当中。然而，不必刻意为自我有关的国际关系进化而欢呼，也不用刻意为自我国际关系的退化而沮丧，或者为他国国际关系的进化而不快，为他国国际关系的退化而观望。对于一国来说，国际关系的进化或退化可能牵涉到国家的生死存亡和国民幸福与否，但是对于国际体系来说，国际关系进化与退化的演化是一种客观常态，唯有不断地进化与退化，才能推动国际关系的发展，才能使国际关系更加有生气，能朝着更加规范有序的方向发展。

在现代这个国家“死亡率”极低的全球化社会，国际关系的基本变量与国家之间的制衡，更加成为一种常态。国家间的相互防范与相互依赖不断交叉演绎，催生了国家实力起伏与大国崛起，不断推动着国际秩序的重构，当然，国际秩序重构不只是由国家间的相互关系推动的，还有民族、地缘、历史、文化、制度等方面诸多因素。

国际关系退化机制分析在国际关系学研究中，是一个尚待加强研究的新领域。此书作者能走在国际关系研究的前沿，其理论研究勇气值得赞赏，我本人也一直关注着此书的写作与出版，值此书即将出版之际，再次表示祝贺。

期待作者和其他国际关系学研究者和爱好者日后在此研究领域中取得更多研究成果。

国务院发展研究中心

苗华寿

2014 年 1 月

序（二）

得知谢剑南撰写了国际关系退化机制研究方面的专著，十分高兴。

本人早就对国际关系的进化（退化）的课题研究有深厚兴趣，并且也认为，国际关系的演化史简单地说就是各类国际关系的进化或退化史构成的，国际体系的演绎从来就是在国际关系的进化或退化中生成的。且不论书中章节理论价值大小和观点的可酌性如何，单就书中开创性的分析研究就已经让我萌生敬意。仔细阅读此书，书中不乏诸多闪耀着创新性的研究和独到的见解，与某些东拼西凑而成的书籍截然不同，显示了作者的严谨态度和治学品质。

曾与作者在一次相聚聊天中，得知此书由作者完全独自撰写而成，这在意料之外也在意料之中。作为好友，我们经常沟通，因而也对我的好友十分了解，作者本来工作十分繁忙，然而，在日常忙碌之外，作者还能静下心来做课题研究，并且是一种创造性很强的研究，实在难能可贵。

书中首先着重探讨了国际关系研究的十个前提问题，我非常赞同。很多国际关系研究者和兴趣爱好者，往往忽视了国际关系研究所必须具备的理论素养前提要求，作者较好地总结了与国际关系理论研究似乎无关的十个前提问题，但细细想来，这十个前提性问题却在国际关系研究中确实非常重要。

文中接着研究了他者、群体以及与之对应的他者主义与群体主义，总结出了相应的存在类别与规则，提出了国际体系的无政府主义状态是由他者造就的论断，进一步修正了建构主义重要学者压力山大·温特所提出的国际体系的无政府主义状态是由国家造就的论断，这应该是国际关系研究中的一个非常重要的新突破。

作者提出了很有意思的国际关系变量制衡反应的基本模式和互动中的“剑—盾”——“刺激—反应”模式，既有新意又有贴近性，还附有案例佐证，让人耳目一新。然后，作者着重分析了国际间的两种特殊身份属性，指出国家身份的总和即国家形象。在此基础上，作者进一步分析了国家身份的退化与国际关系的退化是有密切关联的，提出了国际关系退化始自观念、退化的四种经典类型和十大特征，进而就国际关系退化做了机制上的分析。书中最后分析和平与冲突、相互防范与相互依赖两大国际关系悖论，分析了国际关系的进化与国际秩序重构以及中国崛起的外交战略研究。全书章节结构严密、顺理成章，显示了很强的逻辑性和思想性。

全书让人读起来深受启发，值得研读。热切期盼作者将来能有更多优秀学术成果出版，也热切期盼中国的国际关系学理论界能有更多属于自己的学术研究成果，在世界上早日形成有中国元素符号的中国国际关系理论体系流派。

中共中央对外联络部

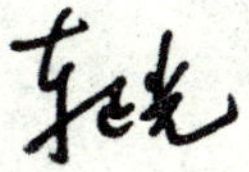

2014 年 1 月

目　　录

前言 …………………………………………………………………… (1)

第一章　国际关系研究的十个重要前提问题 ……………………… (5)
　第一节　存在与思维 ………………………………………………… (7)
　第二节　本体论与认识论…………………………………………… (10)
　第三节　基要主义与反基要主义…………………………………… (14)
　第四节　共同存在与他者存在……………………………………… (22)
　第五节　社会科学与自然科学……………………………………… (27)
　第六节　偶然性与必然性…………………………………………… (30)
　第七节　时间、空间与人性 ………………………………………… (34)
　第八节　文化、文明与地缘 ………………………………………… (39)
　第九节　国际关系的进化与退化…………………………………… (46)
　第十节　理性原则与理论建设……………………………………… (53)

第二章　国际政治的他者主义理论…………………………………… (60)
　第一节　他者的两种存在状态与他者的认知……………………… (60)
　第二节　他者的存在造就人类社会的观念、制度、
　　　　　组织、结构与国家 ………………………………………… (68)
　第三节　国家的概念辨析…………………………………………… (71)
　第四节　政治人类学的两种主要国家生成理论…………………… (76)

第五节　国际体系的无政府状态是“他者的存在”造就的 …（81）
第六节　他者主义:国际关系学暗含的元理论 ……………（86）
第七节　引入他者主义理论的重要性与局限性……………（88）

第三章　国家间群体主义政治的十大法则……………………（94）
第一节　群体主义的概念与本质……………………………（94）
第二节　他者主义与群体主义的关系………………………（96）
第三节　国家间群体主义的十大法则 ……………………（104）

第四章　国家特性与国家间关系 ……………………………（115）
第一节　我们是谁？他们是谁？…………………………（115）
第二节　谁是朋友？谁是敌人？ …………………………（120）
第三节　中美是朋友还是对手？ …………………………（129）
第四节　中日是友邦还是敌手？ …………………………（143）

第五章　国际关系变化的基本变量及关系式 ………………（151）
第一节　国际关系变化的基本变量 ………………………（151）
第二节　变量的两面性与双重性 …………………………（156）
第三节　变量的制衡 ………………………………………（159）
第四节　变量制衡反应的基本关系式 Y = F(X) …………（165）

第六章　国际关系中的刺激—反应模式 ……………………（173）
第一节　互动中的“剑—盾”:“刺激—反应”模式 ………（173）
第二节　案例一:二战前希特勒进军莱茵非军事区………（179）
第三节　案例二:冷战时苏联在古巴部署导弹事件………（183）

第七章　国家的身份属性与国际关系退化机制 ……………（206）
第一节　国家是有身份属性的 ……………………………（206）

第二节　国家的双重身份：体系身份与相互身份…………（210）
第三节　国家身份的总和即国家形象 ……………………（216）
第四节　国家身份的退化 …………………………………（230）
第五节　国际关系的退化 …………………………………（236）

第八章　国际秩序的重构 ……………………………………（256）
第一节　和平与冲突的悖论 ………………………………（256）
第二节　国际关系悖论：相互防范与相互依赖…………（264）
第三节　国际体系的进化 …………………………………（279）
第四节　国际秩序重构 ……………………………………（287）
第五节　中国崛起的外交战略 ……………………………（300）

参考文献 ……………………………………………………（310）

致谢 …………………………………………………………（326）

前言

“21世纪的世界只能引领，不能统治。这是一个流动的体系，规则就是一切都转瞬即逝，而危机将成为常态。这样的一种体系只能通过梦想来引领。”① 的确，在冷战后的国际体系中，尽管美国成为唯一超级大国，但就连美国自己也从来没有说过要统治世界，而是强调领导世界。

国际关系总是在变化的，因为国际利益总是在变化的，这种变化不只是物质上的变化，更重要的是观念上的变化，一旦观念上的或（及）物质上的利益有了变化，国际关系就会出现相应的变化。在现有国际体系中，国家的死亡率非常低，作为主权国家，在地理上基本上是固定的，但是国家间关系却有着进化或者退化的现象，② 有的是暂时变化，有的是长期变化，而变化的背后，不止是与国家利益有关，也与观念有关。观念不止存在一届一届的执政精英中，也存在于普通国民中，尤其是信息化时代，国民的利益观念能直接影响国家的外交政策与行动。

人们通常偏好于国际关系的和平稳定，着重于冲突的根源与探讨和平的条件，而很少关注国家间关系退化的必然性与内在机制。

---

① “世界迈向美中两国共治时代?”，载《参考消息》，第19876期，2013年7月16日，第1版。原文为：阿根廷《号角报》2013年7月14日文章。

② 进化与退化不仅指合作与冲突，也涉及制度、规则、价值观、道德、民主、进步等因素。

可以认真想一想，为什么近代以来，中日关系一直难以有真正的改善？为什么伊朗的巴列维王朝被推翻后，美伊关系持续性退化难以有所改变？为什么在二战后，朝鲜与美国的关系经常处于退化后泥潭之中？为什么印巴分治后，两国总难以和平友好相处？等等。也许这些都是比较典型的为国际关系机制提供佐证的例子。事实上，大量暂时性退化的例子也广泛存在于国际关系中，中美关系、美俄关系、英阿关系等，都经常存在关系上的进化与退化现象。

很多人普遍把国际关系的退化视为一种不利现象，这有一定道理，毕竟无论什么样的国际关系退化，都意味着当时的利益有不同程度的受损。但是从长远来看，具体国家之间国际关系的退化未必有损于国家利益，也未必不对整个国际体系的进化产生积极影响。国家间的互动不一定属于国际体系结构的变化，但互动推动了国际体系的发展，互动的过程就是国际体系结构调整、进化的过程。需要说明的是，国际体系结构的变化，也存在短暂性的退化现象，例如世界大战、全球性经济危机等，都可以视为国际体系的暂时性退化，但是总体上从长期来说，国际体系显然是进化的，体系结构是趋向更加和平稳定路径的。

本书开头分析了研究国际关系理论中需要明晰的十个重要问题，然后分析了国家间群体主义中的他者主义和群体主义的十个法则，深入分析了国家特性与国家间敌友关系，提出了国际关系中的刺激—反应模式并以希特勒进军莱茵非军事区和古巴导弹危机为例加以阐释，然后分析了国家身份与国际关系的退化，最后简要地分析了国际秩序的重构。这种写作结构安排显然是带有个人判断色彩的，不足之处难免，只是希望文中观点能对读者有所启发和裨益。

有些人不是把本质看作是某种现象的本质，而是加以扩大化，把它看作是属于更广泛范畴的共性或类属。在历史长河中的人类认识过程，决不会在某一瞬间获得绝对真理，然后戛然而止，本质也不能囊括作为某一感性形态的现象整体，因为本质实际上是排除干扰经过净化的抽象。研究国际关系理论，总不可避免地带有经验主义和实证主义的倾向，因此，认识与研究国际关系本质也必然不是一个视角的，而是多视角的，不是到此为止的，而是有待深化与发展的。

由于时间仓促，许多问题未作深入研究，书中内容也不可避免地存在尚待探讨斟酌的不足之处，恳请读者批评指正。

期待国际秩序更加和平、公正、稳定，期待人类更加文明、进步、幸福。

第一章

国际关系研究的十个重要前提问题

自从国家诞生以来，每个国家都面临两个重大问题：一是国内问题，即国家的统治，要解决的是国家由谁来统治、统治谁以及如何统治等一系列问题；另一个是主权问题，即国家存在、政权更迭、国家统一与分裂、领土完整、国家利益的维护等一系列问题。

无论是国内的还是国际的问题，每一个问题都不是孤立存在的，在一定时期、一定地点、一定范围之内，都是必然的，一切看似偶然的东西，本质上都具有必然性。而所有的问题，都涉及到人的自然性和社会性，因为人天生具有自然性也具有社会性，所以，人类社会的所有问题，都与人自身具有的一些特定人性及社会基本法则有关。

国际关系学是古老又新兴的学科，需要我们细细梳理，认真研究。[①] 国家产生后，国家之间的关系便正式登上历史舞台，从帝王到臣民，多少都有自己的有关国家间关系的看法和观念，因而从这一历史角度出发看国际关系学，显然是一门古老的学科。事实上，两千多年前，中国古代的孔子、管子、庄子、墨子、孙子等，以及西方古希腊时代修昔底德、柏拉图、亚里士多德等人，在其相关的哲学、国家学说、战略学、政治学、历史学、军事学中，就已经出现

---

① Stanley Hoffmann, The State of War-Essays on the Theory and Practice of International Relations, Praegers Publishers, 1965, p. 5.

了一定的国际关系方面的见解和观点。

自欧洲三十年战争签署了《威斯特伐利亚和约》后，开启了近代国际关系的序幕，近代国际关系学的发展也就此展开。当然，要确切地知道“国际关系”何时开始是困难的，甚至是“不可能的”。后人发现，杰里米·边沁在1789年《立法原理和道义概论》一书中叙述国际立法方面的问题时，曾使用过“国际关系”。[①] 不久，“国际关系”一词就被广泛地采用、普及开来。[②] 第一次世界大战后，国际关系学便作为一门独立学科在英国出现，随后迅速在世界上得以广为发展。

传统的国际关系理论以现实主义和自由主义及其分支研究较多，20世纪90年代建构主义崛起后，形成了三足鼎立的局面。理论界最近也出现了一些解释性、规范性、修辞性、语言性等真实的或虚构的理论范式的声音。然而，“大多数理论者趋向于论述更加批判的主题，如科学与解释、客观性与主观性、规范与实践、物质主义与理念主义，这成为近年来国际关系争论的独特特征。”[③]

在国际关系学研究的过程中，有些需要始终明了的对应性问题，首要应有深入的认识和理解。如存在与思维，本体论与认识论，基要主义与反基要主义，共同存在与他者存在，自然科学与社会科学，偶然性与必然性，时间、空间与人性，文化、文明与地缘，进化与退化，理性原则与理论建构等，这些问题涉及不同的学科与领域，但都是当前国际关系学研究中应该首要注意的重要问题。只有在明确了上述十大问题之后，我们才能有效地进一步分析国际关系，研

---

① Marcel Marle, The Sociology of International Relations, Translated from French by Dorothy Parkin, Berg-Leamington Spa Publishers, 1987, p. 15.

② 倪世雄等：《当代西方国际关系理论》，上海：复旦大学出版社，2001年版，第7页。

③ Samul Makinda, “Reading and Writing International Relations”, Austrian Journal of International Relations, 54: 3 (2000), p. 389.

究国际关系理论，才能有效地进一步分析战争、和平、发展、合作、权力、利益、规范、制度、机制、秩序、格局、时局、均势、霸权、民主、人权、道义以及价值观等。

第一节 存在与思维

传统上，“存在”和“思维”是哲学的基本问题，不是国际关系学的基本问题。由于存在与思维指涉国际关系学中的本体论与认识论，而存在与本体论、思维与认识论之间有着千丝万缕的联系，因而对于研究国际关系自然也有莫大的关系，有助于我们更深入、更彻底地分析国际关系的过去、现状与未来。

存在与思维之辨，古已有之，直到近代，现代科学技术的发展使人们的思想从宗教的束缚下解放出来后，才有一个比较现实且科学的认识。存在与思维的关系，也就是物质与意识的关系。19 世纪恩格斯提出的存在与思维关系，实际上包含两个层面的内容：一是精神与自然界何者是本源的问题，即何者是第一性的问题；二是思维能否认识世界的问题，即二者有无同一性的问题。他指出，“全部哲学，特别是近代哲学的重大的基本问题，是思维和存在的关系问题。……思维之对于存在、精神之对于自然界的关系问题，全部哲学的最高问题。……什么是本原的，是精神，还是自然界?”[①] 对于这个问题的回答，形成了哲学上可知论与不可知论的划分，但这“两论”并非否定存在，也并非否定物质与精神的力量的问题，二者更大的差别是在于何者为先的问题。当然，不同时代的哲学对存在与思维的理解可能也可以是完全不同的。在古希腊，主要是讨论

---

① 《马克思恩格斯选集》（第 4 卷），北京：人民出版社，1995 年版，第 223—224 页。

存在和非存在以及思维、言说和存在三者的关系问题，在中世纪则是如恩格斯所说，集中于“世界是神创造的呢，还是从来就有的”。①

存在是先于思维的，而神从来就不是客观现实存在的，神只存在于人的思维建构中。存在是客观的存在，思维是存在的思维或存在演绎出的思维。譬如，在白天，我们很容易分清一个人穿了白衣服还是黑衣服，但在完全的黑夜里，我们无法判断一个人穿了白衣服还是黑衣服。如果这个人自己说穿了白衣服，并且真的穿了白衣服，我们白天是可以感知的，思维也会告诉我们这个人确实是穿了白衣服；如果在黑夜，我们无法判断这个人是否真的穿了白衣服，只能凭思维想象这个人穿了白衣服，但是，这个人不能骗我们，我们也不会被这个人骗，因为即使在黑夜，我们也还是能找出理性的方法做出理性的判断，这个人是否真的穿了白衣服还是黑衣服。

这就是说，存在不仅有客体，还有思维，思维本质上也是存在，一种抽象的存在。存在是思维的客体，思维从存在那里建立一种属于自己独特的形式或者形态；没有存在，思维就不能建立这种形式或形态，但思维作为一种特殊的存在，也可以通过思维本身建立起一定程度的这种形式或形态；没有思维，不能说没有存在，同样，也不能说没有存在，就绝对说没有思维，只是一定的思维形式并非一定指向特定的客体存在而已。具体到国际关系来说，思维主要指向国际社会的各类存在事实，运用不同的研究方法来研究国际关系的历史与现状，梳理出有理论意义的规律，并尽量准确、精确地对国际关系进行描述、解释与预测。

国际关系学的存在与思维关系，已经与哲学上的存在与思维有很大区别。哲学上的尤其是本体论上的存在可以分为三类概念，

---

① 《马克思恩格斯选集》（第4卷），北京：人民出版社，1995年版，第225页。

一是存在，二是自然存在，三是社会存在。关于存在，一个分析上的障碍是常常把存在者与存在简单等同起来。实际上，哲学上的存在是包括自我与他者共在的存在者中抽象出来的一个概念。按卢卡奇的分析，包括“无机自然”、“有机自然”和“社会”，无机自然和有机自然合称为“自然存在”，而社会存在主要指人的社会性存在。虽然人的社会存在超越了某种超无机界和超生物学界的生存方式，但人永远属于自然存在物，自然存在始终是社会存在的基础。卢卡奇认为，“社会存在本体论只能建立在自然本体论之上。”①

国际关系学中的存在，主要指社会存在。在国际关系理论的社会学转向过程中，国际关系的本体论不断由物质主义向理念主义拓展。马克思指出，“人的本质并不是单个人所固有的抽象物，在其现实性上，它是一切社会关系的总和。”② 马克思的社会存在本体论实际上就是“社会生产关系本体论”。社会存在的两个对立面，即自我的存在与他者的共在存在，促成了各类关系的演绎，也更使“社会成为社会”，建立在社会存在基础上的思维。在概念上，实际上已经窄化为社会存在的社会思维，不再纠结于传统哲学上的那种存在与思维“何者是一”的问题。而且分析的主要基础和对象是社会存在，尤其在国际关系理论流派细致化发展的今天，对于国际关系理论中所涉指的存在与思维，着重的是思维如何理解存在、解释存在、影响存在、建构存在的问题。“事实上，国际关系本体论的物质主义和理念主义都是高度理想化的情形，只有极端客观主义者和极端主观主义者才认为自然世界和社会世界泾渭分明。”③

---

① 俞吾金：《存在、自然存在和社会存在》，载《中国社会科学》，2001 年第 2 期，第 58 页。

② Marx Engels Werke (Band 3), Dietz Verlag, 1969, p. 6.

③ 赵广成：《从合作到冲突：国际关系的退化机制分析》，北京：世界知识出版社，2011 年版，第 82 页。

第二节　本体论与认识论

随着国际关系理论研究的深入，国际关系学的研究学者越来越关注一个重要的基本问题，即“本体论”和“认识论”问题。本体论在哲学和社会科学里面是很常见的概念，但在国际关系理论中，直到后现代主义、后结构主义、批判理论、建构主义以及其他非实证主义研究思路引入国际关系理论之后，才被广泛提及和关注。

按照传统认识，哲学是文化的一个必要功能，本体论是全部哲学的基础，无论从时间先后次序来看，还是从纯粹逻辑观点来看，本体论要先于认识论。这种认识是符合客观实在的，也是符合认识实践的。认识论是本体论的外延，是在人类社会发展中，“社会的人”对自然界和自身社会的认识及其反思，但在本体论与认识论之间，并不存在本体论迁就认识论或者认识论迁就本体论的问题。事实上，在本体论居先的认知上，认识论作为一种认识与反思，可能存在一些不同的解读，但不会存在所谓“后来居先”的趋势。而且，所有的国际关系理论也都必须坚持本体论居先的认知，不然将陷入纯粹的唯经验论、不可知论或者唯心主义论的不可自拔的漩涡。当然，对于认识论是否是哲学的核心，一直是有争论的，但这也是关于“认识论转向”的问题，而非以颠覆本体论为标相目的，所以，这并不影响国际关系理论的形成、发展与争鸣。

国际关系学中的本体论，涉及事物的本质，与哲学上的存在有相同之处，即研究“什么是存在”，研究关于实存世界的理论。当然，我们的这个探讨只是关于社会存在而不是指自然存在。国际关系学中的本体论与哲学上的“存在”有莫大的联系，但国际关系学中的本体论，似乎要更为超脱，它关注的核心问题是“是否在什么地方存在一个独立于我们知识之外的‘实在’世界”？[①] 对于这个问题所持的立场，将很大程度地左右分析研究者对于认识论上的判断及其方法论上的选择。

国际关系学中的认识论，是“有关对实存社会世界而言什么是可知的，我们又是如何知道我们所知的问题的理论”。首先，“一个观察者是否可能在社会现象之间界定某种‘真实’或者‘客观’的关系？”其次，“通过何种路径我们可以确定社会现象之间存在‘实际’的关系呢？是不是可以仅仅通过直接的观察来推断此种关系的存在？抑或‘存在’一些并不能够直接观察到的社会关系？”[②]

认识论可以反映本体论，但是，认识论的内容能如实地反映本体论的内容吗？并能有效地全部反映吗？就认识论本身而言，我们知道我们所知道的一些东西，并在不断认识一些新的东西，但我们永远不知道还有多少我们所不知道的东西。对于我们所认知的世界存在，除了可观察的并可实证的存在，我们自己在研究中建构的某些理论就成了知识的一种指导，也就是说，理论成为提供有关不可观察事物的知识来源。对于这一点，温特认为，一旦一种理论不能被还原到观察陈述，这种理论就只能被当作工具对待。工具主义（instrumentalism）对于不可观察事物的态度是将认识论完全置于本体论之前，“这样就导致了两种危险倾向，第一种危险倾向是鼓励了‘好像’（as if）思维方式，……如果我们相信世界独立于思维存在，我们可能永远也无法成功地解释这个客观世界是怎样运行的。甚至一些同情经验主义的人也怀疑‘好像’推理方式的科学性。第二种危险倾向特别涉及科学实在论的社会类别观点，……事先就把任何考虑不可观察事物的理论斥为‘形而上学’的理论，……这就否定

---

① 王建伟主编：《国际关系学》，北京：中国人民大学出版社，2010年版，第43页。

② 同上书，第45页。

了一切把国家和国家体系当作实在的和可知的现象加以讨论的理论。"①

现在已经基本没有研究者认同贝克莱的本体论看法，即“感觉到的才是存在的”，但是，很多人却认同哲学家黑格尔的一个观点，即“存在的就是合理的”。依据这一观点，国际关系研究进一步深入到社会的本质或结构，所以，对有些国际关系学人来说，这意味着研究转向更加理性的角度，意味着诠释和话语分析方法的重要性进一步上升，对社会存在和结构的理解和解释并重，对国际关系的认识从主要是线性机制分析转向更加“合理”的因果链条式机制分析。在国家与国家体系结构中，对于存在的就是合理的理解以及由此产生的认识，并不意味着不合理的就是不存在的，同样不意味着不存在的就是不合理的，也不意味着不存在的就是我们的认识不能达到的。从纯粹的社会价值观来看，存在的当然不一定就是合理的，但就国家与国家体系来说，在主观上看可能是合理的，但在客观上看，存在的是由存在的内在逻辑力量推动或者造成的，因此其合理性就至少可得到某种存在的实证。

从“存在的就是合理的”这一视域出发，按照现实主义的基本要义，这一逻辑实际上是强者逻辑，强调权力与利益的意义，实力是存在与安全的首要保证，同时，均势被赋予等同于共同存在的特殊意义。对于强者或者霸权者，同化或者甚至消灭他者的存在，形成一种新的“既成事实的存在”，也是一种“合理”的自我存在法则，当然，对这一逻辑的质疑和争辩也从来没有消失过。理想主义由于更关注未来存在而不是现在，也不深究是否在什么地方存在一个我们所不知道的世界，而是通常认为当前的存在并不是合理的存在，改造当前存在的形式和价值观，建构未来存在的形式和价值观，

---

① ［美］亚历山大·温特著，秦亚青译：《国际政治的社会理论》，上海：上海人民出版社，2000 年版，第 77 页。

是理想主义的主要追求。所以对于未来国家与国家体系存在的形式及结构的描述多于对当前存在的理解和解释，并以此为基础，意图奔向主观的、自由的、合理的未来存在。而建构主义几乎把存在的即是合理的作为一种理性假定来认定，并从这一假定出发，把施动者的身份、观念和结构状态的建构联系起来，注重结构状态的解释与解构，以更超脱的视角来看待存在，至于某一阶段的存在是否是合理存在以及其内部价值观取向如何，则类似于一个旁观者。正如温特所指出的，"建构主义以不同的方式设定国家体系结构，但是，这并不意味着国家体系的客观现实在某种程度上是依赖我们的理论而存在。"①

在本体论与认识论之间，是不是可能有中间道路呢？答案是肯定的。并且，这些中间立场能为国际关系学的发展提供第三种有意义的选择，就这一方面而言，英国学派和建构主义是比较突出的。"英国学派学者以格老秀斯的理性主义传统为思想基础，力图在现实主义（马基雅维利）与革命主义（康德主义）之间创建一条中间道路，某种程度上实现对三种研究传统的综合及超越。……英国学派在本体论上坚持国家体系、国际社会与世界社会的三个概念。他们实际上是以国家体系研究为基础、以国际社会理论为核心、以世界社会的可能性为理论扩展的潜在学术领域，这体现了英国学派促进现实主义、理想主义与革命主义三个研究传统的融合与对话的努力。"② 而建构主义者在实证主义与后实证主义间，开辟了一条中间道路，把实证主义的认识论与后实证主义的本体论结合在了一起。"中间立场是建立在认为我们关于世界的思想和理论包含了主观性和客观性观念的前提之上。""主观性因素与我们所遵循的不同价值和

---

① ［美］亚历山大·温特著，秦亚青译：《国际政治的社会理论》，上海：上海人民出版社，2000 年版，第 79 页。

② 白云真、李开盛：《国际关系理论流派概论》，浙江：浙江人民出版社，2009 年版，第 418—419 页。

观念相联系，客观性因素与事实上我们同意的关于外部真实世界是什么的本质性见解相联系。”①

第三节　基要主义与反基要主义

在著名的“外祖母悖论”中，某人回到过去，在自己母亲出生前杀害了自己的外祖母。既然外祖母已死，就不会有其母亲，也不会有他；既然他不存在，又怎么能回到过去，杀死自己的外祖母呢？与之对应的，既然有回到过去的悖论，也会有进入将来的“先知悖论”：某人进入未来，得知将发生的不幸结果 A，他于现在做出了避免导致结果 A 的行动，到达结果 B。那么结果 A 在未来根本没有发生，他又是如何得知结果 A 的呢？

是否在什么地方还存在其他我们所不知道的世界呢？

为了解释这一“外祖母悖论”，物理界就产生了“平等历史（也称平等世界）”的说法，即我们认知的世界之外，还存在其他平行世界。如此，“外祖母悖论”就有了合理的解释：一个人可以回到过去杀死自己的外祖母，但这将导致世界进入两个不同的轨道，一条轨道中有那个人（原先的轨道），而另一条轨道中没有那个人。我们认知的世界就是不以我们意志为转移的已知世界。不论是否存在已知世界之外的平行世界，从严谨的科学态度出发，我们有必要假设它存在（当然可能的确存在）。

这里笔者先对“外祖母悖论”进行一下论述：霍金把“外祖母悖论”的结论置放在“不能干预物理律”，即不能干预历史的层面上，应该说是不错的。但他不明白一个更为深层的理论，那就是顺

---

① ［英］提莫·邓恩等主编：《八十年危机》，周丕启译，北京：新华出版社，2003 年版，第 138—140 页。

向的逻辑顺序的物理衍生并不是理论上的逻辑定义。因为，那种线性的逻辑思维的顺序，恰恰是一个狭隘的三维空间的思维顺序，是人们在一般状态下的人类的思维顺序，这种思维的基础是建立在三维空间的地球引力之上的线性思维，而不是宇宙思维，不是超出了引力场之后的，摆脱了线性思维的局限性的空间思维。《时间机器》被称为利用科学进行时空旅行题材科幻小说的开山鼻祖。当时及在之前都会被看作“不切实际的幻想”。而10年后也就是1905年，爱因斯坦狭义相对论的发表，则从科学上把这些幻想变为了现实。爱因斯坦的狭义相对论首次提出：时间是相对的，并推断如果人以接近光速旅行，那么时间对他来说就会停滞。

狭义相对论的理论是可以飞越未来，但是不能回到过去。因为当在物体接近或超过光速的时候，时间有可能只很慢或者是静止的，不可能使时光倒流。又过了10年也就是1915年，爱因斯坦提出广义相对论，第一次将时间与空间合并在一起。广义相对论提出了时空隧道的概念。时空隧道是一个在引力场下能变化的一个东西，当空间折叠之后，空间折叠的两点中间打开一个洞相通的话，就可能走一个空间的捷径——虫洞。这样，如果说爱因斯坦只是在理论上证明飞越未来是可行的，那么在几十年后的1971年，科学家则用实际行动证明了这个理论。物理学家将4个极为精确的原子钟放在一架航行的飞机上。飞行之后，飞机上的原子钟与地面的原子钟相比的确慢了59纳秒。

之所以飞机上的原子钟与地面的原子钟相比慢了59纳秒，那是因为你在拿你的时间和我的时间相比。即便你能够以光速去旅行，你也不会因为时间静止而永远存在，你依然会死。时间是与空间有关的。

但随即而来的疑问则很多，比如如果我们回到过去，自己杀死了自己的母亲或外婆，那我从何而来？这种混乱的逻辑在科学界中被称为“外祖母悖论”。但爱因斯坦并未给出回答，包括鼓吹时间旅行可行的时间大师霍金也未能找出令人信服的解释。后来提出如果能到过去旅行，你就有两种选择，一种是你能够干预历史，一种是你不能干预历史，霍金倾向于认为不能干预历史。为什么不能干预历史呢，霍金没办法给出理由，他只是认为物理定律一定会阻碍你干预历史，你想干预也做不到。

如果我们真的能回到过去，那么我们可以避免很多悲剧的发生。但在现有的科技条件下，连达到光速的1/n都做不到；另外，如果要回到过去，需要穿越黑洞，它需要一个很大的能量。比如把一吨的物体加速到光速的99%，需要整个地球好几个月消耗能量的总和。

难道这些都只是一个梦想吗？如果我们可以时空旅行，我们可以看到更多的未来。目前我们确实不能进行实际的时空旅行，但并不能束缚幻想的翅膀。爱因斯坦证明了我们梦想的可能，我们需要的是实现梦想的勇气与不断探索的决心。

线性思维的一个致命弱点就是，它把可以信赖的基础完全置放在逻辑的轨道上进行考量。这种考量，只有一个定性、两种答案，那就是对与错。其实宇宙物质的当量远远不是人类利用线性思维所能考量的体量。尽管人类应用了许多公认的计量单位，但是人们始终无法估量太阳系以外的任何空间状态的存在方式。原因就是人类的体量和思维的方式有着本质性的局限和障碍，这种阻隔妨碍了人们的正常思维方式和内容的博取，所以人们便以大量的想象充斥畅想的空间，用主观的打量来替代理论的结果。

当然，任何事情总是存在争议的，也有反证“外祖母悖论”是不存在的。混沌理论中的“蝴蝶效应”就是其中突出的一个反证。蝴蝶效应（Butterfly Effect）是指在一个动力系统中，初始条件下微小的变化能带动整个系统的长期的巨大的连锁反应。这是一种混沌现象，又被称作非线性。

美国气象学家爱德华·罗伦兹（Edward Lorenz）1963年在一篇提交纽约科学院的论文中分析了这个效应。“一个气象学家提及，如果这个理论被证明正确，一只海鸥扇动翅膀足以永远改变天气变化。”在以后的演讲和论文中他用了更加有诗意的蝴蝶。对于这个效应最常见的阐述是：“一只蝴蝶在巴西轻拍翅膀，可以导致一个月后得克萨斯州的一场龙卷风。”

这句话的来源，是由于这位气象学家制作了一个电脑程序，可以模拟气候的变化，并用图像来表示。最后他发现，图像是混沌的，而且十分像一只蝴蝶张开的双翅，因而他形象地将这一图形以“蝴蝶扇动翅膀”的方式进行阐释，于是便有了上述的说法。

此效应说明，事物发展的结果，对初始条件具有极为敏感的依赖性，初始条件的极小偏差，将会引起结果的极大差异。

“蝴蝶效应”在社会学界用来说明：一个坏的微小的机制，如果不加以及时地引导、调节，会给社会带来非常大的危害，被称为“龙卷风”或“风暴”；一个好的微小的机制，只要正确指引，经过一段时间的努力，将会产生轰动效应，或称为“革命”。所以这也给了一种不存在“外祖母悖论”的反向解释。

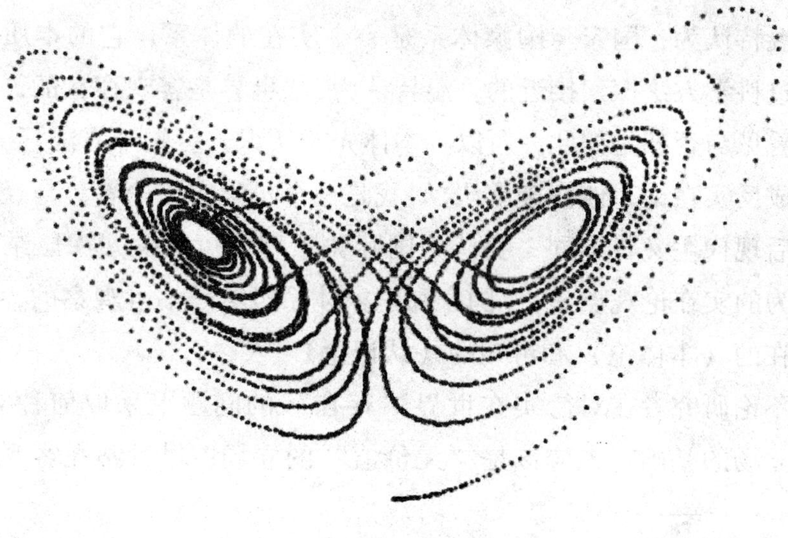

图 1—1　蝴蝶效应图示

毋庸置疑，在社会学中，把基要主义与反基要主义从本体论抽象出来分析，作为一种分析方法，是有重要意义的。但这里要厘清一个问题，国际关系学的基要主义与基督教神学里的基要主义不同。基督教里的基要主义（现在也译为原教旨主义）是美国新教福音派的一个分支，产生于20世纪初期，20年代曾以反进化论运动风靡美国，一般认为是反理性主义的，具有保守、好战、分离、反动和边沿化的特征。国际关系学的基要主义与哲学上的基础主义也不同。基础主义指的是文化和思想中的一种信念，即认为所有知识都存在一个不变的也不可质疑的坚实基础，而反基础主义则指持此反向观点的信念及文化思想构成。

自温特的社会建构主义兴起后，人们再次更多地关注“社会现象是社会建构的”这一国际关系理论中的反基要主义立场与信念。温特没有使用基要主义与反基要主义这一词汇，但温特使用了似乎更为实际的词语来说明他所持的本体论观点。他使用的是实在论与反实在论的概念，这与基要主义及反基要主义的性质似乎是一致的，除了指涉范围的宽窄程度不同之外。

温特认为，国家与国家体系是一个实在的体系，它的本质是可以通过科学方法探索接近的。温特认为，“世界是客观存在的，无论我们看见与否都是如此，所以，本体先于认识，更先于方法。”温特不赞成反实在论，他直接承认，“我是一个科学实在论者，与经验主义和后现代主义者不同，我认为国际关系理论可以探知深层结构。”他认为的实在论观点是，“国家和国家体系虽然是不可观察的，但却是实在的（本体论）和可知的（认识论）。”①

不论研究者在对待实在世界“存在”的问题上采取何种立场，这种立场的基础首先应该是“无价值”的立场，尽量站在客观的立

① ［美］亚历山大·温特著，秦亚青译：《国际政治的社会理论》，上海：上海人民出版社，2000年版，第63—66页。

场，把价值抽象掉。从认识论的角度出发，社会科学的研究很难脱离一定的意识形态和价值取向，因为它卷入了明确的认识并常常带有个人自身的偏见，所以所有研究都可以说是参与性研究，而参与性研究总是会不可避免地支持社会中某一特定群体的价值观。即使社会科学中偶然出现“客观知识”，但在被涉及到理解和运用时，也会被注入一定的与意识形态观念相关的价值观。

社会科学研究不得已提出了这样一个问题，在已知的实在存在世界中，是否还有一个我们所不知道的存在？在社会科学领域，作为一种方法论上的辩争或者存在主义的信仰，国际关系学中的基要主义，主要是针对于本体论而言的。对于本体论中的核心问题“是否在什么地方存在一个独立于我们知识之外的‘实在’世界”。如果答案是肯定的，那么你所持的立场就是基要主义的本体论观念，也即认为存在一个独立于观察者之外的实存社会世界。如果你的答案是否定的，那么意味着你不认为存在一个独立于观察者之外的实存社会世界，相反社会境况都是社会性地建构出来的。[①]（参见图1—2）笔者基本上是个基要主义者，但也当然地十分关注反基要主义，因为这对于开放的社会科学认识及研究是十分必要的，也是可以参考借鉴的。

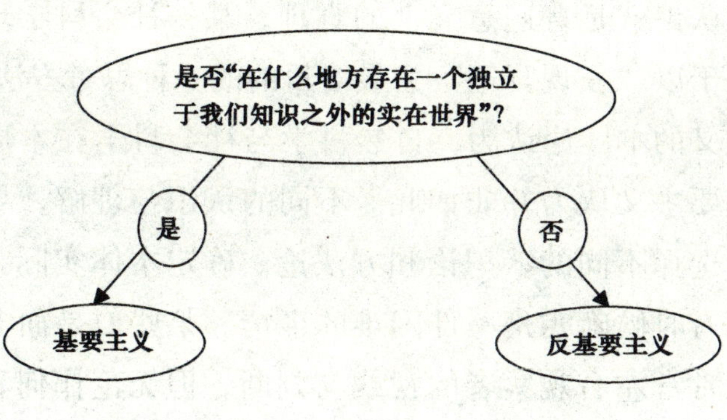

图1—2　基要主义与反基要主义的概念图

① 王建伟主编：《国际关系学》，北京：中国人民大学出版社，2010年版，第43页。

解释论者、科学现实主义者或者实证主义论者，他们研究所有的知识连同研究对象的本体论知识，都主要由一连串假设的概念和方法所决定。不论是否确实在某个我们尚不知道的地方存在一个未知的实存世界，也即不论我们是基要主义者还是反基要主义者，假定存在一个未知的实存世界或者假定不存在一个未知的实存世界，我们都无法证实这个假定，只能在已有的知识范围之内，依据不同的视角以及对事物的不同程度的敏感度，采取不同的立场。这并非是肯定自己立场而否定他者立场的问题，也不是相对主义与绝对主义的问题，而是基于一个共同的愿望或目的，即我们如何更好地了解现象、解释现象、理解现象，甚至预测现象。在这一点上，我们也许可以学习自由主义的一种精神，因为“自由主义者们是能够放弃各种把那些有可能反映他们的价值观念等级体系的政治规则付诸实施的。通过这种方式，他们就可以摆脱政治基要主义所具有的诱惑”。①

当然，关于什么是知识，此类辩论持续了多个世纪，但在传统的实证主义社会科学中，大部分知识是有定论的，从这一视点出发，我们对社会科学中的所谓真理的认识是不充分的，或者说是不全面的。真理是在一定时期依据观察语言建构起来的，因而没有人能断定某个时期认识就是普遍意义上的真理，某一社会科学理论的意义和目的就在于以“发现真理”为最终目的的一种思考方法。

基要主义的本体论认为，自然科学与社会科学在本质上是一致的，而反基要主义认为并非如此。不同的认识与理解，导致社会科学的研究者选择不同的认识论和方法论。确定本体实际是什么，而不是什么，有时候确实是一件困难的事情。某些似是而非或者似非而是的现象常常左右观察者的视线与判断，但无论作何种确定，参

① ［德］安杰伊·沙哈伊著，艾彦译：《作为一种新人文主义的后现代自由主义》，载《国外社会科学》，2007年第2期，第119页。

与者可能选择不同的认识论立场具有明显的决定性作用，从而可能得出截然相反的意识形态倾向或者其他不同的价值观结论。

如果一个研究者倾向于诠释主义认识论，那他首先很大程度上排除了基要主义，转而持反基要主义的立场，他将可能持这种观点，即社会现象是社会建构的，它只存在于行为者和观察者的内心，现实是通过个体符号的相互作用，在社会中得到构建；如果一个研究者倾向于实证主义认识论，那他就持一种基要主义的观点，也即他赞成通过寻找社会现象之间的因果关系，来解释和预测社会现象或者所谓的社会规律；同样，如果研究者是科学现实主义者，他可能持的观点是，在社会中存在一些深层次的社会结构和社会现象，它们可能难以被直接观察到，但是存在的其他一些社会现象，还是可以通过特定的研究方法，可以被直接观察，我们也把他归为基要主义者。

然而，我们为什么要关注是否存在一个独立于我们知识之外的实在世界？是我们自始至终抱有一个信念？还是我们在分析、解释和预测社会现象时出了问题？理论上来说，从“是”转到“否”的立场，就是从一个信念转到另一个完全不同的信念，那么这种截然不同的信念必然会演绎出完全相左的终极结论或观点。然而，事实上我们看到的也仅仅只是一种似是而非的辩论，而非真正的两极化存在所演绎出来的两个世界。

实际上，“绝对”的信念是一个很高的标准，因为意味着该信念在任意一个可能世界中都为真，然而完全满足此信念的条件基本是没有的，我们还有理由去相信我们所要相信的吗？对于可辩护的基本信念，基要主义与反基要主义的认识论的背后，都有自己非信念因素存在。有时候，这些非信念因素表现得很强大，强大到甚至可能改变原来所持的基本信念，即可能在基要主义与反基要主义之间相互转变信念。这并非是信念的坚定性问题，而是基于理解和研究的需要，因为从镜像化的他者观念里往往能找出自己的不足和改进之处。

笛卡尔主义式的寻求绝对正确的真理基础知识，固然不可取，因为这既不可能，也是无意义的。但同时休谟式的知识怀疑主义也不靠谱，知识是不是能被我们认知确实是个未知的问题，因为我们的认知能力总是有限的，但不能因此怀疑知识存在的真实性，不管是否能被实证主义所证实（实际上，实证主义有时也不是那么让人信服）。笔者认为，我们应该有这样一个基本信念甚至是终极信念，即我们生活的这个世界有被我们所认知的知识存在。

笔者不是一个试图在各种主义或学说中套取好处的投机的怀疑主义者，也不幻想自己能够找到某种不需要任何基点的观点。但是笔者在这里仍然想要提出另一个问题，以供大家讨论和进一步分析研究。知识是否是有边界的？如果有，那么边界是什么？又在哪里？这个边界是否就是基要主义与反基要主义的相互区别的边界还是有其共同边界？如果说，知识的边界是基于存在的边界之上的，那么这种能界定知识的存在边界又在什么地方呢？

就目前的认知能力所限，我们回到本体论的基要主义，并以此作为分析国家与国家体系的一个基本出发点，这是我们现实中所遇到的也需要分析研究的现象，尽管这种分析研究仍可能是保守的或者是有局限的。下图是关于基要主义与反基要主义的一个知识图谱（图1—3）。

第四节　共同存在与他者存在

国际关系研究中的本源对象，通常（也可以说完全）不是自然的个人，而是人类社会生活和实践交往中的群体存在，也就是上一节里我们讨论的社会存在。国际关系中所指的人的存在，不再是较为原始的那种作为生物的人的生存性群体存在，主要是指完全社会化的人的类属存在，即两个层面的存在，一是人的社会群体存在，二是人的共同体存在。人的社会群体存在，意指以人的社会性劳动分工为基础的、人的类属存在的物质总和，它构成了人类特有的社

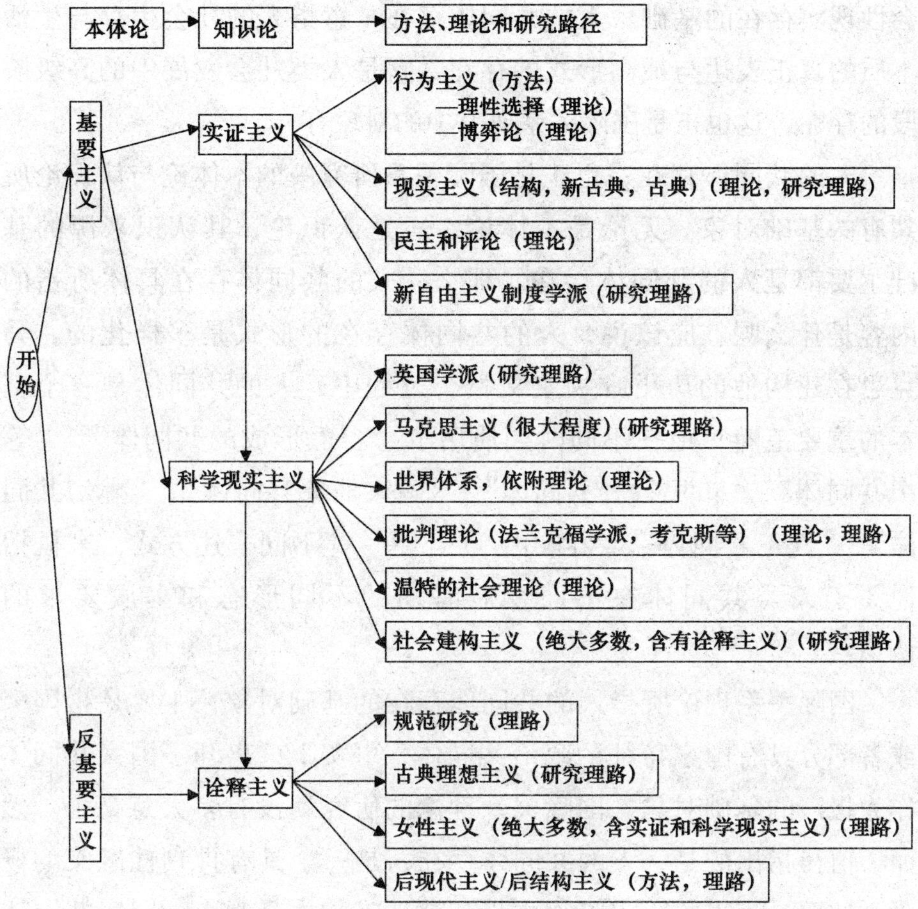

图 1—3　国际关系的本体论、知识论以及方法、理论和研究理路①

---

① 说明：箭头所指方向是从左到右，恰如先确定本体论，然后知识论，最后再到具体选择方法、理论和研究理路。而从上到下，方法、理论和理路也大抵从实证主义一极再到诠释主义一极，其中建构主义相比现实主义更靠近诠释主义，但现实主义相比博弈论又不是那么实证主义。也必须注意这里讲的科学现实主义（知识论）和政治现实主义（理论、理路）并不是一回事。资料来源：Gregorg J. Moore（Eckerd College，St. Petersburg，Florida），Research Methods for International Relations Studies：Assembling an Effective Toolkit. Gregorg J. Moore 在本体论/知识论结构方面借鉴了马什和费龙的观点（Marsh and Furlong 2002）。经 Gregorg J. Moore 整理，将其扩大再应用到国际关系研究领域，本文稍做修改。参见王建伟主编：《国际关系学》，北京：中国人民大学出版社，2010 年版，第 68 页。

会性现实存在的基础。人的共同体存在，意指人的社会生存与生活本质的真正表达与最高形式的存在，它是人类社会发展中的高级阶段的存在，这也正是国际关系研究中的对象存在。

人的共同体存在，也正是国际关系研究中的本体论与认识论所共有的基础对象。无论是本体论，还是认识论，其认识来源的基础主要都是人的共同体存在。那么，人的共同体存在具体所指的内容是什么呢？应该说，人的共同体存在的形式是多样化的。马克思在建构他的历史唯物主义整个过程中，人的共同体是一个基本的重要范畴，他在不同时期使用了“自然形成的共同体”、“等级共同体”、“市民社会共同体”、“国家抽象共同体”、“虚幻共同体”、“真正共同体”、“自由人联合体”等不同表述方式，来概括他关于人类共同体在不同发展时期的不同形态和本质要求的认识。①

国际关系理论所指人的共同体存在的基础对象，主要是指国家或者部分具有国家特征的政治共同体，事实上，离开了国家共同体作为指涉的基础对象，国际关系理论的研究就没有多大意义了。然而，值得指出的是，人的共同体存在，是一个具有批判性意义的概念。按照马克思的历史唯物主义和辩证唯物主义观点，国家共同体只是人类共同体发展的一个阶段，它将随着生产力的高度发展和人类社会文明的进步而消失，自由人的联合体将是最终符合人的需要的人类共同体形式。

我们所理解的国际关系，主要是指国家间关系及围绕国家为主要行为体而产生的一些政府间及非政府间的关系。国家作为国际体系中最主要行为体，存在的意义在于其是国际关系的主体施动者。国家出现之前，国际关系可以说是没有现实意义的；国家消

① 胡群英：“人的群体存在、社会存在与共同体存在的哲学辨析”，载《廊坊师范学院学报》（社会科学版），2009年8月，第25卷第4期，第66页。

失以后，国际体系中的主体施动者不复存在，则国际关系的内涵也将发生质的变化，自由人的联合体之间的关系也不是我们当前探讨和分析的关系了。在此，我们再不必就这一方面问题作进一步探讨了。

国家作为国际体系中最主要的施动者，可以现实地走入国际关系，但往往却不能自由地走出国际关系，尤其是某一特定时期在国际关系中有重要影响的大国或者牵涉较大国家利益的一些国家。有许多国家构成的国家体系，是我们研究的主要本体存在，作为共同存在的对象化存在，有必要提出自我存在与他者存在的概念（自我和他者主要就是指的国家），进而形成共同存在与他者存在的分析视点及不同视域下的理论范式，以便更深入地研究国家关系的一系列问题及其相关理论框架。

为何要在共同存在的概念之外，提出一个他者存在的概念呢？一般来说，他者及他者的存在，几乎只是作为一个纯哲学性的问题而探讨的，他者也主要是作为一个与自我相对应的镜像化的角色，而极少是作为利益链条上的另一个自我而出现的。自我认识的模式可以是：不能被虚拟的就不是真实的，或者套用黑格尔的话：真实的是虚拟的，虚拟的是真实的。[①] 我在这里特意提出，他者不仅要作为一个与自我相对的镜像化的他者来分析，更重要的是，要把他者作为与自我存在及共同存在的一个非常重要的利益链条上的角色来分析研究，见下图（图1—4）。

他者的存在可以在很大程度上作为国际体系的主要行为体或者施动者来看待。在国际体系无政府状态情况下，施动者作为谋求存在、安全、利益和权力的行为体，在关于国际体系中权力的观念上，温特的观点与达尔文及福柯关于权力的观点有一致性，他认为，“权

---

① ［美］J. 弗罗利克·托马斯：“卡普洛·拉斐尔与信息伦理学的挑战”，载《国外社会科学》，2002年第1期，第112页。

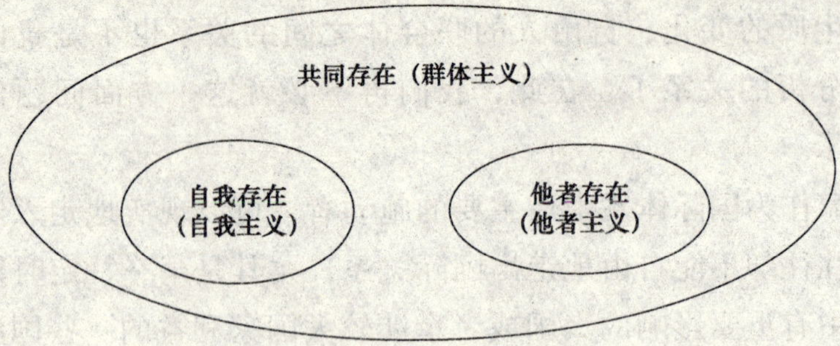

图 1—4　共同存在（群体主义）与他者存在（他者主义）关系图①

力创造了施动者，但不属于施动者。”② 那么权力在哪儿呢？谁有权力呢？权力是否是觉得的呢？

自我与他者的互动，围绕着存在、安全、规制、秩序、利益、和平、竞争、冲突、统治、支配等而进行。在国家产生前，这些连续的自我与他者之间的互动，持续造就了观念、规则、制度，造就了组织和机构，造就了利益集团、阶层、阶级，然后在此基础上，造就了国家。在这一过程中，权力扮演了重要角色，因为权力一旦在共有观念中形成并产生，就具有足以让人畏惧的力量。在国际体系中，我们也能感受权力的力量形态，虽然权力并不如国内结构那样具有明显的垂直体系及强大作用。国际体系中的权力，主要是伴随国家实力的大小而相对形成的，并且与国内的权力概念有显著的区别，权力既是国家实力的表现形态，也是国家利益的表现形态。

国家最初到底如何产生，我们不得而知，因为在依据目前可考

---

① 对于群体主义与他者主义，下文将专门有论述。本书没有论述自我主义，因为在群体主义与他者主义的论述中，包含所有自我主义的行动逻辑，实际上，他者主义本身就是自我主义的镜像，所以不再作单一论述了。

② ［美］亚历山大·温特著，秦亚青译：《国际政治的社会理论》，上海：上海人民出版社，2000 年版，第 408 页。

的文字史料来看，国家已经诞生了。国家产生后，国际社会的无政府状态就更加明显了，我们由此可知，无政府状态是他者的存在造就的，本质上“一切政治及状态皆由‘他者的存在’造就”，[①] 因而不仅国家是他者的存在造就的，国家体系及国际社会的无政府状态也是由他者的存在造就的。在国家共同存在的国家体系里，他者（国家）存在仍然是自我（国家）的一个镜像化角色，并且自我与他者之间仍然充满了各种利益上的矛盾和冲突，也无止境地持续造就各类政治事件及其相互间关系的各种存在状态。

当然，在国家与国家体系中，自我与他者作为相互存在的对象化角色，不仅有摩擦、竞争、冲突甚至战争的关系，也有共同存在发展与交流合作的关系，尤其是在当今自然环境与条件有越发恶化趋势的情况下，在重大问题上的利益合作要远远大于利益分歧，例如在气候、环保、资源、疾病、水和粮食等共同存在的基础性问题上，自我与他者的合作不仅是各自利益所需，同时也是共同存在的物质基础所需，这也越发成为相互依赖的、共同合作发展的基本出发点，目前这种合作与发展以解决共同存在的重大问题，也日渐成为整个国际社会的一个共识及其行动依据之一。

第五节　社会科学与自然科学

本体论中关于自然存在和社会存在的分类，对于认识论的分类明显是有重要意义的。自然科学的研究以归类性研究作为主要研究形式，如果说使自然知识符合自然存在规律是其主要使命，那么使社会科学符合社会存在则是社会科学的主要使命，但问题是，多数

① 谢剑南：“‘他者的存在’与国际社会的无政府状态分析”，载《东方论坛》，2011 年第 2 期，第 123 页。

传统的社会科学研究努力想产生像自然科学那样精确的概念，或者产生像法律那样的类似条文的概括，并据此做出某种预测，把研究者与其自身正在观察的事物分开。的确，自然存在比社会存在可以更精确地描述、解释和定义，而对社会存在即使是基于定性的描述、解释和定义，也是非常困难的，因此小心谨慎地进行关于社会存在状态的研究就成为了社会科学的一个明显特点。

研究自然科学的目的，主要是探索自然现象的奥秘，了解并利用自然规律，解释自然现象，并尽量准确地预测自然界现象的未来发展。研究社会科学，主要是研究我们生活的人类组成的社会世界的彼此相处的问题，在生存、合作、竞争、文化、规范、价值、战争、正义、发展等方面，做出合理的描述、解释、预测。无论是自然科学还是社会科学，都需要一定的或者特定的方法来研究，以便达到最佳效果。社会科学与自然科学一样有两个本质特点：可证伪性和解释性。可证伪性是指某一理论只在特定条件下成立，一旦脱离了这一条件就不再有效。解释性是指某一理论能够在某一领域就某一问题做出合理的描述、解释和预测。在国际体系中，国际社会和国内社会都是错综复杂有机整体，其某一现象的背后原因，可能是无限多样的，既有其偶然性，也有其必然性，所以对其描述和解释也可能是多样化的。

自然科学与社会科学对于整个社会来说，都是缺一不可的。通俗一些来说，如果说自然科学是生产力之父，那么社会科学则是生产力之母，因而在此意义上，有人主张实现自然科学与社会科学的大交叉或大融合。然后，实际意义远非如此，如果生产力仅仅是作为人类生存与发展的一个标志性的符号，远不足以说明人类社会存在于发展的本质。自然科学在社会生产发展中的最直接功效，就是通过对自然界的物质资源的利用与加工，制造出各种满足人类不同类型需求的物质产品。社会科学，则涉及人类社会本身的存在秩序、状态和文明程度等，最直接的功效是为人类相互关系及利益分配提供指导性的秩序规范。

那么，自然科学、社会科学与国际关系的联系主要体现在哪些方面呢？又如何体现？传统上，一般来说自然科学与国际关系没有被重视，即使在国际关系学日益精细发展的现代社会，自然科学似乎也还是难登国际关系学的大堂。在当前的所谓国际关系学主流理论中，现实主义、自由主义、建构主义都没有对自然科学在国际关系中的重要性予以足够重视。在国际关系学理论与研究的学者中，似乎普遍存在着一种纯社会科学研究套路的“观念高于一切”潜在理念，即提出一种观念，再构建理论框架，然后予以佐证，藉此以形成所谓的“主义”或“理论”。

回顾人类发展历史，尤其是近代以来，由于自然科学的迅猛发展，一些国家依赖先进的科学技术，不仅制造出了先进的现代化武器，也推动了经济、文化等的发展，间接加强了这些国家的综合实力，在绝大多数战争中以及国际关系交往中，先进的自然科学都产生了决定性的影响。例如，1840 年的鸦片战争、1898 年的美西战争、1905 年的日俄战争、一战、二战，以及后来的美越战争、美伊战争等，自然科学在战争中的价值得到了极大的体现。当然，自然科学对于国际关系与人类发展来说，其功能与效应远不止如此，其与国际关系学的相互关系，也有待学界进一步系统性地、全面地加以分析与研究。

国际关系学属于社会科学，研究国际关系的方法也很多，但研究本身不是目的，也不是要把贯彻某一研究方法或者成果作为终极目标，而是在于对国际关系的深刻理解并预测。国际关系学的有关学科研究的倾向，主要根源于学科研究的方法论基础。自然科学注重于精确性的数学化，但在社会科学中，虽有一定的借鉴意义与必要，如果过于追求定量化、统计化和数字化，并将其作为国际关系研究的主要方法，却会走向一条死胡同。例如在 20 世纪 50 年代，国际关系学的研究曾出现了有失偏颇的现象——行为主义革命，许多学者将有关数据套进一些公式进行简要统计分析，采用实证与实验的方法，放弃传统的社会科学研究方法，力求国际关系研究“精细化”与“科学化”，产生了如卡尔·多伊奇的“一体化理论”、戴维·辛格的“层次分析”理论，以及海沃德·阿尔克的“数学取向政治学”。这就导致国际关系理论经历了“又一场革命”，但这场所谓的革命，带给人们的往往只是困惑，因为其要么强调纯实践，要么强调纯理论，而理论与实践的结合大大脱节，它无法有效解释由人组成的社会所产生的各类关系，也无法解释社会中各种利益上的与意志上的复杂矛盾，因而难以成为国际关系研究的主流方法。

国际关系作为一门新发展的社会科学，决不能无视自然科学的发展与科技的进步，同时研究自然科学的某些方法也可以作为参考和借鉴，甚至在某些领域的研究可以有一定程度的利用。至于有些人提倡的自然科学（科学主义）与社会科学（人文主义）的融合或统一，那只是在特定研究领域的一种可能性现象，应谨慎视之。二战后，社会科学的学科分类虽然日益分化增多，但这些学科的研究方式却反而趋于综合，国际关系的研究既注重客观化、定量化，又注重社会与文化视野，从人与社会的存在和发展来研究国际关系学，这才是我们真正关注国际关系作为一门社会科学的一个重要问题。

第六节　偶然性与必然性

本节所提及的偶然性与必然性，落意不在于理论探讨，而主要在于考虑现实国际关系中的偶然性行动内容对于研究国际关系理论的影响。

历史不是轨道上的列车，会沿着既定的轨道演进，历史在发展中总在不断地创生可预测的和难以预测的事物，这些事物既共同形成了历史，也共同决定未来。在历史进程或历史事件中，因为某个人或某件事情而改写了整个历史面貌的现象屡见不鲜。历史学家当然早已对此有所深察，政治学与社会学者也有深入分析研究，力图对历史事件或历史进程中的所谓的偶然性与必然性给予充分的理解与解释。国际关系学自独立成为一门学科后，众多学者也对国际关系中的偶然性与必然性给予了充分重视，这是理所应当的，也是必然要重视的问题。

如果没有秦始皇，今天的中国也许会如现在的欧洲那样国家林立且语言各异；如果没有那场大雨，陈胜、吴广也可能不会揭竿而起，秦二世也可能不会那么快倒台；如果普林西普没有成功刺杀斐迪南大公夫妇，一战或许不会发生；如果罗斯福再晚些年逝世，或许冷战会成为另一番情况；如果萨达特没有被暗杀，中东的政治局面或许不会像后来的那样；如果没有本·拉登，“9·11”事件也许不会发生，等等。上述说法，都可以归于历史的偶然性。

不论亚里士多德多么聪明、伟大，他的“地心说”终究是站不住脚的；不论罗斯福如何英明，也许他能暂时挽救美国经济并走出经济危机，但后来整个世界的经济危机还是照样会发生；不论威尔逊的理想主义多么完美，战争还是一如既往地在世界各地发生；不论莱特兄弟的贡献有多大，飞机上天迟早是人类会实现的梦想，等等。上述事情，我们可以简单归之于必然性。

巴西的一只蝴蝶扇动一下翅膀，会在美国产生一场飓风，混沌理论的“蝴蝶效应”中究竟蕴含有多少必然性和偶然性呢？在世界政治和国际关系中，必然性与偶然性产生了怎样的作用？历史总是在向前发展，但历史面目就常常由于偶然性与必然性的共同存在，而使历史演进处于人们的意料之中，又在意料之外。按照马克思主义观点，在国际政治中，由于人是人类社会演进的主人，人们的认识与实践活动推动着社会的发展，有些人似乎据此会得出这样一个结论，即历史是由人的意志所决定的。然而，人的意志的作用在历史演进的长河中是有所局限的，因为人的意识毕竟是特定历史时期并被该历史时期所规定的产物。中国古代军人在战争中紧急情况下用飞鸽传书的时候，绝对想不到现在用卫星无线电与手机加密对话；拿破仑在率军翻越阿尔卑斯山的时候，料想不到现代用飞机运送军人的快捷，甚至也想不到不需军队上前线也可以打仗。

必然性带有一定的规律性，社会历史演进的规律也有与自然界演进相似的规律，表现在简单到复杂、低级到高级的演进逻辑。自然界的必然性还表现在“种豆得豆，种瓜得瓜”的因果逻辑上，但偶然性因素的存在，即遗传变异或者基因突变，也使这种必然性有了一定变数，并由此导致了进化的出路；万有引力是恒定存在，不仅对于地球上的苹果有作用，对于地球也是起作用的，对于太阳等其他星体还是照样起作用，但星体也是有寿命的，星体的死亡导致引力系统也会发生相应的变化，会产生新的引力系统，但万有引力的规律却始终不变。在国际政治现实中，偶然性因素一方面通过必然性因素起作用，另一方面，偶然性因素又会改变国际关系现实中的某些方面，甚至暂时或永久改变国际关系的演进。

由于进化论允许偶然性事件的发生（例如：小行星撞击地球），而进化论方法本身并无方向性，因此进化论方法既不能完全证明也不能完全预测某个具体进化结果的发生，我们只能在最终或者在一个时期以后，才认为进化的结果看起来是具有方向性的。同样，在社会发展和国际体系的发展过程中，如果不从历史看问题，就难以从看似偶然性的事件中发现必然性的存在。

无论在具体的国际政治环境中，还是在世界秩序的较长时期里，都不能将历史必然性理解为具体的必然性，不能将一切社会现象都当作是必然的，也不能完全信奉黑格尔认为的“存在的即是合理的”这种社会演进的逻辑哲学。偶然性背后有必然性，必然性表现在偶然性中，必然性具有抽象性，只有借助偶然性，才能将自己展开为具体性，这种具体表现即为偶然性。偶然性的根源在于人性，人性中私欲、正义、进取、恐惧、责任等方面的差异，促成了社会生活中的偶然性，偶然性的存在促使社会不断创生出新事物（当然，并不是只有偶然性才导致新事物，还有诸多因素亦导致新事物的出现），也使人类社会的历史有了诸多的未知性和富于变化性。不过，也正是这种偶然性，才是体现必然性的唯一现实方式。

国际关系的复杂性、未知性、多变性和不确定性，既因之于人性及社会自身发展的偶然性与必然性，也体现了人与社会发展的偶然性与必然性。马克思认为，“如果‘偶然性’不起任何作用的话，那么世界历史就会带有非常神秘的性质。这些偶然性本身自然纳入总的发展过程中，并且为其他偶然性所补偿。但是，发展的加速和延缓在很大程度上是取决于这些‘偶然性’的，其中也包括一开始就站在运动最前面的那些人物的性格这样的‘偶然情况’。”① 按照辩证唯物主义观点，有两种倾向应该是我们需要注意的，其一是把一切视为必然的机械决定论观点，其二是只承认偶然性的非决定论观点。此外，还需注意偶然性与偶然性之间、必然性与必然性之间是联系的，这些联系是普遍性的，在某些情况下具有矛盾性，有时也具有因果关系，虽然可能不是线性因果关系，但可能是链条式因果关系。

尽管大家都认为在国际政治中存在当然的偶然性与必然性，但是对于偶然性与必然性的看法与分析则往往大相径庭，从而导致了观点的分歧，甚至是矛盾的看法，在形成理论的过程中，也因此出现了众多不同理念的理论或者主义。比如，现实主义和理想主义通过观察国际关系中的诸多现象，都认为人性是导致国际关系不确定性、多变性的必然原因，但现实主义是以人性恶为出发点的，而理想主义则是以人性善为出发点的，从而现实主义认为人是追求权力

---

① ［德］马克思：“致路·库格曼（1871 年 4 月 17 日）”，《马克思恩格斯选集》（第 4 卷），北京：人民出版社，1995 年版，第 393 页。

的，利益具有不可调和性，冲突不可避免；而理想主义则认为人性可以改变，利益可以调和，冲突也可以避免。

对于国家来说，在国际关系的交往与发展中，必然性的东西可能由于制度、经验、理性而难以在短期内对国家有所影响，但偶然性因素却经常成为国家日常要应对的事情，因为其既可以为国家造福，也可能损害国家利益，在一定时期的节骨眼上，特别是在冲突与战争期间，甚至一个偶然性因素就可能导致一国的生死存亡。所以，了解必然性，重视偶然性，研究偶然性与必然性之间的关系，是国际关系研究领域的一项不可忽视的重要任务。

第七节　时间、空间与人性

时间和空间，与人们的生活密切相关。每一个人都是生活在一定的时空之中。按物理学的观点，时间和空间不是绝对的、独立的，而是有关联的，任何一方的变化都包含着对方的变化。时间本身可能是宇宙中某种物质或结构利用自己的巨大能量在不停地吸引吞噬一切周围物质及结构的过程，可能是宇宙中这种物质或结构利用自己向外释放的巨大能量不停地把周围物质及结构向外推开扩张的过程，也可能是这种物质或结构已经“死亡”而使整个宇宙处于一种自己漂浮拉扯并自生自灭的过程。就其过程的某一时段来说，时间是不可逆的，但达到了某种条件下，时间是可以扭曲、变短或变长、压缩或扩张、停顿、甚至是可逆的，同时，时间和空间也是可以转换的。

在古人的观念里，存在的是物质，空间本来是不存在的，他们将物质的对立面，即不存在物质的地方称为空间。现代物理学上的空间，是广义相对论的框架之下的空间，包括物质与物质之间“表演物理事件的一种舞台”的所有空域，也包括物质在它周围造成了各种力场所达之处（引力场、电磁场、强力场、弱力场等）。在宇宙的光锥范围之外，没有物质也没有立场，则被认为是无边的空无，什么也没有，什么也不是。当然这只是人类目前的认知或猜测，不代表日后进一步对宇宙空间的认知。

在我们生活的这个地球，就国际关系的研究来说，我们的讨论仅限于人类社会发展的经验性的、从生理学上可定向感觉的时间与空间。按人们的经验，过去在时间中度过，将来在时间中迎来，时间就是古往今来不断流逝的年月日时、不断滴答而过的分秒时刻、不断变换着的春夏秋冬、不断周而复始的星转斗移。而上下四方、海阔天空就是空间，用长宽高所表示的（绝对空间）或者说用经纬度地理坐标所描述的那种东西（相对空间）。我们这里所说的空间是指相对空间，通俗一点说就是指地球上的不同地方或地域。

在欧洲，公元前431年至公元前404年，以雅典为首的提洛同盟和以斯巴达为首的伯罗奔尼撒同盟为了争夺在希腊的霸权，前后打了27年恶仗；在遥远的亚洲，同一时期的中国正处于战国时期，“战国七雄”为争霸，从公元前475年至公元前221年，254年间断断续续进行了230余次战争。为什么在同一时期，两个毫不接壤、也素无往来的地方却发生了类似的战争情况？

1799—1815年，法国的拿破仑在欧洲进行了称霸欧洲的努力，但失败了；同样是在欧洲，1939—1945年，德国的希特勒发动了欲称霸欧洲、统治世界的第二次世界大战，结果也以彻底失败告终。为什么在不同时间，同一地区的两个相互联系国家会如此视彼此为劲敌并为了称霸而热衷于发动战争？

从现实主义的角度来说，我们可以简单地归结于是人性与利益的原因。人性在利益面前，有无限膨胀的可能，人性不受时间、空间的限制，可以变化，受社会条件制约，“人性的善恶，是在一定社会条件下形成并表现出来的”；[①] 利益不受人性控制，而受人的观念与行为影响，其所指涉范围经常有所波动；人性是难以验证的东西，具有不确定性，而利益则是可以验证、增减、得失的。

在利益与对外关系面前，人性的情绪与理智是相对的。对于理性而言，情绪必不可少，既能损害理性，但同时是理性的必需，这已为神经科学家所证实。神经科学家安东尼奥·达马西奥（Antonio Damasio）发现：“情绪和感情的某些方面是理性所不可或缺的。乐观而言，在决策中，感情为我们指引正确的方向，并将我们带到合适的地方，在这种地方我们就能正确使用逻辑工具。”[②] 在国际关系中，无论人的情绪意境如何，在分析研究中，情绪基本上不是作为原因，而是作为结果出现的，因而无论人在利益面前怎样考虑与行动，在国际关系的实践和理论研究中，人的行为都被赋予了理性的意义。

时间的流逝和空间的转移，没有根本改变人性。三千年前的人，无论欧洲还是亚洲的人，在人性的恶、善、私欲、功利、正义等的表现形式上都是相同的；三千年后的今天，尽管全世界的文明有了巨大进步、科技有了飞跃发展、教育有了全面普及、规范有了普遍应用，但从人的社会实践活动来看，人性依然具有相同的表现形式：人们为了欲望和利益而依旧不惜彼此发生纠纷、摩擦、冲突甚至战争，人们为了自身安全与存在而依然相互利用、妥协、依赖甚至同盟，人们为了秩序、道德和正义而依然顾及弱者并打击犯罪，人们也依然有喜怒哀乐、悲欢荣辱的情绪，有不断改变、创新与发展的情绪与愿望。

人性一直是多面的。从古代到现代，人的生存本能与各种欲望促使人类有趋利避害的各种可能，尽管社会在进步，文明在发展，

---

① 倪世雄等：《当代西方国际关系理论》，上海：复旦大学出版社，2001 年版，第 85 页。

② Antonio Damasio, *Descartes' Error: Emotion, Reason and the Human Brain*, New York: Putnam, 1994, p. Viii.

但在人类社会发展过程中，一直都存在打、砸、抢、烧、杀、偷、扒、窃、骗、拐、诈等不良现象，也存在治病救人、侠义公直、劫富济贫、伸张正义、抱打不平、怜惜弱小等正面现象；有唯利是图、自私自利、阴奉阳违、尔虞我诈、两面三刀、狐假虎威、恃强凌弱、仗势欺人、假公济私、借刀杀人、为虎作伥、横行乡里、背信弃义之人，还存在无私奉献、廉洁奉公、扬善惩恶、义薄云天、大义灭亲、有情有义、高风亮节、肝胆相照、荣辱与共、忠信诚实之人。

国家是人的集合，承袭了人性的一些特性，“人际冲突和国际冲突具有相关性，但不是简单的派生关系”。[①] 从某种程度来说，“国家也是人”，具有人性中的某些特性，例如求生存、保安全、谋利益、促发展、争强好胜、向往和平、维护秩序、重视道德、追求正义等，同时，国家也具有人的某些矛盾性的特性，比如忠诚与背叛、友好与仇恨、信任与猜忌、尊重与挑衅、奉迎与压制等，这些特性并不因为时间的流逝或空间的变换而改变，彼此某种利益关系越大，相应的某些人性就会表现得更为突出。并且国家因为有了国家层面的组织与机构而变得强大，能够做出更多的事、更大的成绩，但若作为反面力量，也可以做出更具有毁灭性的行动。例如，在和平时期，一国可能会适当调整政策，促进生产的发展与社会的和谐，但如果该国某地的百姓因为饥荒而组织起义，危及到统治阶级利益与国家的存亡时，那么这个国家就会倾向于使用其全部力量去镇压，直至彻底决出胜负。上文提到的拿破仑因为欲称霸欧洲而导致其他周边国家利益处于受损灭亡的边沿，导致多国不惜代价七次组成反法联盟，最后如愿把拿破仑打垮；希特勒德国发动第二次世界大战，危及到了世界的和平、安全与稳定利益，全世界因此组成了反法西斯联盟，直至彻底打败德国。“假如人们设想希特勒有可能取得胜利

---

① ［美］詹姆斯·多尔蒂、小罗伯特·普法尔茨格拉夫著，邵文光译：《争论中的国际关系理论》，北京：世界知识出版社，1987年版，第202—204页。

的时刻，就意味着超出了所有的理性；如果希特勒真的胜利了，那么在人类社会的发展中就不可能有真理、逻辑，也不可能有光明，有的只是混乱、黑暗以及疯狂；不在这样的世界中生存反而更好。”① “我们必须打败希特勒，因为它根植于历史的逻辑中，因为它是一种更高尚的使命所使然……因为倘若我们没有取得胜利，历史就会失去意义；而历史本身并不是没有意义的。”②

历史与经验已经证明，人与国家没有因时空转换而改变自身的特性。国际关系也没有超越人与人关系的范畴，依然是对抗、冲突、战争、霸权或伙伴、协作、同盟、均势等关系，依然存在竞争、猜忌、仇恨、压制或尊重、友好、合作等关系，“国际政治是人的事物，人的一切特点它都具有”。③ 值得关注与研究的现象是，他人的人性表现对一个人的人性表现有重要影响，并由此可能衍生出诸多问题；国家对另一个国家的行动，也会产生一些符合或者不符合事实的判断并有所行动，这类行动有时超出了应有的反应，从而有可能引起误判，也可能引发事端。由于自我无法准确确定他者的意图与行动，不能确保自身的安全与利益，在人们的交往中形成了所谓的“人性困境”，在国家的交往中形成了所谓的“自助困境”。

因此，在国际关系的分析与研究中，对于时间、空间与人性，应该遵循怎样的研究路径？应该如何抽象出它们与国际关系之间的理论？如何构建这种理论并与其他理论融会贯通呢？这必然得成为国际关系研究者应该注意的一个重要问题。结合以上探讨，本节的观点以一个简单的“时间、空间与人性图解”来予以诠释，见图1—5。

---

① Evgeny Krieger, *From Moscow to the Prussian Frontier*, London: Hutchinson, 1945, p. 8: November 1941.

② Goebbels, *speech in the Berliner Sportpalast*, October 3, 1943, Volkischer Beobachter, October 4, 1943.

③ 晓端：“角色与个性——人性与国际关系”，载《世界经济与政治》，2000年第4期，第15页。

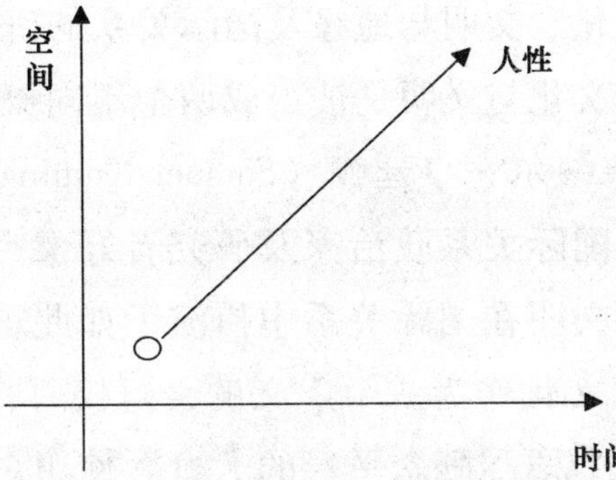

图1—5　时间、空间与人性关系图①

从上图可知：理论上，人性不会随着时间与空间的变化发生显著偏移，而是一直保持着一种“自然状态”，在通常情况下，表现出我们所认知的“善”或“恶”，而且，所谓的“善”与“恶”也是相对的。比如，我们在大街上给一个残疾的乞丐施舍，通常情况下我们倾向于对这种行为定义为“善”，但如果乞讨者被他人所强迫或唆使，强行乞讨，我们施舍的行为就不再倾向于定义为“善”。

第八节　文化、文明与地缘

国际关系学对于文化与文明的研究，是伴随着对人性作为国际政治的本源、特别是作为冲突和战争的根源探讨而兴起的，这个时间大约是在一战后，但此种研究并非是对文化、文明本身的研究，

① 说明：人性线条与时间及空间线条各相隔45度，表示人性的延续不偏向时间，也不偏向空间，而是固定地有自己的轨迹；人性线条的起点，位于时间与空间交叉之上，但不是表示与时间及空间线条有交叉，表示人是在时间与空间的存在之后再出现的；以圆圈作为开始起点，表示人性从一开始，就具有一定的特性，尽管难以验证，但这个特性没有随着时间与空间的变化而变化，而是一直在保持中延续。

而是带着国际政治的眼光来分析研究的。二战后，国际关系理论向纵深发展，对于文化、文明与地缘及国际关系的研究有了很大起色，但在二战后初期，文化与文明是被当成两个不同概念。自从 20 世纪 90 年代以来，在塞缪尔·亨廷顿（Samuel Huntington）的文明冲突论出台后，各国的国际关系政治家及研究者好像突然间发现新大陆一样，认为文化与文明在国际关系中扮演了如此重要的角色，国际关系学界“开始把文化作为一个广义的，与权力、利益、地缘、制度等国际关系理论中核心概念平行的大概念使用，用于架构国际关系的理论与研究。在这样的大概念下，文明与文化之间的关系就变得比较模糊了”。[①]

人们对文化的定义比较多，一般来说，广义的文化泛指人类一切活动及其所创造出的所有事物之总和，狭义的文化是指语言、文字、文学、艺术、风俗、习惯以及人类其他精神活动及其产物。文明是指人类以自觉意识改造客观世界和主观世界的成果，包括两大部分：物质文明和精神文明。

一般而言，文化具有七大特性，即同一性、多样性、民族性、继承性、发展性、时代性和社会性。同一性是指文化的内在价值是同一的，文化的诸多领域，如科学、哲学、道德、文学、艺术和教育等都具有普世性，随着全球化、信息化、科技化的发展，各民族生活方式趋于同一，整个世界文化的普世性趋势日益强化。多样性是指由于不同历史的、自然的和社会的条件，在文化的发展过程中，形成了有差别的文化种类和文化形式，使得世界文化呈现出多样性的特征。民族性是指不同民族在长期历史发展过程中形成有自己特色与传统的文化，具有很强的自身特征的精神特质与价值观内涵。继承性是指文化在民族群体中具有传承性，一代又一代，世代相传，

① 黄小明：“文化、文明与国际关系”，王建伟主编：《国际关系学》，北京：中国人民大学出版社，2010 年版，第 71 页。

生生不息，并且不断得以繁荣发展。发展性是指文化就其本质而言是不断发展变化的，伴随着人类由低级向高级、由简单到复杂不断进化。时代性是指在人类发展的历史进程中，每个年代都有自己典型的文化类型，如石器时代、青铜器时代、农耕时代、数字化时代等。社会性是指一定时期的社会中，人们的语言、信仰、宗教、社会与政治价值观、是非观和善恶观，以及反映这些主观因素的客观体制及行为模式，这种社会性有时也被称为“风气”或“世风”，与当时的社会制度和思想观念密切相关。

文明是文化内在性、物质性和精神性的体现。在当今世界，依据亨廷顿从国际关系与世界秩序的角度划分，主要有七大或八大比较突出的现代文明。在亨廷顿1996年出版的《文明冲突和世界秩序重建》一书中，他认为冷战后，世界文明有中华文明、日本文明、印度文明、伊斯兰文明、西方文明、东正教文明、拉美文明，还有可能存在的非洲文明。历史上，一些地区文明及宗教信仰由于战争与征服等原因而消失或者被边缘化了。例如在美国立国之前，其文明主要是印第安文明，后来，欧洲殖民者到来，对印第安文明进行了残酷的摧毁，同时把基督教文明带到了这块大陆，并形成了今天美国的主要文明形式。在中东地区的伊朗，古代“阿拉伯人入侵伊朗之前，伊朗人的宗教信仰主要是琐罗亚斯特教，它也是基督教产生之前中东地区影响最大的宗教。……阿拉伯人一手拿剑一手拿《古兰经》等宗教典籍，磨灭了伊朗人头脑中有关琐罗亚斯特教的记忆”。[①] 此后，虽然伊朗人复兴了古伊朗的波斯语，但再也无法恢复琐罗亚斯特教，伊朗人就此皈依了伊斯兰教。从以上的文明划分与分析中，既从侧面证明了文明是人类早前年代在没有通约的情况下发展起来的具有地方特色的文化沉淀，即文明具有区域特色性，也

① 赵广成：“从合作到冲突：国际关系的退化机制分析”，北京：世界知识出版社，2011年版，第132—133页。

证明了文明的脆弱性与可替换性，即文明具有毁灭性与被毁灭性。[①]

文化的传承与繁荣，一方面促进了文明的进步与发展，另一方面也造成了不同文明圈子的形成。这种特性使得人类既有彼此交往愿望，也有彼此排斥的可能，但无论哪种文明，也无论哪种具体历史时期的流行文化，都具有极大程度的内在精神一致性与相通性，比如和平、发展、安全、稳定、正义、道德、法律、关系、秩序等，也有如赞美大自然、歌颂爱情、倡导节欲、崇尚劳动、追求幸福、推动创新、实现价值、维护公平正义等特性。

在国际关系的分析与研究中，“以文化为中心的研究，主要集中于外交政策决策模式、决策者行为方式对外交政策的影响，以及国家间关系中国家文化特征对国际关系的影响。文化概念在这个意义上是微观的、个人的、心理的、有关行为方式的。以文明为中心的研究，主要关心的是文明作为一种驱动力在国际关系中的作用，以及文明作为国际关系研究的一个重要分析单位的意义。文明概念在这个意义上是宏观的、历史的、有关生活方式的”。[②] 与文化及文明范式研究较晚不同的是，地缘政治早就得到了广泛的关注，尤其是政治家对于地缘政治的认识，早就在诸多实践中得到了深刻认知。在《荷马史诗》中，为了攻打小亚细亚城市特洛伊，希腊组成了以阿伽门农为统帅的联军，地缘政治在战争过程中得到了充分展现。在遥远的东方，古代中国战国后期，秦始皇利用“合纵连横、远交近攻”的地缘政治游戏套路，终于灭亡了其他六个诸侯国，完成了历史性的统一。在反对拿破仑称霸欧洲的过程中，地缘政治也得到了突出的展现，为了打败法国，有关反法国家通过七次“反法同盟”的斗争，最后如愿把拿破仑打败。美国虽然是一个年轻的国家，但

---

① 这实际上也是接下来要探讨的文化上的中心主义与相对主义产生的一个关键性原因。

② 黄小明：“文化、文明与国际关系”，王建伟主编：《国际关系学》，北京：中国人民大学出版社，2010 年版，第 71 页。

其在世界政治中，在地缘政治的利用和理论发展上，都是出类拔萃的。立国之初，美国就尽量争取到了英国宿敌法国的重大支持，后来在历次重大的对外战争中，都发挥自己的地缘优势，充分利用诸多同盟国的力量，在经历一战与二战后，逐步成为全球超级大国，并在冷战后，进一步成为了目前全球唯一的超级大国。与此同时，美国的文化也伴随着政治、经济、军事、科技实力的扩展而广为传播，美国文明中的自由、民主、个人主义、自由市场等价值观也成为世界上的主要价值观之一。

文化的内在特征与差异，一个地区的人对自己文明的忠诚，都具有非常大的稳定性，比政治信仰、意识形态、经济特征等更难协调和改变。一个地区、一个国家的文明一旦定型，那么其文明旨趣、文化特性、精神价值观以及宗教信仰的确不是那么容易变更的。例如，多少个世纪过去了，中国的儒家文明生生不息，儒家关于人与自然的核心理念始终铭刻在中华民族的心灵上，没有因为朝代的更迭、政体的变换与时代的变化而改变或消失，而是更加包容并蓄、与时俱进，在传承中有创新，在创新中有发展，在发展中有繁荣。

这个世界有点儿复杂，也有点儿简单。当包含人性的个性与共性的文化、文明与地缘政治结合的时候，这个世界变得复杂了，国际政治不那么简单了，国际关系的发展有时也变得更加诡异难测。亨廷顿认为，在现今的国际政治与世界秩序中，文化身份差异、文化对抗性和文化关联性会扮演主要的角色。他认为，政治很大程度上会被文化相似性与对抗性所引导，国家间会加强合作，尤其是当他们分享共同的文化时，这在欧洲会表现得最突出。亨廷顿进一步认为，全球政治格局正在以文化和文明为界限重新形成，并呈现出多种复杂趋势：在历史上第一次出现了多极的和多文明的全球政治；不同文明间的相对力量及其领导或核心国家正在发生重大转变，文明间力量的对比会受到重大影响；而文明冲突是未来世界和平的最大威胁，建立在文明基础上的世界秩序才是避免世界战争的最可靠保证。

文化、文明是人类发展的成果，是人类生存、生产、生活的不可或缺的必然附着物。文化、文明不具有国家的功能，自身不能做决定（亨廷顿的文明冲突论实际上是文明决定论）。各种不同文化、文明的精神内涵与普世价值是相通的，它们不是冲突的根源，反而有时会成为制止杀戮与战争的有力武器。只有在和地缘政治结合的时候，才可能成为冲突的借口，但这种借口一般也不会成为现实。如果战争是以异质文化与文明为借口或目标的话，那是不现实的，等于是摧毁文明，这是全世界都不会容忍的，也是不可能成为现实的。历史上，有过某些文化与文明消失的诸多现象，比如巴基斯坦印度河流域文明、美国新墨西哥州阿纳萨齐（Anasazi）、埃塞俄比亚阿克苏姆王朝、克里特岛米诺斯文明、乌克兰和罗马尼亚的Cucuteni-Trypillians文明、约旦纳巴泰（Nabateans）文明、美国伊利诺斯州卡霍基亚（Cahokia）、希腊迈锡尼文明、秘鲁莫契（Moche）文明、北美洲克洛维斯文明、拉丁美洲的印第安玛雅文明等。不过，据考证，这些文明的消失，并不是因为文明之间的冲突，而主要是因为地质、气候、疾病等方面因素造成的。在历史上，还有些弱势文明消失的现象，但这也似乎不是文明冲突的原因，而是属于自然淘汰的原因。此种现象，将来还继续会发生。也许，更令人信服的解释是由于地缘方面的原因，弱势文化与文明若遇到强势文明的大规模深度且长期渗透的话，这种消失将不可避免。

“9·11”事件曾被广泛认为是伊斯兰文明与西方文明冲突的典型。然而，实际上有人也把“9·11”事件视作以本·拉登为代表的反西方人士，对美国为首的西方阵营推行霸权主义与强权政治的直接反抗，因为美国为首的西方阵营过多地深度干涉中东地区的事务，并且被认为不是那么公平正义的，只是本·拉登出手反抗的手段很残酷，并且针对的是平民，因此为世人所不齿。在中东一些国家对西方的干涉与反干涉、支配与反支配过程中，可能由此伴生出伊斯兰社会对西方文明的憎恨，但这不是文明本身的问题，而应归结于西方当权者推行的地缘政策失当的问题，这种观点并不是同情恐怖主义说项，也不是忽视不同文明之间差异性的一面。近代以来，西方中心主义的情结伴随着西方国家在世界上的得势而得以扩展与强化，但是世界其他很多地区的人们对此却并不买账。它们可能遵循的处世哲学是“你过你的，我过我的”，他们拒绝被干涉，拒绝被渗透，拒绝被打压，因而在可能的情况下，不得已选择极端的、不对称的方式进行反击。

极端的文化绝对主义或中心主义，会促使强势文明的核心国家力图把一种特性文化普世化，把自身文化置于文明的制高点，利用政治、经济、军事、贸易、教育等方面的优势及话语权，向外输出价值理念、政治制度和宗教信仰等，企图在社会心理上和思想文化上同化其他民族及其他文明，这实际上就是文化上的霸权主义与沙文主义。文化相对主义则注重文化的差异性与特殊性，肯定不同的文化价值、精神内涵与不同的生活方式，但极端的文化相对主义容易导致文化上过重的民族主义和狭隘的爱国主义，甚至可能导致文化的保守主义与专制主义，盲目自大且盲目排外，使自身文化发展处于停滞衰落的状况。

文化中心主义与相对主义都容易导致国际关系的不和谐，尤其是被地缘政治利益集团所利用的话，很容易导致地缘政治的持续紧张甚至是暴力冲突。前者如当代的西方国家在中东推行的政策与政治文化价值观，导致中东局势更为复杂，并激起了反西方力量的崛起与反击。亨廷顿后来认识到：“伊斯兰与美国的基督教和盎格鲁—新教文化在文化上的差异加重了伊斯兰构成敌人的资格。2001 年 9 月 11 日，本·拉登结束了美国对敌人的搜寻。纽约和华盛顿受到的袭击，以及随后对阿富汗和伊拉克进行的战争，还有比较笼统的

‘反恐战争’，使伊斯兰好战分子成为美国21世纪的第一个敌人。”①后者如鸦片战争前的中国清朝，文化上盲目自大又盲目排外，政治和经济上推行闭关锁国的政策，使自己隔绝于世界发展大潮，逐渐落后于其他国家的发展，落后于其他文明，最后导致西方列强的入侵和被动挨打的局面，正如严复在分析这段时期的状况所指出的：“中国败弱之由，百弊丛积，皆由体制尊槅之故。”②

总体上看，尽管国际关系学界对文化与文明的研究日益深入，但文化与文明的单独解释功能还是很有限的，在很大程度上依赖其他因素，③ 因而通常不具有独立解释功能，亨廷顿的文明冲突论在国际社会中不足以成为一种普遍的现实现象，其原因盖因于此。文明的问题涉及了很多的非国家因素，本质上不是一种国际关系，把文化因素放在国家层面上来展示，应该是对文化与文明发展的误解，或者是人为的扭曲。

第九节　国际关系的进化与退化

本节我们要讨论的进化与退化，类似于达尔文主义的进化与退化，但主要侧重于讨论国际体系的进化与国际关系的退化。在之后的章节里，进化的概念范围主要集中于国际体系的进化发展以及特指国家间关系从冲突到合作的情况，退化的概念范围则主要是指国家间关系从合作到冲突的情况。

---

① ［美］塞缪尔·亨廷顿著，程克雄译：《我们是谁：美国国家特性面临的挑战》，北京：新华出版社，2005年版，第219页。

② 中国史学会：《戊戌变法》，上海：上海人民出版社，1957年版，第204页。

③ 实际上依赖的因素是多方面的，比如地缘因素。文化、文明与地缘有着深厚的割不断的因素，影响着国际关系，甚至决定国际秩序的基本结构状态，世界上现有的八大文明，基本上就是国际政治现实上的板块理论。

达尔文的自然进化论认为，动植物的自然界是物竞天择、自然选择、自然淘汰的，总体趋势是由简单到复杂、由低级到高级的螺旋式发展的。这种进化路径大体上是线性的。

从人类总的发展历史来看，人类社会和国际体系是向前发展的，是进化的。这种进化路径大体上是因果链条式的。国际体系的进化，在一定程度上，得益于国际关系的退化，也就是说退化是为进化让路的。并且从这一意义上来说，国际冲突也有其存在价值，国际关系的退化不一定“不好”，本身也具有“进化”的内涵意义。

在人类认识和改造自己、认识和改造自然的过程中，生产工具不断改进，文化知识日益丰富，社会制度持续完善，民主人权深入人心，生活水平逐步提高，科学技术日益发达，探索自然越发广远，似乎所有与人类活动相关的内容和形式，都在进化的道路上一路向前。

国家是人的集合，由于国际社会迄今一直是无政府状态的，所以从理论上说，国家完全具有人格化的资质，在某种程度上，国际关系机能性地秉承了人性的某些特性，因而具有国际关系自身的一些特性。譬如，从古至今，国家间一直都存在着均势与霸权、信任与猜忌、同盟与敌视、合作与冲突、战争与和平等现象，也存在着大国主义、例外主义、沙文主义、霸权主义、强权主义等现象，同时也存在着寻依附、“搭便车”、“借保护伞”、“收保护费”等情况。这种无政府主义特性伴随着国家间各自力量的加强、应对共同挑战、追求现代生活、国际制度的发展与完善以及对行动后果的理性认识等，可能会有所缓和或减轻，但只要国家没有消亡，只要国际社会仍没有功能有效的世界政府，这种现象就不会有根本性的改变。如同人性一样，本质上既谈不上进化，亦谈不上退化的，只有文明的提升与制度的完善，才具有一定的限制或者抵消作用。

人与人之间的关系是可以变化的，是不一定的；国家与国家之间的关系也是可以变化的，是不一定的。这种“不一定”的关系主要是依据利益而变，利益共通有助于相互关系的稳定与共同进退，利益争夺有损于关系的维持或分道扬镳甚至相互为敌。在没有领土主权激烈争夺的前提下，共同的文化、相似的价值观、成熟的体制、相互的依赖或共同应对挑战等，常常对于国家间减少敌意、增进共同利益、保持紧密合作关系，具有关键性作用。

在利益面前，人与人既可能情同手足，也可能反目成仇。国家与国家之间，则既可能结成同盟关系，也可能因为利益分歧而相互大打出手。诚如丘吉尔的名言，“没有永远的朋友，也没有永远的敌人，只有永恒的利益”。当然，这种利益是多方面的、变动的，并不局限于已有的利益或者是固定的利益。在现实中，国家间关系的变化，相对于人与人关系的变化来说，更具有滞后性，因为在博弈的过程中，理性的成分大大增多，受牵制的各种因素也复杂得多，因而有人质疑人与人或者国与国之间关系的变化并不单纯只是因为利益而变化，并且都有相应依据即理论假说。我们也不排除有其他诸多原因的可能，但迄今为止，没有比“利益”更合适、更贴切、更准确、更有效的解释了。

在国际社会中，与国家间关系不确定性有别的是，就整个国际体系的发展来说，还是趋于进化的。国际体系的发展经历了由局部小体系到国际大体系、区域性争地夺利到全球性谋利布局的发展历程，这种历程尽管时间很漫长，但大体上还是脉络清晰的，而且是可验的。美国华盛顿州立大学国际政治学教授乔治·莫德尔斯基曾提出一个国际政治长周期理论（也可说是体系周期理论）。他把1494年意大利爆发战争后的国际体系分为五个周期，按时间先后分别是葡萄牙周期（1494—1580年）、荷兰周期（1580—1688年）、英国周期Ⅰ（1688—1792年）、英国周期Ⅱ（1792—1914年）、美国周期（1914年—现在），每个周期大约为100—120年。莫德尔斯基的周期理论关注的重点是各个世界领导国的霸权兴衰更迭和全球战争的周期性爆发，这个理论一经提出，便和其他国际关系理论一样引起很大争议。

这一理论看似符合一定的实情，实际上牵强得很。先不论它为何忽视陆上强国在历史进程中的作用，比如路易十四时期的法国、二战中的德国和冷战时的苏联，单就它把国际政治与经济、贸易、科技、人文等方面分割开来这一点，认为战争是周期转换的决定性因素，就有很大争议。这种观点过于机械，具有某种形而上学的特征了。但莫德尔斯将全球战争视为实现体系进化的“社会选择”，他认为，“长周期并不是战争周期，而是通过全球战争的调节而形成的一种政治进程”。[①] 这种选择机制的观点是可取的，然而他大概仍无法合理解释在这样的机械式轮回周期过程中，缘何出现科技的发展、民族国家的普化、民主人权的进步、联合国的诞生、全球化的拓展、经济上的相互依赖、公共威胁的毁灭性、苏联的解体、新兴大国的和平崛起等。

从历史上看，不管是1494年（或1648年，被认为是现代国际关系的开始）之前还是之后的国际社会，那些区域性或者全球性的“周期霸权国（或领袖国）”能持续维持多久的优势地位，为了能在特定的国际社会中发挥作用并维持其优势，个体从一开始就必须融入一个特定的共同体，以获得这个共同体的认可和支持。虽然这并不意味着它们不能改变各种公共性关系，也不意味着它们会坚持某种基要主义的方式来对待共同体内的各种信仰、文明和价值观，因此无论是从主观还是从客观的角度来说，都在现实中促进了生产与社会的发展、制度的完善和文明的进步。

我们可以耐心而理性地探讨一个问题，这个问题对于我们讨论国际体系的进化或国际关系的退化具有重要意义。笔者在这里提出一个论点，即二战对于整个国际体系来说，是国际体系最后得以形

① George Modelski, *Long Cycles in World Politics*, Seattle: University of Washington Press, 1987, p. 93.

成的一个分水岭。因为在二战后，全世界逐步而真实地走向全球化、一体化，并形成一个开放的全球体系，这个体系允许资本自由流动，建立了较为完善的全球自由市场，民族国家得到普化，各类国际规范日益完善，新兴大国可以和平崛起，民主、自由和人权得到了充分理解与实践。因此，可以谨慎地说，二战是人类丛林政治的最大一次、也是最后一次激烈而残酷的混战了，此战之后，全球体系与一体化格局大体上已然成形，这是战争手段所能达到的最高政治目的，往后世界秩序即便有局部的改变，也难以撼动全球体系的正常向前运转。我们可以把这个漫长而血腥的国际体系发展过程归结于体系本身具有的进化功能所致，这种观点[①]已经得到大多数人的认知并日益体现在各种不同理论范式与学派的争论中。

这种观点并不等于说，国家间关系与国际关系也是同进化的，相反是可能退化的。正是这些个体进化或退化的不确定性，使国际体系从大历史角度看是朝着进化的道路发展的。因为在不断的退化中，一些走不通的道路会逐步消失在历史的长河中，从而成就历史的向前发展，成就国际体系的向前进化，这表现在土地和空间的征服变得愈加困难，野蛮的财富掠夺几乎变得不再可能，多边主义与大国合作成为国际社会的共有观念，国家的死亡率和诞生率都越来越低等。例如，从 15 世纪到 19 世纪末，欧美进行了罪恶的奴隶贸易，但 19 世纪末之后，这种灭绝人性的奴隶贸易被彻底扫荡出了历史的舞台。再如，在威斯特伐利亚体系之后，在欧洲没有一个试图建立帝国的尝试是成功的，拿破仑和希特勒接近于成功，但都被强大的反对同盟击败，而此前，罗马帝国、查理曼帝国都曾征服欧洲。

当今国际体系的基本特征仍然是以主权为原则、以国家为基本

---

① 社会进化论范式可以给我们提供另一种解释，也提供了一种可以参考的研究路径。生物世界的客观现实是物质的，但人类社会的客观世界不仅有物质部分也有精神部分，从而使某些社会事实得以存在。尽管物质力量在本体论上具有优先性，但社会进化论范式认为在物质力量与精神力量交互作用下，驱动了社会发展、变迁和进化。

单位的无政府状态。值得指出的是，国际体系的无政府状态，并不是完全混乱、无秩序可言的，所谓的无政府状态，实际上是以“无”来定义“有”的一种状态，因为国际体系一旦确立，就具有自身的结构张力与体系约束力，这是个体国家难以驾驭和控制的。从这个意义上说，国家造就国际体系结构，国际体系结构制约国家关系，因而在研究中，国际体系可以成为一个独立的研究对象，而不依附于国际关系。冷战后的当今国际关系中，国家间政治已经不再是那种血腥味很浓的“丛林政治”了，这种血腥味至少已经弱化了很多。民族国家确保生存的努力，也已不再需要那么强烈地仰仗自身军事实力了，新兴国家的崛起，也不再像以往那样要通过战争才能成功，国家间的复合相互依赖度不断加深，国际制度与规范日渐完善，理性的国家会遵照“游戏规则”发展，否则会招致群起反击。这本质上就是国际体系发展中的进化。

温特的社会建构主义理论陈述了一种关于国际体系进化的经验式总结。他在社会建构主义理论的奠基之作《国际政治的社会理论》一书中，提出了三种不同但明显递进的国际体系状态模式：（1）霍布斯式的国际体系。这种体系主要反映在威斯特伐利亚体系之前，建立在“敌人”的角色建构之上，核心内容是“敌意”，其逻辑结构是“所有人反对所有人”，国家间彼此充满了不信任感，这是一种完全自助式的古代体系状态。（2）洛克式的国际体系。这种体系建立在“竞争者”的角色建构之上，核心内容是“竞争”，其逻辑结构是“生存允许生存”，这种体系迄今已有400余年历史，温特认为，这是当今国际社会的主流，是威斯特伐利亚体系以来的国际体系主导文化。（3）康德式的国际体系。这一体系建立在“朋友”的角色认同之上，其逻辑结构是“人人为大家，大家为人人”，其核心内容是“友谊”，国与国之间相互信任，遵循“非暴力”和“互助”两大原则。这是一种后现代的理想体系模式，初显于欧洲、北美、大洋洲的多元安全共同体中，目前还不占主流。[①]

如前所述，我们讨论国际体系进化的同时，也提到了国际关系的退化，稍微不同的是，我们讨论的这种退化主要是指国家间关系由合作向冲突的转化。冷战后，国际社会出现了一种总体和平的较好形式，“国际体系首次没有了单一威胁，每一个国家都将从自己的角度判断危险的来源，包括非传统安全威胁”。[②] 在一个总体上和平的国际体系中，国际关系为何仍然是不确定的，仍会有退化呢？这种退化背后的机制是什么？就原因来说，这首先在于国际体系本质上还是无政府主义状态的，其次在于国家间彼此身份不同以及利益诉求有别，再次是在于人性、地缘政治及国内因素使然。影响国家间关系退化的具体因素主要有：政权更迭、地区冲突、领土纠纷、海洋权益纠纷、民族矛盾、宗教矛盾、核扩散、环境恶化、资源争夺、恐怖主义、难民问题、军火毒品、粮食危机、价值观念、意识形态、历史遗留问题等。

进化与退化之间是有一个临界边缘带的，或者可以称为临界度。一旦一个关键变量（比如一场冲突或战争）不能引起国际关系的进化，就可能引起国际关系的退化。例如，1945 年二战后，原来美国和日本两个对立的敌人变成了盟国，国际关系持续在进化方向发展，不仅在冷战期间如此，在冷战后依然是牢固关系的盟国；再如，1978 年底美国和伊朗之间的大使馆人质事件，引发原本牢不可破的美伊两国关系产生急剧动荡，两国关系持续退化，几十年来一直未有根本性改善。

① ［美］亚历山大·温特著，秦亚青译：《国际政治的社会理论》，上海：上海人民出版社，2000 年版，第 313—381 页。

② 倪世雄、蔡翠红：“西方国际体系论探索——从科学行为主义到建构主义”，载《国际观察》，2006 年第 4 期，第 22 页。

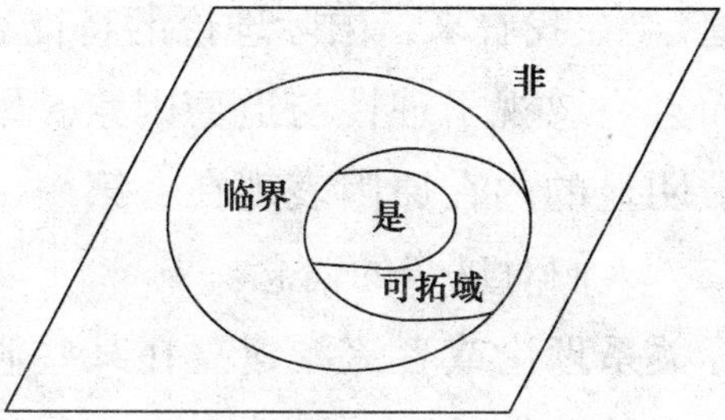

图 1—6　国际关系进化与退化的临界边缘带图示

由上图可知：图中间的“是”代表国际关系的进化，“非”代表国际关系的退化。整个图形代表国际关系史，即平行四边形意味着恩格斯著名的“平行四边形”历史观。恩格斯认为，历史是这样创造的，最终的结果总是从许多单个的意志的相互冲突中产生出来的，而其中每一个意志，又是由许多特殊的生活条件，才成为它所成为的那样。这样就有无数相互交错的力量，有无数个力的平行四边形，由此产生出合力，即历史结果；而这个结果又可以看作一个作为整体的、不自觉地和不自主地起着作用的力量的产物。

第十节　理性原则与理论建设

我们对国际关系进行明确的理论思考，很大程度上在于我们认识到国际关系不是某种想当然的东西，而是需要理解、改变的某种东西。确切地说，最初既没有国际关系，也没有国际关系理论，只有国家间关系，只有政治学、政治哲学和国际关系史，直到 20 世纪初的第一次世界大战后，国际关系学才正式作为一门学科进入研究的视野与议程之中。自那以后，我们才认为有了国际关系理论，但仍然有人对是否有国际关系理论提出了质疑，例如作为当时伦敦经济与政治学院教授的马丁·怀特（Martin Wight）就曾于 1960 年 4 月专门在《国际关系》杂志上发表了一篇影响甚广的、有重要启迪意义的文章《为什么没有国际理论》（Why is There No International Theory?）。他认为，当前的国际理论或其内容是零散的、不系统的；

对外行人来说，大部分都是难以理解的，而且在形式上大半也是相互排斥的。他写道，“在我看来，国际理论的特征表现为，它不仅缺乏实质性内容，而且也忽视了理性与道德因素。因此，我们必须寻找内在的原因。最明显的内在原因表现在：第一，主权国家所强加的理性偏见；第二，人们对进步的信念。”①

正如很多国际关系理论或者流派建立在某些假定的前提基础上一样，国际关系学中的本体论和认识论本身也是建立在某些施动者的“理性”原则基础上的，并且，这种理性与自然人的理性既有联系，又有区别。一般来说，“理性”一词是指“由本体论中所设想的一种物质性的理性实体逐步精神化，最后才指向人类所具有的独特的认识事物的能力的。”② 作为社会中的自然人，“人是理性的动物”，即人所特有的有目的有意识的能力及活动，这意味着“理性”不属于客观世界，而是指区别于动物的具有认知与反思的特殊精神品质。

从古至今，正因为我们对人的理性有如此认识或假定，所以在国际关系理论中，理性才具有一种近似于先天给定的精神特质，深植于国际关系理论的方方面面。在所有人类共有知识的积累上，人们所说的理性，其本质是完全建立于人所特有的逻辑思维之上的。拉塞尔·哈丁（Russell Hardin）认为，理性是“如果你按认为符合自己利益的方式行事，那么你的行为就是理性的……一种理性论断正确与否，关键不在于个体的信念（beliefs）是否理性，而在于在这些信念的指导下，个体是否理性地行动。无论何时，只要个体的意图不为个体或群体的利益服务，那么其行为是非理性的；不计个人的成本与收益，只为群体的个体行为是最大化理性的（extra-ra-

① ［美］詹姆斯·德·代元著，秦治来译：《国际关系理论批判》，浙江：浙江人民出版社2003年版，第22—23页。

② 伍兴元：“认识论中理性主义的基本类型及其历史变迁”，《延安大学学报》（社会科学版），2006年6月，第28卷第3期，第5页。

tional)”。[①] “理性的我们” 在研究国际关系时，一般都假定人是理性的，在国际体系的无政府状态中，施动者（主要是指国家行为体）也被假定是理性的。这种假定，无论从哪个方面来说，本身既是一种假定的理性，同时也是一种理性的假定。

一般的所谓理性，包含着丰富的内容：“人类形成概念和理解概念的能力是理性，学习语言和运用语言的能力还是理性，获得关于世界的信念并且按照这一信念行动的能力还是理性。”[②] 在国际关系理论和实践中，理性不再完全地泛指人所具有的、与人之外的动物有别的特殊精神品质，其概念所指已经窄化，国际关系理论研究中的理性，主要是指逻辑推理之上的、限于经验指导之内的对于施动者行为的目的、性质、发展、后果的特定认识。国际关系中的理性，是将手段与目的关联起来进行权衡的能力，即在某一给定环境中，国家能够确立目标，考虑多种政策方案的可行性和可能导致的结果，然后选择能够最大限度地实现国家目标的政策方案。

所有的国际关系理论，包括主流的现实主义、自由主义、全球主义和建构主义理论，都有一个必要的前提假定，那就是不管物质世界是否独立于人的认知存在和质疑假定，施动者（或行为者）是理性的，施动者的行为也是理性的，施动者与被施动者构成的结构与状态，也是理性的，并在这种理性范围之内可以是被认识和解读的。这里的施动者既包括自然个人和社会法人，也包括国家、政党、跨国企业和国际组织等。如果施动者是非理性的，自我就无法确定他者的行为逻辑，同样，他者也无法确定自我的行为逻辑，所有施动者之间也就没有任何共有认识与规范可言，秩序和状态就成了假设，自然就不能进一步发展成为所谓理性的理论。汉斯·摩根索

① Russell Hardin, *One for All: The Logic of Group Conflict*, Association of American Publishers, 1997, p. 46.

② 伍兴元：“认识论中理性主义的基本类型及其历史变迁”，《延安大学学报》（社会科学版），2006年6月，第28卷第3期，第6页。

(Hans Morgenthau) 在1970年针对马丁·怀特 (Martin Wight) 1960年写的文章《为什么没有国际理论》而写的《理论的理性与政治功能》一文中有过精辟论述，“只要人们相信，国家间关系是人类所不能控制的，也不能由人的意愿来改变，那么国际关系理论就不会出现在理性的行动规划中。……就建立国际关系理论的思维前提而言，它取决于对下述事实的承认：国家间关系并非某种给定的东西，人们只能既定地接受它，而且必须尽其所能地应付它；相反，人们应该认为，国家间关系由人类的意志所创造，故而也能为人类的意志所控制和变革。”①

理性原则与理性主义有很大区别，尤其在国际关系理论分析与建构中，正确区分理性原则与理性主义具有重要意义。理性主义是国际关系理论中的一个分析范式，理性原则包含理性主义，实际上，理性原则包含在所有的社会学科里面（自然科学更是以理性、客观为研究基础）。科学理论一般具有两大标志性性质，一是普遍性，二是可重复性，理性原则虽有此通则性质，但理性原则不能算是科学理论，它只能算是一个前提，只是这个前提具有某种特殊的约束性或强制性，因为离开了理性原则，任何所谓的理论都只是空中楼阁。

理性原则与理性主义在国际关系的理论建构中都具有不可或缺的重要地位。理性原则贯穿一切理论，而理性主义则多多少少包含在理论的建构与完善中，实际上，国际关系学中的现实主义、自由主义、规范主义、英国学派、批判主义，都是在理性原则的基础上发展起来的有关理论，无疑都属于理性主义范畴。有人依据利益与观念、制度与文化、身份转换与社会建构等概念，把理性主义与建构主义区分开来或者对立起来，这在研究纯理论时，可能有其必要性。但考虑到统一于理性原则来说，这种区分甚至对立则是没有道

---

① ［美］詹姆斯·德·代元著，秦治来译：《国际关系理论批判》，浙江：浙江人民出版社，2003年版，第47页。

理的，也是“反理性”的，因为它们本质上都是指向相同的国际社会中存在的问题，尽管出现了不同的解释，但那只是因为其沿用了不同的方法以及利用了相异的有关概念。

在国际关系理论中，毫无疑问，都或多或少依据理性原则而先验性地确定一些固定的理性假定。例如，行为体的存在（同时包括自我与他者的存在）、行为体的互动、国际社会的状态性质、行为体的主体、行为体行动的理性等。现实主义有三个基本的理性假定：其一是关于无政府状态的假定。在世界秩序中，国家是国际关系的最主要的行为体，各国都具有最高主权属性，国际关系是“国家共存”但“各自为政”；其二是国家行为理性的假定。在对外行动中，国家是统一的理性行为体，偏好于采取持续稳定的广义的理性政策；其三是关于权力政治的假定。国际关系的本质是冲突，权力是国家行为的核心因素，依据权力来界定利益，权力既是目标也是手段。

基欧汉和约瑟夫·奈在 1977 年合著出版的《权力与相互依赖》中，提出与现实主义针锋相对的三个基本假定：其一，否定了国家是国际关系中唯一行为体的假定；其二，军事安全并非总是国家的首要问题，有些问题也具有很强的政治意义；其三，军事手段不是或不完全是国家对外政策的最有效手段。此外，新现实主义的著名学者华尔兹，也对现实主义大师摩根索的理论做了两个重大修正：第一，国际政治的本源推动力量是无政府性而非人性；第二，权力不是目的只是手段，生存才是目的。

经典马克思主义理论的也存在一系列假定。这些假定包括：阶级是国内政治和国际政治的主要行为体；阶级是理性的，谋求阶级（物质）利益；国家代表统治阶级利益。

英国学派的基本假定是：第一，国际关系是人类关系的一个分支，必须关注安全、秩序和正义等基本价值；第二，人是国际关系分析的中心，国际关系中的决策者和政策实施者的思想和行动影响国际关系的发展；第三，国际社会是无政府状态的，国际准则、规范和制度能发挥重要作用。

建构主义理论亦脱离不了基本的理论假定。温特的建构主义基本接受了现实主义关于无政府状态和国家是主要且理性行为体的假定。此外，还有如下假定：第一，社会现实是一种社会建构，客观物质世界的存在是可能的，但物质世界的意义是社会建构的、非客观的，不能独立于人的理解；第二，行为体自己及彼此身份认识是理性的，行为体与客观世界的关系以及二者彼此间的关系，取决于它们对自我及他者的身份认识与理解。

理论应该是事实性的描述，而不是规范性的叙述。理性假定与现实情况既密切相关，有时又超脱于现实。所有理论的假定，实际上都是基于现实的观察与思考，是某一方面现象背后本质的基本观点，具有相当的合理性，有时甚至具有难以质疑的合理性与正当性。毫无疑问，所有的国际关系理论都是就其在某一方面现象提出观点的理性考察结果，具有当然的理性成分，但在国家在现实对外行动中，尤其是在关键情况下，那些决策者和政策制定者依循的往往是原则第一，理性成分在很大程度上必须服从于原则，这本身就是理性权衡的结果（现实主义者由此有理由欢呼现实主义的回归与主导）。乔治·凯南晚年曾说过："当我思考对外政策时，我并不是依据什么学说来考量，而是依据原则来考虑。"[①]

理论建设是一个连续的、不应受阻断的过程。在此过程中，普遍有效的理性原则能为新的、且更具不确定性的人类行为理论建设打下基础，能为国际政治的发展提供不同视角的描述与解释，也能为国际体系的进化与国际关系的退化提供某些指导。例外的是，在涉及到个人的行为，特别是对外行动中，国家领袖在重大问题时的权衡与决策时，我们不能完全指望最后的决策一定就是符合普遍有

① George Kennan, American Diplomacy: 1900 - 1950, A Mentor Book by The New American Library, 1951, p. 166.

效的理性原则，只能是有限理性原则。因为任何决策实际上不可能同时符合所有阶层、所有利益集团、所有相关国家的利益与期望，这反映在相关理论建设上时，会给专家学者们在研究国际关系时带来一定的困惑，也会给相关理论带来必然的分歧甚至争论。所以，国际关系的理论建设，既要注重理论本身的理性分析与理性建构，包括构筑理论大厦所必须的理性假定，也要注重现实国际关系中，外交行动的理性支点是什么、理性利益在哪里、理性范围有多大。这也大约是众多学者普遍强调研究方法的重要性的主要原因之所在。

本章小结

本章提到的十个国际关系学研究的问题，有些是哲学层面上的，有些是经验层面上的，有些是研究所有社会科学包括国际关系学的方法，有些是关于国际关系学的一些观点，涉及面比较广，但肯定还有很多指涉到的方面，尤其是关于国际关系理论的研究方法与理论范式，没有全面分析，而只是肤浅地分析了在研究国际关系之前的一些思想准备与首要注意的问题。

在谈论国际关系的现实状态时，许多人往往都有许多不同的见解，甚至可能在观点上截然相反，在谈到理论范式与研究方法时，也会有许多角度各异的理念。本章提及的十个研究国际关系的首要问题，泛泛地谈及到了一些国际关系的研究方法、理论及现实的问题，没有直接分析有关具体理论，只是试图通过站在一个高处作为立足点，来全面思考与理解全球体系、国际社会、国际关系和世界秩序的内容及含义，为未来的发展提供一个思考的方向，也试图为研究国际关系理论提供一些有价值的分析前提及分析框架。

第二章

国际政治的他者主义理论

第一节 他者的两种存在状态与他者的认知

（一）他者的实体性存在

他者的形象和角色经常出现在从古至今的政治、经济、军事、文学、历史、哲学、宗教等多领域的文献资料中，也存在于当今世界各地许多民族的神话传说或宗教故事中。作为一个镜像化的角色，他者和自我历史同样久远，因为它们本就是相互界定的参照物，人们也习惯于在对他者和此者[①]的认识中，获得“存在的确实性”。马克思认为，人作为一切社会关系的总和，是对象性的存在物，人的存在离不开对象，更有赖于人的对象性活动。他认为，“一般地说，人对自身的任何关系，只有通过人对他人的关系才得到实现和表现。”[②]

自我与他者的一个关键问题是，如何区分自我与他者（包括自我与他者对此者的认知）的标准，或者二者的界限如何划分、单位

---

① “此者”在此作为他者的自我镜像概念。由于这里主要是探讨作为自我相对的他者与自我的关系，此者只是作为镜像化的角色，因而对此者的作用与意义未作深入探讨和论述，在后续分析中，此者的概念只是适当提及。

② 马克思：《1844 年经济学哲学手稿》（单行本），北京：人民出版社，2000 年版，第 59 页。

如何设定。作为界限，在国家出现之前，血缘、辈分、男女、身份、贫富、民族、种族、地缘、宗教、阶级、文化、文明等，都可作为一种划分的标准，这些特征构成了不同他者的身份。在国家出现后，国内的他者主要以利益集团来划分，从国际社会的角度看，则主要是以国家为单位作为不同他者的划分标准。[①] 这实际上就是他者的不同类别实体性存在，这种存在不仅形成了对比，也确立了他者角色的不同，同时，也形成了实体存在的他者在社会观念上的区分。

对于实体性他者的存在，所有人都能举出例子来形容他们周围的“他者”。例如，“他”是家人，“他”是朋友，“他”是敌人，“他”是领导，“他”是公司，“他”是非洲人，“他”是基督教徒，“他”是政党，“他”是军队，“他”是飞行员，“他”是汉族人，“他”是国家，等等。

这使得他者实际上具有了人格化的身份，这种人格化的身份是在具有相同或相似类属特征的基础上确定的，而且，这种身份只有在自我观念和他者观念相互认知的情况下才有现实意义。在长期的社会发展过程中，这种实体性他者存在的区分早已经成了社会共识，并在这种社会共识的基础上，不断建构趋向于稳定有序的状态。

在国际关系的研究中，他者的实体性存在，首先指的是国家，其次，概念范围也扩延至国际组织和跨国公司等在国际事务与世界政治中有重要影响的行为体。这是现实主义、自由主义、建构主义和英国学派等国际关系理论都赖以为出发点的，这种存在的概念划分已经成为国际关系研究的共同认知。

在社会实体性存在之外，还有一个特殊的自然实体性存在，譬如在有争议的领土、领海及领空，如钓鱼岛（中国/日本）、独岛

① 此处的自我、他者、此者，只是作为社会结构中的群体类属身份的一般分类，未精细划分。

（韩国/日本）、北方四岛（俄罗斯/日本）、克什米尔地区（印度/巴基斯坦）、马岛（英国/阿根廷）、佩雷希尔岛（西班牙/摩洛哥）、巴卡西半岛（尼日利亚/喀麦隆）、哈拉伊卜三角区（埃及/苏丹）、南中国海（中国/越南/菲律宾等），还有在历史上尚没有主权归属的领土、领海等，如澳大利亚和新西兰分别宣称对南极大陆的部分地区有实际主权，美国、俄罗斯、加拿大、冰岛、瑞典、芬兰、挪威、丹麦等环北极圈国家，都试图在北极占有一席之地。此外，还有地表水、地下水、石油和天然气等资源，都是有特殊身份的自然实体性存在的"他者"。

这些本身无意识的行为体，是介于自我和他者之间利益重叠点，是实体性存在的"第三者"。自我在与他者争夺的过程中，都具有被纳入某一方利益范围的倾向，因而在自我与他者的利益链条上具有极大的战略利益价值。因为存在巨大争议，在尚没有确定归属之前，是双方有争议归属的"他者"。作为特殊的"他者"，由于本身没有观念意识或者不能自己决定归属哪一方，我们暂时只能将其作为独立利益分析中的他者。

（二）他者的观念性存在

在20世纪90年代以前，国际关系的多数理论范式研究的起点是权力和利益，人们关注的是和平与合作得以实现及维持的条件，探讨的是战争与冲突的原因及规避的方法。自建构主义崛起之后，多数学者认可或者默认了行为体与结构之间存在着互构关系，观念的因素被提上一个无形的高度。建构主义认为，观念无所不在又具有强大的兼容性与建构性，行为体的身份是由观念建构的，行为体的利益也是由观念建构的，同时认为利益建构权力，而现实主义的最重要特征之一就是认为国际政治的本质是由权力关系所造的，这就把观念的因素拔高到了一种类似于宗教信仰的高度了。

温特认为，“反对物质主义利益观的第一个论点是：利益本身就是利益或观念。”[①] 他试图从文化人类学与哲学这两个不同的学术领域中发现这个论点并抽象出有利于他关于观念与结构互构的理论建构，进而得出结论：观念造就了权力与利益，这也正是温特认为自己的建构主义理论不同于现实主义与新自由主义的一个显著方面。

在探讨他者的存在时，必然要讨论他者的观念性存在。这样做，不是要提出类似温特模式的“观念建构了他者的存在”这样的观点，而是主要基于研究的需要。因为他者的实体性存在包括人的存在本身确实是物质性的，既不带有价值偏向，也不带有道德倾向，若没有观念性他者的存在，这种物质性的他者实体存在就会在国际关系中失去现实意义。

人们常说，“他”是友好的，“他”是敌意的，“他”是有利的，“他”是腐败的，“他”是恐怖主义的，“他”是无辜的，“他”是欺骗的，“他”是后来的，“他”是我们的，“他”是正直的；对于纯物质性的实体存在，也把这种存在观念化了，比如，“他”是木料的，“他”是美观的，“他”是六边形的，“他”是静止的，等等。

对于物质的观念性存在表述，因为人类有客观性的共有认识，人们通常不会有什么异议。例如，树木做成椅子，如果我们说，“他”是木料的，人们通常不会质疑（除非椅子完全被铁皮等其他材料包裹住了，看不出是木料），而且人们也通常不会去使劲摔一把好好的椅子，或者放火去烧掉椅子。

但是对于人及人类社会中的“他者”来说，他者的“观念性存在”确实背上了主观上的“观念”的烙印。这里的“他”至少具有双层含义，一是指实体存在，二是指现象存在。例如，如果说到

---

① ［美］亚历山大·温特著，秦亚青译：《国际政治的社会理论》，上海：上海人民出版社，2000 年版，第 153 页。

“他”是敌意的，那么“他”既可以是针对具体的某个人或某个组织或某个国家或国际组织等实体性存在，也可以是针对的一种观念现象，即针对的是自己面临的受威胁状态或形势。前者是一种特指，指向具体的实体性他者，后者则是一种泛指，指向他者的思想或意识倾向，但不能确定其具体行为。

现实主义、自由主义和马克思主义都是以对象性分析见长，几乎对“他者”分析都局限于实体性存在的基础上的，很少涉及到观念上的“他者”存在，因而受到了建构主义及批判主义的诟病，也因而为建构主义与英国学派的崛起提供了理论创新与发挥的空间。建构主义对于观念的因素给予了充分重视，把观念建构置于理论分析的核心，由此形成了独树一帜的建构主义。

（三）他者存在的认知

他者是自我的他者，自我是他者的他者，此者是他者的自我。他者从来都是我们衡量自我特征、权利、价值或共同人性的一个重要标尺，但他者并非仅仅指和自我不同的客体，而是一种对立性的存在，无论他者是比自我更好或更差、与自我相似或相异，很难是中性的，与他者的比较总会有自我的映射。他者认识重要的是，不仅有自我和他者这两者的相互性（bilateralism）视点，多极间的视点（multilateralism）也是不可或缺的。[①] 两千多年前中国的老子就有了关于自我认知和他者认知的辩证论述，他认为，“知人者智，自知者明。胜人者有力，自胜者强。”[②] 在西方哲学史上，自巴门尼德提出“存在是一”后，就出现一种追求绝对同一的倾向，要求把所有他者化为同一，这是一种无视他性的逻辑。之后，“柏拉图的理念论、亚里斯多德的实体论、黑格尔的逻辑学、海德格尔的基础本体

① ［日］山室信一：“面向未来的回忆”，中国社会科学院编：《中国与日本的他者认识》，北京：社会科学文献出版社，2004年版，17页。

② ［春秋］老子：《道德经》，第三十三章，陕西：陕西旅游出版社，2006年版。

论等无一例外都加强了这一立场。”[①] 在黑格尔后的20世纪，众多学者又致力于打破同一性的虚假幻象，还原他者应有的地位，他者便作为问题被提出。

他者之于自我，源于自我意识。自我意识是他者意识的产物，但自我意识也是与他者认识相统一的。西蒙·德·波伏瓦认为，“自我意识本身存在之初，就伴随着对‘他者’的分类……一个群体若是不能立即确立与自身相对立的‘他者’，就绝无法确立‘此者’”。[②] 黑格尔也曾指出，“自我意识，……只有在另一个人的自我意识中才能得到满足。”[③] 在“看即被看”这种持续关联性的特性逻辑中，将自我审视的双向或复视思维理性化，把自我的延长线上的另一个他者纳入自我范畴之内的同时，自我意识才能得到印证和固化。拉康认为，“人在看自己的时候也是以他者的眼睛来看自己，因为如果没有作为他者的形象，他不能看到自己。”[④] 温特在谈到自我意识时，突出了自我意识在自我与他者共生中的重要作用，他指出，“当行为体自我意识到他们是‘成功’的行为体时，就会模仿，通过模仿获得了身份和利益。”[⑤]

自我、他者可分为内部群属身份的自我、他者，以及外部群属身份的自我、他者。无论任何内部或外部群属中的自我、他者，都具有相应的身份和利益，只有彼此认知自我和他者的身份、利益和权能，才能有效建构并暂时性确定自我和他者间关系。任何

---

① 颜岩：“拉康“他者”理论及其现代启示”，载《重庆社会科学》，2007年第2期，第22页。

② Simone de Beauvior, *The Second Sex*, translated and edited by H. M. Parshley. New York: Bantam Books, 1961, pp. xxii, xxiii.

③ C. W. F. Hegel, *The Phenomenology of Spirit*, Oxford: Clarendon Press, 1977, p. 126.

④ ［法］拉康：《拉康选集》，上海：上海译文出版社，2001年版，第408页。

⑤ ［美］亚历山大·温特著，秦亚青译：《国际政治的社会理论》，上海：上海人民出版社，2000年版，第410页。

自我和他者的利益和权力都与其身份有恰当的对应度，并且自我和他者的身份与利益只有在相对对等认知的情况下，才具有现实意义。在中国，老子最早主张这种身份与利益及权能的“合身性”，他认为应该“以身观身，以家观家，以乡观乡，以邦观邦，以天下观天下。”[①]

由于自我、他者的新身份变化及彼此新的认知，不同身份的自我往往具有不同的他者认知。温特认为，自我与他者的承认是相互的，是两个自我变成一个我们。[②]“不能排除相互竞争的群体组成‘共同体群体’或集体身份的可能”，[③]当“我们”成了一个新的“自我”时，自我和他者镜像也会出现相应的变化，也即对相互身份的认知发生了变化，自我的利益与愿望很大程度上“取决于它如何定义自己与他者的关系”，[④]而他者在互动中的身份“取决于自我对他者的定位”。[⑤]温特进一步从人的理性模式出发，把群属身份中的自我和他者的意识及意图人格化。他分析了意愿理论的逻辑，以及这种逻辑产生的关于人作为施动者的假定，并由此提出了意愿的认知理论。[⑥]他以他者的身份为关联点，把对他者的认知与对利益的认知统一起来，同时与社会结构中权力因素相结合，认为权力分配的意义在很大程度上是由利益分配建构的，利益的内容在很大程度上

① ［春秋］老子：《道德经》，第五十四章，陕西：陕西旅游出版社，2006年版。

② Alexander Wendt，*Why a World State* is Inevitable，European Journal of International Relations，Vol19（4），2003，p. 512.

③ ［美］亚历山大·温特著，秦亚青译：《国际政治的社会理论》，上海：上海人民出版社，2000年版，第407页。

④ ［美］拉彼德·约瑟夫、克拉托赫维尔·弗莱德里希主编，金烨译：《文化与认同：国际关系回归理论》，浙江人民出版社，2003年版，第75页。

⑤ ［美］亚历山大·温特著，秦亚青译：《国际政治的社会理论》，上海：上海人民出版社，2000年版，第421页。

⑥ ［美］亚历山大·温特著，秦亚青译：《国际政治的社会理论》，上海：上海人民出版社，2000年版，第150页。温特认为，意愿的认知理论，简单地说，就是我们之所以希望得到我们想要的东西，是由于我们对这种东西的认知决定的。

又是由观念建构的。[①]

自我和他者总是共处于同一时空之中，彼此作为镜像化的角色来确定自我，因而自我、他者、此者也总是“共生”而非“独处”的，正如海德格尔所认为的：“世界向来已经是我和他人共同分有的世界。此在的世界即共同世界，‘在之中’就是与他人共同存在。他者的在世界之内的自然存在就是共同存在。”[②] 他者与自我的共生存在中，原有的特征会影响新身份的角色。温特指出，“自我和他者不是白板，他们原有的特征会影响他们的互动。一是物质的，表现为身体及其相关的需求；二是再现，表现为一些关于自己身份的预设观念。”温特进一步分析指出，“通过为自我确定一种角色，行为体至少含蓄地为他者也确定了一种角色。……自我在确定自己特定身份的同时，也确定了他者相应的反角色，这种反角色使得自我的身份具有了意义。”“在知识得以分享的情景中，对他者的再现常常是与他者的自我（此者）再现相对应的，这样互动就可以进行。”[③]

他者的存在，给自我存在提供了对象性的博弈前提。“如果自我—他者的界限得以消解或者是部分消解，那就意味着新认同的出现”。[④] 自我与他者的互动，始终围绕着和平、控制、冲突、统治、竞争而进行。互动的各方中，只有一方是自我，相对于自我，其他各方都是他者，他者利益的客观存在，使相互间的协调往往难以如愿实现，尤其是政治上的协调，几乎没有他者愿意做出权力上的妥协。当权力被当作威胁、侵犯或者惩罚力量来运用时，它可能令人

---

① ［美］亚历山大·温特著，秦亚青译：《国际政治的社会理论》，上海：上海人民出版社，2000 年版，第 167 页。

② ［德］海德格尔著，陈嘉映、王庆节译：《存在与时间》，北京：三联书店，1987 年版，第 146 页。

③ ［美］亚历山大·温特著，秦亚青译：《国际政治的社会理论》，上海：上海人民出版社，2000 年版，第 414—415 页。

④ 赵俊：“国际关系中的承认：合法性与观众成本”，载《世界经济与政治》，2001 年第 4 期，第 83 页。

恐惧，并且更多的时候也构成最让人畏惧的力量形态。只要是社会体系，不管其存在的时间有多长，就都包含着权力的“制度性调配”(institutional mediation)。在所有的集体情境中，不管是家族、族群、氏族、部落、部落联盟、酋邦、城邦等群体组织，制度性调配都表现为控制模式。凭借控制，某些施动者致力于实现并维护他者对自我的服从或认可。利用常设性的、永久暴力手段的控制，实际上就是统治，当然，这种统治还不一定就是国家，只有当他者演变成由阶级构成的他者，并且在互动关系中，由于身份上不能融合共生而引起利益不能调和的冲突时，国家才在与他者的冲突中得以造就。

第二节　他者的存在造就人类社会的观念、制度、组织、结构与国家

在原始社会，生产力发展渐渐使剩余产品的交换、占有和支配成为现实，也逐渐产生了一部分不直接从事生产而占有大量生产资料和财产的少数群体，在社会结构中占有优势地位，并且形成一种特殊的主—奴关系，奴隶主占有奴隶和财产，奴隶一无所有并且完全依附于奴隶主（当然也仍然存在部分的自由民）。对于奴隶主，奴隶是他者，对于奴隶，奴隶主是他者，对于本群属而言，本域以外的其他部落则又是更大的他者，同时，自我群属也成为本域之外群属的他者之一。

在世界各地，曾经普遍出现的原始的民主协商与推举首领制来管理内部事务和防范外来威胁，自我和他者的关系基本处于平等和民主的共生状态，但这并不意味着这种制度勉强是和谐共生的就可以持续下去。随着生产力的不断提升和人口聚居地城市化的发展，群属内部的自我和他者在利益和权力的冲突和斗争中，从氏族社会后期就朝着比较原始而直接的“主—奴”关系方向发展。文明的拓

展和社会的进化，没有使群属内部和群属之间的自我和他者的关系变得更加公平、民主、和谐，而是逐渐发展成以权力为中心的控制—反控制、统治—反统治的服从与依附关系。权力在这个演进的过程中，成为一种令人敬畏的力量。

既然群属内部和群属之间的自我和他者总是存在矛盾、冲突、斗争的现象，当来自群属内部不同类属身份的他者或同类属身份的其他他者或群属外部的其他他者，对自我的权力和利益产生威胁并经常发起挑战，而且这种威胁或挑战的力量能够或试图改变自我的权力、利益的存在状态时，自我就会倾向于采取最严规范、最多手段、最强组织、最大暴力的最高权力主宰方式来维系并巩固既有的支配与控制的结构状态。王国维在考察有关封建社会的家、国、天下之间关系后，把“制、法、术”等确认为国家权力的组成部分。他认为，“有立子之制，而君位定；有封建子弟之制，而异姓势弱，天子之位尊；有嫡庶之制，于是有宗法；有服术，而自国以至天下合为一家”。[①] 当然，“在具体环境中，如果自我掌握较大的权力，就可以诱使他者根据自我的观念改变自己原先对环境的定义，而不是相反。”[②] 摩根索对权力政治也有深刻论述，他指出，“权力可以包含建立和维持人对人的控制的一切东西”。[③] 自我和他者通过不断地从事无视对方需求的权力政治实践活动，在自我和他者在互动中，逐渐创造并内化一种共有知识，即他们之间的关系应该如此，控制和统治是一种结定状态，也是一种常态，并且不断发展出完善的规范和制度来维系并巩固这种组织关系。很明显，在这一过程中，“权

① 王国维：《观堂集林》（第十卷，第二册），北京：中华书局，1995 年版，第 451—474 页。

② ［美］亚历山大·温特著，秦亚青译：《国际政治的社会理论》，上海：上海人民出版社，2000 年版，第 417 页。

③ ［美］汉斯·J. 摩根索著，杨岐鸣、王燕生、赵归、林小云译：《国家间的政治——为权力与和平而斗争》（第 5 版修订版），北京：商务印书馆，1993 年版，第 24 页。

力关系在决定进化发展方向方面起着至关重要的作用”。[①] 这种以权力为核心的，为控制、统治、防备他者的特殊的、有暴力特征的永久常设性组织，必然会逐渐发展成具有最高主宰、最高属性、最高主权的国家形式。

自我和他者的互动，并不必然造就特定的组织和结构，只有不断的试探和挑战，并且经过无数冲突、斗争和妥协等手段，才能最终确立国家这样特定的组织和国际无政府的结构状态。查尔斯·蒂利（Charles Tilly）认为，“战争造就国家”。[②] 孙中山也认为：“国家是用武力造成的”。[③] 这种说法至少在表面上有其客观性，但描述本身并不是一种可靠的解释，为何会有战争和武力呢？显然，根本的答案是因为他者的存在。当他者的存在与自我在权力和利益上的尖锐矛盾不可调和时，才会以武力作为最后的解决方式，才会产生冲突和战争，也才会造就国家的生成。[④] 恩格斯、列宁和文森特等都把国家的生成，看成是在既定的自我与他者的对立冲突中产生的。阶级之间、统治者与被统治者之间，对立的利益矛盾不可调和而产生冲突，继而他者的存在必然最终会促使国家机器的产生，从而继续维护和巩固自我与他者的权能与利益关系，“把冲突保持在‘秩序’

---

① ［美］汉斯·J. 摩根索著，杨岐鸣、王燕生、赵归、林小云译：《国家间的政治——为权力与和平而斗争》（第5版修订版），北京：商务印书馆，1993年版，第416页。

② Charles Tilly, “Reflections on the History of European State-Making”, in Tilly, ed., *The Formation of National States in Western Europe*, Princeton: Princeton University Press, 1975, p. 42.

③ 任吉悌、王暟霞著：《国家哲学论》，安徽：安徽人民出版社，2000年版，第28页。

④ 西方国家以霍布斯、洛克和卢梭等为代表的契约论者，倾向于国家的产生是相互契约的结果，我们在此不作讨论，因为即使是完全的契约论者，也是以他者的存在为前提条件而阐述国家的生成的。我们也不对其他的国家产生论进行分析论述，因为，实际上其他所有相关的国家产生论都不可能绕过他者的存在而直接生成。

的范围内”。[1] 简而言之，国家在冲突中产生，国家是他者的存在造就的。最终，国家就这样被造就了。

国家产生之后，[2] 罗伯特·卡内罗（Robert Carneiro）的研究证实，估计公元前1000年世界上有60万个独立的政治单位。[3] 当然，需要指出的是，这并不是说，国家生成后出现国家造就国家的情况，事实上，国家生成的根本原因仍然是由群属内部及群属外部他者的存在造就的。在现代国家中，北美洲十三个殖民地与外部他者（英国）的冲突产生了美国，巴基斯坦是印度与外部他者（英国）的冲突并由于印度内部他者间矛盾而产生的，普鲁士在与外部他者（丹麦、奥地利、法国）的冲突中得以造就统一的德国，而非洲的大部分现代国家都是在反他者殖民的基础上建立的。可以说，从美洲到亚洲，从欧洲到非洲，没有一个国家不是在直接或间接的冲突中诞生的，也就是说，没一个国家在根本上来说不是在自我与他者的矛盾中产生的，不是他者的存在造就的。[4]

第三节　国家的概念辨析

什么样的行为体才是国家？国家是何时产生的？为什么会产生

① 《马克思恩格斯全集》（第4卷），北京：人民出版社，1995年版，第166页。

② 实际上，国家的产生是个长期过程，不是一朝一夕宣布一下就产生了。在以某个事件为标志的国家的产生过程中，之前社会公共管理结构和组织已经接近于国家的雏形了，而且之后，国家的功能和职能也在继续拓展和完善。在古代中国，到了春秋战国期间，才渐渐确立了地域原则为基础的国家观。在世界历史上，1648年的威斯特伐里亚会议才基本上确立以地域原则为基础的现代国家主权观。

③ ［美］亚历山大·温特著，秦亚青译：《国际政治的社会理论》，上海：上海人民出版社，2000年版，第408页。

④ 尽管有些国家的成立只是得到了少数相关国家的认可，没有得到国际社会的普遍承认，但仍然可以看出其国家的生成是由他者的存在造就的。

国家？国家的功能与作用是什么？要回答以上问题，我们从国家的概念入手。

日常生活中，国家具有双重含义，“国家”有时指政府机构或权力机器，有时却又指归这种政府或权力所支配的整个社会体系。[①] 列宁曾经指出，国家问题是一个最复杂最难弄清楚的问题，也可说是一个被资产阶级的学者、作家和哲学家弄得最为混乱的问题。[②] 分析、了解和正视“国家”的概念本身对于分析国家的生成具有重要意思。国家作为人类文明发展的主要伴生物，对于国家起源阐释和概念辨析各不相同，即使是对相同的材料，也会做出大相径庭甚至相互矛盾的解释。需要指出的是，鲜为人知的原始国家的情况都先于复杂文字的出现，现在对于最初国家是怎样生成以及如何生成，只能是依靠有限的推理或者想象，考古学的发展还不足以证明国家是怎样产生的以及如何产生的。而且，正如哈斯诘问的，“考古学应该是描述性的，还是阐释性的？是归纳的，还是演绎的？是有确凿根据的，还是武断的？是唯心主义的，还是唯物主义的？”[③]

一般来说，国家是指有土地、人民、主权的三个根本要素的统一体的政体。“国家”的概念在古代中国典籍里很早就使用了。“国”的繁体字“國”，按照古代中国人的理解，一个国家必须具备四个条件：一是居民，以小“口”代表；二是土地，以“一”代表；三是武力，以“戈”代表；四是疆域，以大“口”代表。显然，这已经直观地包含了国家的基本构成要素，把这四个条件组合起来，便成了一个“國”字。有意义的是，国的异体字还有国、囯、

---

① ［英］安东尼·吉登斯著，胡宗泽、赵力涛译：《民族—国家与暴力》，北京：生活·读书·新知三联书店，1998 年版，第 18 页。

② ［俄］列宁：《论国家》，北京：人民出版社，1995 年版，第 59 页。

③ ［美］乔纳森·哈斯著，罗林平、罗海钢等译：《史前国家的演进》，北京：求实出版社，1988 年版，第 6 页。

圆、囹等，直观上看，这些字明显都具有一定的“占地为王”和“管辖地民”的意思。《辞海》中“国家”的解释是：1. 古代诸侯称国，大夫称家，后用国家为国的通称；2. 指皇帝；3. 指经济上占统治地位的阶级为了维护本阶级的利益而对被统治阶级实行专政的工具，主要由军队、警察、法庭、监狱组成。国家是个历史范畴，并不是从来就有的，它是阶级矛盾不可调和的产物和表现，在经济发展到一定阶段而必然使社会分裂为剥削阶级和被剥削阶级时产生，并将随着世界上剥削制度和阶级的彻底消灭，因其丧失作用而自行消亡。[①]《现代汉语词典》对“国家”的解释是：1. 阶级统治的工具，同时兼有社会管理的职能。国家是阶级矛盾不可调和的产物和表现，它随着国家的产生而产生，也将随着阶级的消灭而自行灭亡；2. 指一个国家的整个区域。[②]

在现代欧洲各国的语言中，“国家”一词有大致相近的拼法，如 state（英）、Etat（法）、Staat（德）、estado（西）等。这些词都有一个共同的起源，它们来自拉丁语“status”。“Status”的本义是立场、状况、条件或身份。这个词，现代英语仍在使用，其含义也基本未变。[③] 当然，也有不少西方学者主张表达国家概念的“state”一词直接来自“estate”。“State”的最初含义不是国家，而是后来发展起来的。“Estate”在古代法语中拼作“estat”，在现代法语中拼作“etat”。“estate”在德文中，拼作“stand”，含义与“Staat”也是不同的。从词源上看，“国家”一词反映了统治权威与土地所有权、财产、家庭出身、等级有密切的关系。但是词源学无法说明状况、条

① 辞海编辑委员会编：《辞海》（缩印本），上海：上海辞书出版社，1979 年版，第 767 页。

② 中国社会科学院语言研究所词典编辑室编：《现代汉语词典》（第五版），北京：商务印书馆，2005 年版，第 520 页。

③ 吴惕安、俞可平主编：《当代西方国家理论评析》，陕西：陕西人民出版社，1994 年版，第 71 页。

件、地位、身份等概念是怎样演变为国家概念的，以及“Estate”是怎样变成“State”的。[①]

在文字上考证国家在概念的上渊源，虽然无法说明国家的起源，也无法准确而全面地概括原初国家的定义，而且现代国家的统治形式和统治手段已发生了很多变化，但国家的基本功能与职能作用仍然具有很大的同质性，因而考察国家概念、属性与本质，对于国家生成要素的考察，仍具有参考价值，对于分析国家是为何产生以及如何生成也仍具有重要意义。

显然，国家的概念与国家的本质是直接密切相关的。占有垄断暴力工具的权力以及使这种垄断同某种领土观结合起来，这都是一般意义上的国家的特征。[②] 西方学者对于国家的定义，一般倾向于政治社会学的解释。韦伯认为，国家是“在一既定领土内成功地要求对物质力量的合法使用实行垄断的人类社会”。[③] 哈斯认为，国家是“一个分层社会，在这个社会中管理机构控制着基本生活资料的生产或谋取方式，从而必然对其余居民行使强权。”[④] 恩格斯给国家的定义是：“国家无非是一个阶级镇压另一个阶级的机器”。[⑤] 列宁也曾对国家有过经典定义：“国家是阶级统治的机关，是一个阶级压迫另一个阶级的机关。”[⑥] 文森特也认为，“国家是居于统治者和被统治者之上为政体提供秩序和连续性的公共权力。”[⑦]

---

① 吴惕安、俞可平主编：《当代西方国家理论评析》，陕西：陕西人民出版社，1994 年版，第 72 页。

② ［英］安东尼·吉登斯著，胡宗泽、赵力涛译：《民族—国家与暴力》，北京：生活·读书·新知三联书店，1998 年版，第 20 页。

③ Max Weber, “Politics as a Vocation”, in Essays from Max Weber, Routledge, 1998, p. 78.

④ ［美］乔纳森·哈斯著，罗林平、罗海钢等译：《史前国家的演进》，北京：求实出版社，1988 年版，第 155 页。

⑤ 《马克思恩格斯选集》（第 2 卷），北京：人民出版社，1995 年版，第 336 页。

⑥ 《列宁选集》（第三卷），北京：人民出版社，1972 年版，第 176 页。

⑦ Andrew Vincent, *The Theories of the State*, London, 1987, p. 218.

尽管凡是组织都具有政治特征，可是，国家是一种最高属性、最多手段、最高主权意义的组织，与其他组织相比，国家的一个显著特点是，它是在冲突中或者是利用冲突而建立的，同时，只有国家这类组织才会在一定地域内巩固军事力量，而军事力量的巩固又同暴力工具的控制相伴随。安东尼·吉登斯认为，国家可以被界定为这样的政治组织：它的统治在地域上是有章可循的，而且还能动员暴力工具来维护这种统治。[①] 国家在形成的过程中，共同利益显然并非国家的首要目标，它是不同社会利益团体冲突的产物，国家的首要目标主要是维护既得利益者利益，当然，国家统治阶层可能同时有抗击外敌或者是扩大疆域的目标。国家统治职能集中体现了国家权力，国家权力具有强制性、主权性和普遍性，国家依靠有系统的暴力，维护统治阶层的利益，处理内部事务并同时维护社会基本秩序。

国家是否具有道德，曾是一个十分具有争议性的问题。有人认为冲突产生国家，国家就是暴力统治，没有国家道德可言。当然，国家统治阶层为了实现政治上、经济上和思想上的统治，必然要采取强制的手段，但是，国家的产生，是否同时赋予了国家道德的功能，或者这样的功能是否可归于国家职能的一部分？国家除了基本的人与土地等要素的自然属性外，还具有社会属性和政治属性。尽管有争议，但没有人否定的一个事实是，无论怎样来说，国家都是人类文明发展和进步的产物。国家在原始社会后期产生的过程中，相对于刀耕火种的原始文明，已经显著地得到发展，统治阶层对于自己的利益、社会各群体的利益、共同利益已经有了较为成熟的认知。显然，统治阶层要想维护并实现自己的利益和意志，只有在手握暴力的同时，也赋予国家一定的道德职能。国家道德应该包括社

① ［英］安东尼·吉登斯著，胡宗泽、赵力涛译：《民族—国家与暴力》，北京：生活·读书·新知三联书店，1998年版，第21页。

会的和平、正义、公平、民主，个人的自由与发展，以及由个人品德、民众信仰、社会道德与规范、国家法律构成的社会秩序。而正是这种国家道德，使国家对内社会职能得以实现和强化，使对外职能也得以被内部各阶层和其他国家认知，这样才使得统治、国家、生产、文明得以续展。从这个意义上来说，国家从一开始应该是具有国家道德的。

第四节　政治人类学的两种主要国家生成理论

既然国家的问题是如此复杂，也如此重要，那么，国家到底是如何起源，又是怎样生成的呢？探讨这个问题，结合国家的概念辨析，可以有效地阐释国家的本质，并对国家的起源与生成，形成有说服力的有效解释。

在原始社会，生产力很低下，人类仅仅是为了生存而生存，对于简单的社会关系的组合，一般也都是因血缘关系结合在一起，复杂一点的血缘关系发展到简单的家族关系，或者由相近血缘关系的几个家族简单组合成部族或者氏族，至于国家，最初是没有的。由于目前仍然无法根据考古实物或文字来有效考证国家的起源，19 世纪以前，西方政治学对国家的生成，大多是出于哲学的推论或猜想，并且主要依据古代的神话和传说。他们提出了许多关于国家起源的见解，比如神创论、自然发生论、契约论、家长制论、贸易论、灌溉论、人性论、进化论、武力论、博弈论等。这些论点虽然从不同的角度来推断国家的起源，但是这些观点大都是以冲突的不可避免性和不可调和性作为设定前提或者背景，只不过在面对冲突和矛盾时，这些论说在解释人们如何应对冲突和矛盾时，产生了相异的解读和推论。

在当代，分析研究国家起源的学科首推政治人类学。政治人类学对国家起源概念的解释可以分为两种流行的基本理论模式，一种是冲突论，另一种是融合论或整合论。

（一）冲突论

冲突论的主要代表人物有恩格斯、斯宾塞（Herbert Spencer）、纳德尔（S. F. Nadel）、奥本海默、奥贝格、蔡尔德、怀特、斯图尔德、弗里德和卡内罗等人。

由于原始社会的物质资料极其有限，最初不得不实行生产资料公有制。在原始社会中，没有生产资料的私有制，没有剥削，尽管有时也存在相邻地域关系的人由于食物或者简单物质资料而引起的冲突，但还并不存在阶级的分化以及阶级对立，因而作为阶级斗争工具的国家也是不需要的。马克思说："这种原始类型的合作生产或集体生产显然是单个人太小的结果，而不是生产资料公有化的结果。"①

西方政治学者一般认为，国家首先是为解决社会内部的冲突而产生的，是社会分工导致私有财产的出现并由此引起一系列对内与对外冲突的结果。随着生产力的发展和进步，农业获得了发展，人们渐渐选择定居并且聚居的生活，社会分工也随之产生并有一定的发展。社会分工的发展渐渐导致了剩余产品的交换、占有、使用和支配的现象，也逐渐产生了一部分不直接从事生产的少数群体。"分工的规律就是阶级划分的基础。"② 一定区域范围的社会，经过三次大分工之后，产生了奴隶主阶级和奴隶阶级。奴隶主为了合法、永久占有财产和支配财产，为了剥削奴隶和镇压奴隶的反抗，并且防御外来侵犯或者侵犯别的部落以夺取奴隶及财物，就需要一种特殊的组织来代替部族或氏族社会，这种组织就

---

① 《马克思恩格斯全集》（第19卷），北京：人民出版社，1995年版，第434页。
② 《马克思恩格斯全集》（第3卷），北京：人民出版社，1995年版，第321页。

是国家。

在冲突模式中，维持一个分层体制所使用的暴力性的强制制裁是最终的决定性因素。暴力既可以表现为直接的血腥镇压，也可以表现为通过控制一些生活必需品和服役的形式。① 弗里德认为产生国家的原动力是解决分层制度中的内在冲突，维护社会秩序的需要，国家中首要的是强制性的统治结构，它们能够运用武力来维护等级制度和私有财产的神圣不可侵犯，国家是“超出了血缘关系之上的社会力量建立的复杂机构”。② 韦布对此也有相类似的论述，“战争首领拥有分配战利品的权力……对于新的臣属，他可以强迫他们服从、缴税、承担公共事务、防御外敌入侵……一句话，打碎部落机构，建立国家。”③

恩格斯对此曾做过深刻的分析。他在《家庭、私有制和国家的起源》一书中说，“国家是表示这个社会陷入了不可解决的自我矛盾，分裂为不可调和的对立面而又无力摆脱这些对立面。而为了使这些对立面、这些经济利益互相冲突的阶级，不至于在无谓的斗争中把自己和社会消灭，就需要有一种表面上凌驾于社会之上的力量，这种力量应当缓和冲突，把冲突保持在‘秩序’的范围内；这种从社会中产生但又自居于社会之上并且日益同社会脱离的力量，就是国家。”④

有意义的是，冲突论者还运用考古学以有限的材料来论述国家的起源。英国著名考古学家蔡尔德（Gordon Childe）指出，考古学发现，奢侈品大都集中在神庙、宫殿、王室的坟墓以及生产它们的

---

① ［美］乔纳森·哈斯著，罗林平、罗海钢等译：《史前国家的演进》，北京：求实出版社，1988 年版，第 99 页。

② Morton H. Fried, *The Evolution of Political Society*, New York: Random House, 1967, p. 229.

③ ［英］韦布著，罗林平、罗海钢等译：《古代文明和贸易》，北京：求实出版社，1988 年版，第 24 页。

④ 《马克思恩格斯全集》（第 4 卷），北京：人民出版社，1995 年版，第 166 页。

手工作坊中，因此他认为不平等的分配导致了统治阶级和劳动阶级之间的冲突。他说，“尽管由于生产力的发展，剩余物的集中是必然的，但看来侵占了大部分社会剩余物的极少数统治阶级和陷于赤贫境地并且实际上连文明所带来的精神上的利益都享受不到的大多数人之间存在着尖锐的经济利益的冲突。”[①] 尽管缺乏经验材料，蔡尔德认为这种冲突是国家产生的一个直接原因，国家企图运用意识形态的力量来使不平等的制度合法化，并用有力的经济和武力惩罚来帮助实现这些企图。

（二）融合论

启蒙时代表现于一般“社会契约”论思想中的融合论观点，在19世纪末和20世纪初以许多不同的形式出现。尽管有所不同，但是其中大多数的共同理论都出自于英国社会学家赫伯特·斯宾塞的内容丰富的著述。斯宾塞勾画了两条不同的演进路线，在第一条演进线上，战争刺激内部社会的发展；第二条线上，战争以给社会系统增加外部因素的方式导致发展。[②] 实际上，在斯宾塞的分析中，对融合和冲突二者在政治机构发展中的作用都是给予承认的，在第一种演进路线中，他认为战争是作为内部政治演进过程的一个融合途径；在第二种演进路线中，他认为战争也是一种掠夺的手段。

融合论的主要代表者有卢梭、梅因（Henry Maine）、摩尔根、冈普洛维茨、凯勒、杜尔海姆、塞维斯等人，他们的分析尽管各有不同之处，通过社会学的抽象或者历史再现等的方法来探讨国家问题，但他们都有一个共同的基本点，即阶级分化和国家产生于一个

① ［美］乔纳森·哈斯著，罗林平、罗海钢等译：《史前国家的演进》，北京：求实出版社，1988年版，第24页。

② ［美］乔纳森·哈斯著，罗林平、罗海钢等译：《史前国家的演进》，北京：求实出版社，1988年版，第43页。

社会被另一个社会所征服。[①] 融合论的突出代表者塞维斯认为，所有权的集中，一方面提高了生产力，另一方面又使社会分为等级，从而引起了社会利益的冲突。在国家产生之前，这种冲突是在亲属关系中解决的，因为政治权力的分配取决于既定的亲属关系。当冲突发展到亲属关系不能加以解决的时候，就产生了超越亲属关系的国家。他进一步断言，“政治权力组织经济，而不是相反。”[②]

在斯宾塞的分析里，内部衍生政府的最初出现，是对组织化了的战争环境中由内部压力引起的一种适应性反应。通过把各种社会力量组合在统一的有规章的机构下，相互分离的社会集团获得了一种联合的优势，这样他们更有可能在冲突中获胜，下级单位、失去了自主性沦为附庸的单个团体和下属百姓，从经济上、安全上和军事利益上的增长中得到了补偿。在斯宾塞的模式中，内部有规章的机构的最初发展，在许多方面类似于洛克、霍布斯和休谟提出的社会契约论中关于国家形成的论述。实际上，斯宾塞对融合和冲突二者在政治机构发展中的作用都是给予承认的，但他认为冲突是由外部引起，而不是内部发展起来的。社会系统中存在着阶级差别，它产生于财富和权力的不平等分配，也产生于征服，但阶级之间的关系是共生的，未必敌对。[③]

国家的生成始终充满了冲突对抗，也体现了一部分人对另一部分人的强制。无论冲突论还是融合论，需要特别指出的一个问题是，在东方或者西方，在古中国、古埃及、古印度、古希腊等以及古美索不达米亚的巴比伦（位于两河流域的今伊拉克地区，可能是该地

① ［美］乔纳森·哈斯著，罗林平、罗海钢等译：《史前国家的演进》，北京：求实出版社，1988 年版，第 48 页。

② Elman R. Service, *Origins of the State and Civilization: The Process of Cultural Evolution*, New York: Toronto, 1975, p. 286.

③ ［美］乔纳森·哈斯著，罗林平、罗海钢等译：《史前国家的演进》，北京：求实出版社，1988 年版，第 44—47 页。

区出现的第一个国家）、古中美洲的奥尔梅克（位于墨西哥湾的早期复杂文化，可能是该地区出现的第一个国家），根据“群体相互作用”模式中的普遍现象，“国家在特定地区出现的结果之一是刺激周围地区形成国家”。[1] 毋庸置疑，这也是国家的生成方式之一，尤其是当国家的概念广为传播、扩散并被认知后，当冲突不可避免并且不可调和时，这种国家的生成方式就成为最主要的、甚至是唯一的生成方式。

原始国家的产生，到奴隶社会、封建社会以及近现代社会，新国家的成立、独立和生成大都遵循了冲突论和融合论的模式，而且冲突占据了主要的驱动原因。国家生成后，国家的演绎经历了从朝代更替或者国名变更的漫长历程，也经历了国家的分裂、并合、联盟等形式，到以威斯特伐里亚会议为标志的现代民族国家体系产生后，国家的主权原则才得以被国际社会更广泛认知，国家的疆域范围也相对固定下来。

进入近现代后，一些地区的新国家通过各种方式得以生成。虽然在生成的原因上，可能有宗教的、意识形态的、种族的、民族的、领土的、资源的、利益的、战争的、历史的和政治的等原因，比最初国家的生成要复杂得多，但是新国家仍然基本是在激烈的内部或内外冲突、甚至是暴力之后生成的，自我与他者不可调和的冲突乃是最根本的动因。

第五节　国际体系的无政府状态是“他者的存在”造就的

他者的存在，并不必然限制自我的自由、安全和福利，无论在

① ［美］乔纳森·哈斯著，罗林平、罗海钢等译：《史前国家的演进》，北京：求实出版社，1988 年版，第 5 页。

国家之内还是无政府状态的国际社会，自由仍是自我最可贵的价值追求，“自由是自我的本质，自由是人类生活的要素和最高原则。”① 在无政府状态下，自我既有行动的自由，又有行动的限制，“国家是具体自由的现实”，②“人只有‘在社会之外’才是人”，③这与所谓的人性的回归无关。但在社会实际生活中，把人、集体、组织和国家进行他者人格化是必要的，例如在资本主义社会条件下，人成为社会关系人格化身的存在状态，资本家是资本的人格化身，工人则是劳动工具的人格化身。当然，人就其本性而言，对“被人格化”不是无动于衷的，他既能现实地走进社会关系，也能自由地走出社会关系。社会的目的是保障自由，改善人类生存，但社会和国家有不同的功能与作用，“国家不是目的本身，而纯粹是手段。”④ 因此，在无政府状态下，尽管“使国家人格化仍然是有问题的”，但把国家人格化是必要的，“国家也是人”，⑤ 国家是有意图的团体行为体，是一个可人格化的、实在的“他者的存在”。

国家产生后，无政府状态就成了国际社会的一种给定的状态，它本质上是一种进程，一种结构，一种秩序，一种存在。温特认定，“无政府状态是国家造就的”，这种说法本身似乎是没有什么问题的，因为它符合一个存在的客观事实。然而，这种论断实际上只是一种描述而远非解释，而且温特自己对无政府状态的认识也存在自我矛

---

① ［德］费希特著，梁志学、沈真译：《论学者的使命》，北京：商务印书馆，1982年版，第17—18页。

② ［德］黑格尔著，范杨、张企泰译：《法哲学原理》，北京：商务印书馆，1982年版，第270页。

③ 《马克思恩格斯全集》（第30卷），北京：人民出版社，1995年版，第221页。

④ ［德］费希特著，梁志学、沈真译：《论学者的使命》，北京：商务印书馆，1982年版，第18页。

⑤ ［美］亚历山大·温特著，秦亚青译：《国际政治的社会理论》，上海：上海人民出版社，2000年版，第279—272页。

盾之处。他认为，“无政府秩序的作用依赖于国家持有的意愿和信念，依赖于国家的政策。”温特这一表述，实际上就是指的国家间的均势原则。但他同时认为，“根本就不存在什么单独的‘无政府逻辑’”。[①] 这种观点显然过于绝对化，本质上又正好推翻了国家间的均势原则。而政治即均势，[②] 国家都是功能相似的、有最高主权特性的、以自我为中心的组织，尤其在国家死亡率极低的现代社会，均势原则始终贯穿于国家的兴衰胜败和国家间关系。虽然温特认为行为体建构结构，结构也建构行为体，但均势原则仍然是建构主义的基础和灵魂，均势也是所有一切社会结构状态及自我与他者互动平衡所必须遵循的核心原则。如果进一步反问，“国家又是什么造就的”？温特的这一论断无疑就应该引向更深层的导向性逻辑了。当然，也只要简单地把国家他者化，那么就可以直接把“无政府状态是国家造就的”这一论断，表述为“无政府状态是他者的存在造就的”。

华尔兹认为无政府状态是国际政治的特性，他把世界政治分为两个分析层次：国家层次和国际体系层次。[③] 在自助体系中，这种分析是有意义的，也正好与罗素的观点有异曲同工之妙。罗素认为，国家权力是“国民集体权力的总汇。这个权力有两种形式，一种是对内的，一种是对外的”。[④] 国家层次分析有利于

---

① ［美］亚历山大·温特著，秦亚青译：《国际政治的社会理论》，上海：上海人民出版社，2000年版，第186页。

② 即使美国的实力过高而出现一个超级大国的现实状态，也仍然符合均势的原则，即美国是靠自己超强的实力和能力，来维护有利于自己的“有霸权的均势”。

③ ［美］肯尼思·华尔兹著，倪世雄等译：《人、国家与战争——一种理论分析》，上海：上海译文出版社，1991年版，第11页。温特从建构主义的角度，把结构分为宏观的力量结构和微观的互动结构，也具有重要意义。虽然二者观察问题的角度不同，但都力图对国际社会的结构和状态给出最适当的解释，在作用上有同等功效。

④ 吴惕安、俞可平主编：《当代西方国家理论评析》，陕西：陕西人民出版社，1994年版，第313页。

国家内部的自我与他者达成一种权力平衡与稳定秩序，国际体系层次分析有利于把自我国家之外的国家，适当地作出自我经验与利益之上的观察与体认。国家层次结构状态和国际体系结构状态主要是一个自我与他者的秩序关系问题，国内社会的等级秩序主要是以国家权力作为核心的共生秩序，而国家间的无政府状态秩序主要是以均势作为核心的自助秩序。对于国内社会结构状态来说，社会公共权力意味着国家权力，“国家权力事实上不可能是少数人的特权”，[①] 而对于国际体系的无政府结构状态来说，国家的实力才是国家间权力均势原则的可靠自助保证。这与达尔文和福柯关于权力的观点相一致，即“权力创造了施动者，但不属于施动者”。[②]

温特也把生存、自由、价值、秩序、权力、身份、观念和文化概念等植入到了他的建构主义理论之中，而且他也把国际无政府状态作为先在给定的经验性存在。他列出了国家间三种不同的经典国际体系无政府文化，即：自我和他者互为敌对关系的霍布斯文化、自我和他者互为竞争对手关系的洛克文化、自我和他者互为朋友关系的康德文化。换言之，施动者造就结构，结构也造就施动者，这三种文化都是自我与他者作为施动者在互动中造就的。如果把自我看作他者的他者，就可直接而合理地认定这三种文化都是他者的存在造就的，也即温特认定的“无政府状态是他者的存在（国家）造就的”。我们知道，若 A 能推论出 B，B 能推论出 C，那么也可以说 A 能推论出 C。同理，在已经论证了国家是他者的存在造就的基础上，就可以推论出“无政府状态是他者的存在造就的”，这个结论与

① ［美］爱·麦·伯恩斯：《当代世界政治理论》，北京：商务印书馆，1983 年版，第 107 页。

② Atterton（1994），Foucault（1980：94—95）。转引自：［美］亚历山大·温特著，秦亚青译：《国际政治的社会理论》，上海：上海人民出版社，2000 年版，第 408 页。

之前的论证正好完全一致。如果再适当地进一步进行理论还原，那么完全可以认定，一切社会组织结构及其相应的存在状态，都是他者的存在造就的。

他者的存在，是一个永恒的，不可绕过、不可忽视、最根本的客观事实。在一个自我与他者以及互动形成的世界里，有理由认为这个世界的包括国家和国际体系无政府状态的一切社会组织结构和存在状态都是他者的存在造就的。尽管对于自我与他者互动的方式总会存在不同的视点，自我与他者之间的对立、竞争、冲突、斗争，不仅证明了它们各自的存在与价值，也产生了已存在过和正存在的各种组织结构及各种存在状态。诚如黑格尔所认为的，自我与他者之间互动的方式是斗争，“两个自我意识的关系……通过生死的斗争来证明它们的存在”，“它们必定要参加这一场生死的斗争，因为它们必定要把它们自身的确信，它们是自为存在的确信……提高到客观真理的地位”。①

他者的存在，尽管存在与自我的合作与相互依赖，但同时也必然与自我产生矛盾和冲突，因而正是他者的存在，形成人类社会的“他者主义”，持续造就了制度、规范和共有知识，造就了组织与机构，造就了阶级、政党、政权和国家，也造就了国际社会的无政府状态。只要有他者的存在，就会与自我产生矛盾和冲突之处，就会产生人类社会出现的一切社会组织与结构，这也正如古希腊著名哲学家赫拉克利特先知般总结的，“一切都是斗争所产生的”。②

---

① ［德］黑格尔著，贺麟、王玖兴译：《精神现象学》（上卷），北京：商务印书馆，1979年版，第126页。

② 北京大学哲学系外国哲学史教研室编译：《古希腊罗马哲学》，北京：商务印书馆，1961年版，第19页。

第六节 他者主义[①]：国际关系学暗含的元理论

他者的存在，为自我存在提供了客观的博弈对象。自我与他者的互动，始终围绕着存在、威胁、安全、竞争、发展、冲突、统治而进行。而且，只要自我与他者的存在是客观的，就一定存在均势（平衡）原则，均势始终在自我与他者的互动中扮演特殊的核心角色。在自我与他者的互动过程中，与之同时存在并同时发展的是他者主义。他者主义不仅是指一种实践、一种关系、一种认识，同时也是指一种心理、一种机制、一种平衡。他者利益存在的客观性，使相互间的协调往往难以实现，尤其是政治上的协调，几乎没有他者愿意在权力上做出妥协。只要是社会体系，不管其存在的时间有多长，都包含着权力的制度性调配，在所有的集体情境中，制度性调配都表现为控制模式，凭借控制，某些施动者致力于实现并维护他者对自我的服从或认可。由于身份上不能融合共生而引起利益不能调和的冲突时，他者的存在以及与之相对应的他者主义，持续造就了权力、制度和共有知识，造就了组织和机构，造就了利益集团、阶级、政权、政党和国家，也造就了国际社会的无政府状态。与此同时，他者的存在与他者主义，也造就了人类文明的进步和社会的进化。

哲学是研究理论的科学基础，寻求理论、建构理论、发展理论

① 笔者在这里提出“他者主义”的概念，主要是针对国际关系的理论而言的，因为笔者认为当前国际关系的三大主流理论（现实主义、自由主义和建构主义），都是基于“他者的存在”基础上的。各种分析和研究范式本质上都是关于自我与他者之间的关系的定性、定位与不同视角分析的归类，都是自我如何对待“他者的存在”的关系研究中派生而来，因而提出了“他者主义”这一概念，旨在梳理国际关系理论流派的纷繁复杂，直接引出“他者主义”理论，以便于分析与研究国际关系理论与现实。

离不开哲学。国际关系理论的问题，是研究国际关系实践与发展的问题，既是一个认识客观世界的问题，也是一个哲学的问题。恩格斯曾说，“全部哲学，特别是近代哲学的重大的基本问题，是思维和存在的关系问题。”[①] 在国际社会的无政府状态中，“无政府状态”是以“无”来定义“有”，它本身就是一种存在，一种秩序，它与经验性的划分种类及多少无关。

本质上，存在与秩序，是一个永恒的客观自在。他者的存在造就国家和一切社会结构及状态，在以国家为核心单元要素的国际体系中，无政府状态就是国际社会的自然状态，这种自然状态就是一种已经人格化了的自在秩序，它始终遵循着“存在与利益”的内生逻辑关系。依据这一逻辑，国际关系问题是一个自我存在与他者存在的关系问题，国际政治问题是一个自我存在与他者存在的秩序问题（外在表象特征的核心问题仍是权力与利益问题）。事实上，各种国际关系理论，包括现实主义、自由主义和建构主义等国际关系理论，都把国际关系当作一种已经客观存在的高度发展的关系和状态来分析研究。他者主义也一直潜含在各种国际关系学的理论与范式的分析研究之中。

大体上说，西方国际关系理论可分为两大类。一类是论述国际关系内在联系和发展规律的，包括理想主义、现实主义和自由主义等；另一类是技术性的，包括行为主义学派的多数以及博弈论等。[②] 根据不同分类方法，国际关系理论也可分为：大理论、中层理论；解释性理论与构成性理论；基础性理论与反基础性理论。[③] 不论如何

---

① ［德］恩格斯：“路德维希·费尔巴哈和德国古典哲学的终结”，《马克思恩格斯全集》，第21卷，北京：人民出版社，1995年版，第315页。

② 倪世雄等：《当代西方国际关系理论》，上海：复旦大学出版社，2001年版，第1页。

③ 白云真、李开盛：《国际关系理论流派概论》，浙江：浙江人民出版社，2009年版，第4页。

分类及如何界定国际关系理论，也不论何种理论以什么作为假设和论据，显然，所有的这些理论都有一个基本的前提，即以“他者的存在”为前提条件，他者的存在成为所有国际关系理论的出发点，没有他者的存在，就没有政治，当然就没有国际关系理论，避开他者的存在来分析研究国际关系理论，任何理论都将是无源之水无本之木。从这一意义上说，以他者的存在为基本前提，阐释国际政治中“存在与秩序”本质的“他者主义”理论，属于解释性的、基础性的、论述国际关系内在发展规律的大理论。不仅如此，由于现实主义、自由主义和建构主义等大理论，是基于自我存在与他者存在基础上的关系的阐述与辨思，在假定人性是善或恶的基础上，由国家理论派生出来国际关系理论。但不可否认，无论是沉默的他者，还是吵闹的他者，无论是作为自然个人的小他者，还是作为国家及国家联盟与国家组织的大他者，只有先确定并界定自我存在之外的“他者的存在”，并且自我主体不是他者制造的假象，然后才有国际关系理论所特定的“假定的人性”和“假定的理性”。按照简化的“国际关系是关系”[①] 的客观逻辑，这些国际关系理论的背后都来自一元性的“他者主义”（作为母体的统一场论），即现有国际关系理论都是以他者主义作为暗含的元理论而对国际关系展开的各种不同视角的描述、解释和预测，并且显然具有天生的纯政治性，这也是当前（尤其是西方的）国际关系理论的一个重大局限性所在。

第七节　引入他者主义理论的重要性与局限性

由于自我与他者的首要目标都是存在，安全是存在的一种本质

---

① 宣兴章：“国际关系是关系：对存在的反思与重构”，载《世界经济与政治》，2009 年第 1 期，第 17 页。

需要，而且由于他者的存在造就了国家和无政府状态的组织形式，那么斗争与冲突不一定就是国际关系中的常态，国际政治也并非必然是斗争的政治。当然，国际道德、国际法等规范性因素却显然是有限的，人性恶也不是可以确定验证的，而在于自我存在与他者存在关系中的对权力与利益的需要、建构及解释。国际规范越完善，共有知识私有化程度越深，道德与正义得到的理解与执行也就越深化。既然他者的存在是客观的，即使特定的他者不存在了，普遍意义上的他者仍然是存在的。就国家来说，某一特定的国家政权灭亡了，但国家的存在仍然是客观的，仍然有一个他者的存在问题，因而引入他者主义理论是重要的且是必然的。

长期以来，他者的存在作为一种确定的客观存在，反而被国际关系学的主要流派和学者所忽视，几乎不在经验性的理论探讨范围之内。主流的国际关系学理论及研究方法，都把国际社会是无政府状态作为先在假定，而国家在国际体系中如果不是唯一的行为体也是最重要的行为体。在国际关系高度发达并高度政治化的现实中，国家作为国际社会的核心行为体，其行为不仅高度人格化，同时也高度他者化，虽然有些理论如温特的建构主义理论有所涉指，但都未能发展成独立的他者主义理论。

国际社会中，国家是功能相似而非功能相异的单位，并且都是以自我为中心的一种具有最高主权性质的组织存在。在国际关系中，尤其是现代国家关系中，因历史的原因与地缘的限制，自我国家之外的他者国家实际上在很大程度上都是特定的，与周边国家关系和大国关系是最常见特定关系。例外的情况是，区域或全球性的霸权国家作为强大的他者，一旦确立了霸权并在一定时期内能够维持其霸权的话，对其他的他者国家的作用和影响也是特定的。所以国家的身份在具有普遍性的同时，由于具有明显的特定性，在权力和利益的追求和维护上并不总是具有同质的自主性，因而每个国家对自身而言并不总是现实的。

在当前国际关系理论架构中，都无一例外地暗含着“同一核心”的他者主义。现实主义认为国际社会处于无政府状态之中，国家为单一行为体（他者对象的单主体性），斗争与冲突不可避免，国际政治就是民族国家为权利或安全而斗争，国际道德、国际法等规范性因素的作用是有限的。自由主义运用国内类比的方法思考，认为国家是重要的行为体（他者对象的多主体性），相信理性原则可以应用于国际关系，累积性进步是可能的，合作是国际关系的主旋律，相互依赖的体系性力量具有一定的作用，寻求在国际关系领域构建秩序、自由、正义与宽容的价值观，并最终使世界步入秩序状态。建构主义承认国际社会的无政府状态和国家的本体地位，认为社会本体论与传统理论的物质本体论相对应，视世界为实践活动的产物，是一种观念的建构，认为施动者（他者对象的多主体性）与结构之间存在着互构关系。同时，马克思主义、规范主义、英国学派、哥本哈根学派、批判主义、后现代主义及女性主义等国际关系理论，也都是以他者的存在为基础的，当然也不可避免地都是以他者主义理论作为根本出发点的。而且不论其理论的视角、假定、方法、架构和论述的严密性与否，始终都没有脱离他者主义中基本价值关系的判断与定位，也即任何一种理论都不可能脱离他者的存在去研究与他者的关系并形成理论。所以，他者主义也由此得以成为各种国际关系理论所暗含的、不可规避的、根本的一元性理论。

然而，在国际关系的分析与研究中，随着对他者认识的深化和与他者关系的复杂化，他者实际上已经进化为一个人格化了的他者。他者的定位也主要是指团体（主要指国家）而非个体（主要指个人），而团体施动者和个体施动者存在着重要差别，这就基本决定了在国际关系理论中引入具有一定哲学性质的他者主义理论，是非常重要的但却仍然是有问题的。温特认为团体施动者和个体施动者至少存在三个重要差别：第一个差别是，团体施动者的单一性程度比个体施动者低，这就使人们对赋予团体施动者意图性的做法提出了质疑；第二个差别是，对于国家意图和行为的估测实际上比对个人意图和行为的估测可能还要容易；第三个差别是，国家有许多不同方式进行“互动”，个人则不具有多种方式。[①] 正因为他者实际上是人格化了的他者，在国际关系理论研究中，把他者主义理论作为国际关系理论的元理论，有可能会产生分析上的偏差和研究上的争论。不过，也许反而正是因为“共同的以他者的存在为出发点”和“分析上的偏差和研究上的争论”，才产生了各种不同的国际关系理论、主义、范式和流派。

此外，尽管他者是一个与自我相对应的概念，但他者主义却并非是一个与自我主义相对应的理论概念。任何一个施动者（或行为体）都是以自己为中心的存在，对他者的认识、关系和因应都是基于以自我利益为中心并依托自我实力与意愿的立场，这种立场在国际关系中一般表现为均势（整体的动态平衡），而对他者的最终兴衰成败，在本质上只是利益链上的看客而已。无论自我与他者关系的远近与否，一个确定的自我与一个确定的他者，其身份与利益总是有别的。他者主义是指一种实践、一种关系、一种认识，也是指一种心理、一种机制、一种平衡，那么，他者主义就有可能成为一种一般意义上的超越他者存在的理论，成为一种单一性的分析范式而非国际关系的元理论了。

本章小结

德国哲学家托尼逊在《他人》一书中把“他者”问题作为20世纪第一哲学的主题，这种说法虽有些言过其实，但显然具有重要

① ［美］亚历山大·温特著，秦亚青译：《国际政治的社会理论》，上海：上海人民出版社，2000年版，第279—280页。

意义。他者的存在，是客观实在的，并且由于他者的存在，造就了以自我为中心存在的、具有最高主权属性的国家，造就了国际社会的无政府状态。排除他者的存在来研究与他者的关系，则无疑是无源之水无本之木，所以，把他者主义作为一种理论，在分析研究国际关系的历史、现实与未来中，显然具有非常重要的理论意义。

本章分析了他者的存在与认知，分析了实体上的他者存在与观念上的他者存在，并与前一章所述的共同体存在与他者存在结合起来，也为下一章的群体主义作了一定的铺垫。把他者的存在进行实体性存在与观念性存在来划分，具有重大学理意义，即把人性糅合进去，也把现实主义与建构主义撮合在了一起。这样做并不是在现实主义、自由主义和建构主义之间走中间路线，而是基于一个事实，即不管何种国际关系理论，都是建立在同样的人类发展历史的事实基础上的，不管观点是多么截然不同，但本质上应该有某些相通之处。

研究国际关系的学者，通常困惑于某一理论在解释国际关系现实的局限性，即使把某一理论无限变通，也似乎还是难以解释国际关系中出现的所有事件与现象，对于预测国际关系的未来，更是显得鞭长莫及，乏力无能。当然，他者主义并非要准确具体地描述、解释和预测国际关系如何，而是既立足于具体事件又超脱于具体事件，不论在某一地域的特定的他者（通常指的是国家）是否崛起或灭亡，这个地域上总会有他者存在，因而这也是他者主义理论本身所具有的必然性和生命力所在，同时也才能成为当前国际关系理论暗含的元理论。

本章在分析了他者实体存在与观念存在的情况下，接着论述了国家的有关概念即国家是如何产生的，由此提出，国家是他者的存在造就的，而国际体系的无政府状态是他者的存在造就的，呼应了温特关于“无政府状态是他者的存在造就的”的著名论断，并由此提出，他者主义是所有国际关系理论所暗含的元理论，因为所有理论范式或观点都是以他者的存在为前提条件，并探讨如何应对他者存在的现实以及与他者的关系。当然，我们也有限地探讨了在国际关系理论中引入他者主义的局限性。

我们对他者主义的分析，还有很多不成熟的地方，也没有形成系统的他者主义理论分析框架，仅只是就问题的提出作了一些思考。在下一章中探讨的群体主义，算是他者主义的一个延续性探讨，即把他者还原到客观现实中的共同体中，从群体主义的角度来研究他者主义是如何通过群体的互动而发挥作用的。其实，在共同体存在的客观情况下，不只是自我与他者的关系，而是群体相互多层次、多角度、多方面的复杂互动关系。在此基础上，将有利于后面的国际政治的群体主义理论、“刺激—反应”机制、国际关系退进化机制的分析。

第三章

国家间群体主义政治的十大法则

长期以来，国际社会始终是处在一种不间断的和平与战争、合作与冲突并存的状态，并且总是与相应的群体和群体行为有普遍的、客观的、必然的联系。因此，国际关系理论研究应从人的群体本性的角度出发，来客观认识整个人类史上的发展着的各群体及群体活动的一般规律和相应的社会秩序建构，说明群体行为与国际关系中的重大问题及国际秩序的演绎和发展变化的关系。

群体主义是根植于人的群体性本性的群体行为的，是国际关系秩序不断构建和演绎的根本取向和规律尺度。群体主义内在法则推动了国际关系的发展并决定了世界秩序的历史、现状与未来。

国家间和自然人之间一样，有“敌”也有“友”的不同关系，身份、利益和观念的不同，能形成不同的“敌”“友”关系，也会导致“敌”“友”之间的关系转换。下面我们着重分析群体主义的概念、本质、法则，研究他者主义与群体主义之间的内在关系，分析群体主义中“我们”与“他们”的不同认知与身份，探讨谁是“朋友”、谁是“敌人”以及中美之间的“敌友”关系等。

第一节　群体主义的概念与本质

从人类祖先进化的时候起，人类就过着群体的生活，进行着群体性活动，在一定的秩序建立以后，特别是氏族社会到部落的形成，到城邦的建立，再到国家的建立和国家集团组织和联合国的建立，从远古历史到现在，从区域一体化到全球化，从现在到将来，人类的群体生活的本性和所表现出的本质性的群体主义，随着科技和文明的进步，正变得越发明显，深深影响了并表现了人类社会是如何建构自己内部的关系和秩序的。

国家出现后，以国家为主要单位所形成的社会关系史和国际关系史中的活动和事件，其根源并非许多人所争论的出于人性的“善”或“恶”，而应该是“人是群体性的”这一根本群体性本性的外在体现，即发生的事件和各种群体关系是人的群体性规律的载体，而“善”与“恶”则是个人特性方面的看似矛盾实则统一的人的本性的基本的两面，并且不可分割。

从社会一般的秩序关系上看，个人倾向于群体，有赖于群体，总是在自觉或不自觉地使个人在群体中得到显示和认可。家庭、单位、社团、组织等是社会的基本构成单位，单个的行动始终与群体性有关，特别是在那些趋向于不确定的、冒险的活动当中，群体内和群体之间的合作与冲突更加明显。国家、国家组织、国家联盟等之间的关系也是如此，各种冲突与合作、战争与和平也更是群体主义意志的更为集中的和更为突出的结果。

因此，相应地，群体主义的概念有广义的和狭义之分。狭义的群体泛指本质上具有相关共同点的个体形成的整体，狭义上群体的单纯性和自然性很强，一般不具有特定的、长期性目标，也不具有核心成员与核心机构。广义上的群体泛指在某方面或某些方面具有一定行为能力和行为动向的人或组织所组合成的整体，一般具有特定的、长期性目的、有其核心成员及核心机构，并有相应的组织规则，核心成员或核心机构代表着该群体的利益，并维持和促进与其他群体的关系。群体利益有重叠、竞争、相互依赖和扩大的趋势，群体的涵义也有发展和扩大的趋势。

广义上的群体又有两层含义，其一是指各国国内的团体及团体组织所形成的群体，有相应的独立性和自主性，有相对稳定或固定的组织形式，代表着一定实体利益，根据行为模式的不同和利益范围的大小，可以产生跨国行为；其二是指国家及国家组织所形成的国际性群体，这是最高意义形式上的群体，其利益、实力和行为方式等形成了有跨国特性的国际关系。由此，群体主义是指在人的社会性本质特性的基础上，由人所构成的群体或群体组织具有相应的特定的内在法则，并在其客观性、普遍性和导向性作用下，群体的行为或行动使群体社会的发展和群体之间的关系形成了一定的内在规律性特点，并由此形成了相应的社会性群体和国际性群体之间特定的复杂关系和秩序，内在法则不仅影响和决定人类历史的基本关系和秩序，还对人类未来的秩序和关系起着导向性、规律性、反复性作用。

群体主义的形成，离不开规范的成形、沉淀、传播至最后内化。温特对规范的内化作了三种等级分析，一种是由于外部的压力或胁迫，第二种是因为符合自己的利益，第三种是因为认为规范具有合法性。[①] 这三种情况分别都在其划分的三种国际政治文化中，即霍布斯文化、洛克文化和康德文化，都存在三个等级的内化情况。无论是被迫接受还是主动接受规范的内化，规范都始终是群体主义政治的灵魂。

第二节　他者主义与群体主义的关系

本书把他者主义作为国际关系的元理论，主要是基于他者首先是自我的镜像，没有他者，自我及自我主义就失去依托，失去彼此

---

① ［美］亚历山大·温特著，秦亚青译：《国际政治的社会理论》，上海：上海世纪出版集团，2008 年版，第 335—387 页。

镜像，再谈论自我主义就失去意义。自我与他者的共同存在，形成一个最小单元的最基本群体，更多的自我与更多的他者，形成了真正意义上的群体，则自我主义与他者主义也分别有了意义，同时，结合了自我主义与他者主义的群体主义，也有了意义，但群体主义不是自我主义与他者主义的合一，群体主义始终具有自身的特性。本书中特地就他者主义与群体主义分别作出论述。

首先要有他者，才能与自我形成一个群体，因而首先也要有他者主义，才有群体主义。实际上，群体总是与他者同时存在的，因而为了便于研究，我们引出一个概念，即群体主义包含他者主义，这似乎本是一种自然而然的包含关系，但区别开来还是有重大学术研究意义的。

从本体论而言，群体主义在理念上较多偏向于现实主义，但显然仍包含了自由主义、建构主义和激进主义等的某些思想，并且对异彩纷呈的新理念也持开放态度。实证主义、诠释主义和科学现实主义是国际关系理论研究的三大研究理路，一些具体的研究理论或理路都可以归于这三种的某种，而这三类研究方法本质上都是为了研究国际关系。从此种意义上来说，群体主义等于国际关系，群体主义理论也等同于国际关系理论，只不过，群体主义的含义明显要宽泛得多，国家间关系只是一个主要的群体间关系。为了便于国际关系理论的研究，我们在某些方面直接把群体的含义窄化成国家，由此使群体主义与国际关系直接挂靠，见图3—1。

（一）个体与群体

从哲学的角度来说，个体就是能够独立设定对象的单个人，从人类社会的发展来说，个体指处在一定社会关系中，在身份、能力、意识和作用等方面有区别的有生命的个人。群体是指社会上的有意识和行为能力的个人通过一定的社会关系结合起来的集合体，在概念方面，在本章的开始已有界定。

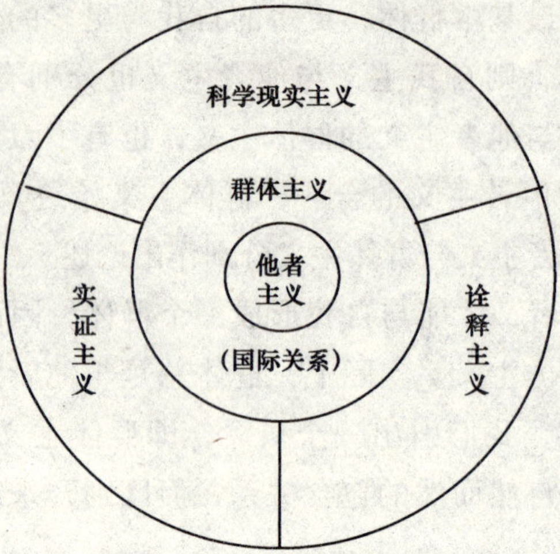

图 3—1　他者主义、群体主义与国际关系研究的知识论

由上图可知：图中心的他者主义，没有使用自我主义的概念来代替，主要是因为他者主义本质上是自我主义的镜像。没有他者的存在，自我主义就失去了意义，因而本书中使用他者主义作为国际关系的元理论。

群体是个体的组合，个体的价值在于群体，只有融入群体，个体的价值才能得到体现，群体的结构状态也制约个体。尽管个体需要群体并融入群体，但个体与群体的利益既有一致性，也有冲突性，个体的特殊利益与群体的普遍利益并不总是一致的。一旦群体形成，群体便具有不同于个体的身份、利益、观念、文化、声望、目标和行动等，群体还具有个体所没有的确定性和行动力。[①]

个人与群体，除了以上所说的区别，还有一个重要的方面就是

① 群体存在不同于共同体存在，群体更具有随机性与自然性，在概念上以群体代替共同体，更能显示人性的本质与群体特性的本质。一般意义上的共同体偏向于政治性，并且武力不是共同体内部的选择，例如：历史上的城邦、城市、王国、民族国家等，现代社会偏重于国家间组织，如：欧盟等。

意识。意识是类似于心理、观念之类的概念，也还指对自身与外界的有关认识。人是意识性的社会动物，群体是意识性的社会团体，个人和群体都通过意识调整自身的观念与行为，谋求与自己有关的各种利益及存在价值。

个体和群体都各有利益，通常情况下，个体利益一般会服从群体利益，但当较强个体的利益在某一群体内得不到相应的满足时，个体便可能会选择把群体的组织原则及宗旨放在一边，独自追求自己的利益甚至于脱离群体。在某一群体中，当成功的个体脱离原有群体，进入另一个概念的群体，或者自组新的群体，就形成上一章我们探讨过的他者主义概念中新的“我们”。这种行动可称为“成功者的脱离”。众多成功者的脱离逐渐吸收群体间宏观事件的影响，不仅通过自己的行为与互动形成新的宏观层次的结构，也逐渐产生了新的共有观念与共有知识，促成结构的变化与群体体系的转型，并逐步形成新的秩序状态。

不同的群体，其身份、构成、利益、性质、特点、宗旨、观念、功能、作用和影响等，都是不一样的，其对其个体影响的广度和深度，也是有别的。一定的群体，其内部的文化特征与历史传统，既有助于塑造与维护群体的一致性，也有利于该群体与其他群体的区分与相处。群体与群体的组合，构成了复杂的社会，就国际关系来说，如果群体的基本概念定位为国家，则形成国际社会。这就是我们重点要论述的群体主义。

个人有强弱之别，群体也有强弱之分。在有政府的社会，尽管有法律、道德和暴力机关，但在社会生活现实中，还是有很多不公平的现象。从来如此，也许永远存在不公平的地方，强者占据更多资源，弱者则人轻言微。在无政府社会，按照一般逻辑，强者可为所欲为，做自己认为能做的一切，弱者则忍其必忍，做自己不想做但只能做的一切。无论在有政府社会还是无政府社会，也许关于个人与群体之间强弱的对比说法过于简单，过于绝对化，但确实是一种不对称的存在。当然，强弱之间是可以相互转换的，强只是相对强，而弱也只是相对的弱。

（二）他者主义与群体主义

他者主义不仅是关于自我与他者关系的探讨，也是关于自我与他者共存价值的探讨。[①] 他者存于群体之内，他者主义的意义范畴也不会超脱于群体主义的范畴。

在前一章，我们讨论了他者存在的意义与价值，讨论了他者的存在造就了观念、制度、组织和结构，造就了国家产生与国际社会的无政府状态，也讨论了他者的存在造就了文化、贸易、金融、劳动分工与资本流动。我们再举一些典型的例子：战后，为了应对日益强大且不好合作的“他者”苏联，以美国为首的国家成立北约。针对北约的行为，以苏联为首的国家为求得自身安全，保护自身利益，随后成立了华约。南苏丹是苏丹眼中难以就范的“他者”，二者在民族、宗教、文化和政治方面存在着较大差异，经过两次内战和多年谈判，南苏丹最终于2011年从苏丹分离出来，成为一个独立的国家。

再例如，为了促进劳资双方合作，防止他者一方损害另一方利益，促进充分就业和提高生活水平，扩大社会保障措施，1919年成立了国际劳工组织；二战时，为了安排战后和平稳定的国际秩序，众多国家发起成立联合国，以防止和压制世界各地的“跳出来”扰乱和平秩序的他者；为了规范国际贸易，防止“他者”实行不正当竞争，谋求不正当暴利，1947年成立了独立于联合国的关贸总协定（GATT），1995年后改称为世界贸易组织（WTO），以促进全球贸易正常有序开展。

① 对于从肉体上消灭他者，这种可能性是存在的，但个别他者的消失，不影响广泛意义上的他者存在，因此，他者就是指存在的他者。

不难看出，在分析他者主义时，随时都可以看到“群体主义”的影子，也就是说他者不是孤立存在的，他者主义也不只是相对于自我而言的，也即他者主义一定是群体主义中的他者主义，群体主义中一定包含有他者主义。

在群体主义中，因为难以有效地把握他者的发展与意图，或者说不能明确知道他者在什么时候对自己构成威胁，所以群体中有两个非常重要的原则，一个是“山头主义”，另一个是“帮派主义”，这两个主义不仅在国家内部的各类群体中普遍存在，在国家之间更是如此。[①] 如果说他者主义和群体主义是个体存在和共同存在的“是存在（Be Excistence）”，则山头主义与帮派主义则是他者存在与群体存在的“怎么（How）”存在，本质上，这个How同时也回答了“为何（Why）”存在和“如何（What）”存在的问题。

山头主义的最重要作用是彰显自己存在，形成一定的存在空间，这个空间不只是地盘的空间，还有相互之间微妙关系的空间。一个农民要有自己的耕作地，一个企业要有自己生产基地，一个国家要有自己的地理空间。个体存在还要与外界有各种联系，这是个体显示存在、确保存在、延续存在的必要前提，通俗一点说就是个体的“立足”问题。例如，在国际关系的主权原则之下，“国家”的存在就是典型的山头主义，意味着国家主权需要得到彼此间单边和多边承认和尊重，不希望被侵犯、兼并、分裂，有时甚至还涉及国家周边地区的相关利益。例如，美国在立国后不久，就于1823年抛出了著名的“门罗主义（Monroe Doctrine）”，排斥欧洲列强，欧洲不应再殖民美洲或涉足美国与墨西哥等美洲国家之主权相关事务，而对于欧洲各国之间的争端，或各国与其美洲殖民地之间的战事，美国保持中立，相关战事若发生于美洲，美国将视为敌意行为。又如，

---

① 这“两个主义”贯穿于下文所说的十大群体主义的法则之中。

英国在欧盟发展的问题上，迄今仍选择独立于欧元区之外，但又总是参与欧盟事务，这也是明显的山头主义。再如，印度一再宣称在印度洋范围内有特殊利益，排挤其他大国染指其自认的利益范围，也是典型的山头主义。

帮派主义是群体主义中的“小群体主义”，主要是指现实主义中的均势或谋求某种特定优势。均势是各种力量谋求动态平衡的一种状态（当然也可以是手段和目标），优势是为了确保自身利益以及行动上的自由与胜算。无论在什么时期，均势总是自觉或不自觉的一种保障利于自己利益的手段，弱势国家需要均势，强大的国家也需要某种均势，来维护自己的强大，或者防范他者破坏有利于自己利益的“均势”状态，这种均势需求之上的存在与力量状态就是优势。帮派主义主要是谋求利益和心理及行动上的优势，在表现上，并不一定是为了有效保全自己、发展自己、壮大自己，在特殊时候，也是为了抵抗、对抗、压制或者消灭“危险”的他者。例如，当前的美国，作为唯一的超级大国，可谓独步天下，一方面因其自身强大的政治、经济、军事和文化实力，另一方面，也自二战后，美国彻底放弃了一度奉行的“孤立主义”，实行“拉帮结派”的政策，即奉行现实主义与理想主义结合的“帮派主义”，不断巩固和发展美国的综合实力和优势地位。美国不仅在全球有数百个军事基地，牵头成立北约并保持领导地位，还在全球与众多国家有同盟关系或特殊关系。冷战后，美国对伊拉克、南斯拉夫、科索沃、阿富汗、利比亚等的几乎所有重大军事行动，均采取了“帮派主义”的政策，即总是拉了一大帮国家一起采取行动。

山头主义和帮派主义有利于群体中个体身份的认定、定位与互认，也因而使个体的身份是变化的。个体身份的变化既有助于群体结构的建构，也是群体结构解构与重构的重要因素。温特认为利益建构权力，观念建构利益，而观念又是由身份建构的。这种观点是值得商磋的，至少应该只是部分地可以这样认为，因为利益本身不论何种观念都存在，[①] 甚至不需要观念也可能存在或部分地存在着。尽管利益、权力与身份及观念之间确实有某些内在逻辑关系，但如果一定要扯一种绝对性的关联，则可能具有某种形而上学的性质了。

在讨论他者主义与群体主义的关系时，我不试图给人一种可能产生误解的印象是，这里所讨论的他者主义与群体主义似乎大部分是政治和军事上的，尤其是政治上的。的确，国际关系中，政治和军事等传统的“高级政治”占去了相当大份额，但政治和军事从来不是意味着全部关系，经济、文化、贸易、金融、环保、反恐、应对能源危机等“低级政治”中，山头主义和帮派主义多少都有些显示，只是强弱程度不同而已。例如，为了应对美元的一统强势地位，欧盟为了巩固一体化、加强经济实力、扩大影响力，于1999年正式启动并发行欧元，试图与美元及日元争雄。这实际上就是山头主义的一个具体表现，当然，对欧元的解读是多方面，这只是其中的一个方面。而在应对始于2008年的世界金融危机中，欧元区、美元区和日元区以至中国的人民币区等都在很大程度上，放下争执与分歧，同舟共济，共同协作，采取有力措施，加强协调，尽量提振市场和人们的信心，以求平稳度过金融危机，同时在此期间，还产生了应对经济危机的二十国集团（G20）模式。然而，危机刚刚有所好转，群体内部分歧再次突出，尽管在金融危机中，中国做出了巨大贡献，也作出了重大的利益牺牲，但是美国和欧盟却为了自己利益，要求中国货币升值的声音再次大了起来，而且这种声音始终不绝于耳。可见，山头主义和帮派主义总是无时不在地、甚至是不自觉地有所表现，并发挥影子作用。

---

① 在人类社会，人是有意识的动物，因而无论在何种利益场合，观念都是存在的。

第三节　国家间群体主义的十大法则

与自然科学中存在着科学的法则和规律一样，人类社会也存在着内在的法则和规律，很多国际关系的理论对此有很多争论，认为人类社会不存在普遍的基本法则，但实际上普遍的基本法则是存在的，只要看到人是群体性的，就至少有人性的群体主义法则在作为规律普遍存在。

基本上，群体主义有十大本性法则，它相应地是以人的群体本性为最始出发点和最终归依，是人的群体本性所表现的特征和行动的一般规律的体现。下面我们避开从社会学的角度来看国家和社会内部的群体势力之间的争斗、对抗和冲突，而只从国际关系和世界秩序来探讨一下这十大本性法则及其现实表现状况。

（一）安全法则

群体自身存在总是作为其第一考虑的，安全总是群体的第一需要，生存是群体绝对要务。睡觉时害怕有袭击，那是不安全的。吃饭时担心没东西吃，也是不安全的。这一点不仅是对个人，对任何群体、组织、社会和国家及国家群体都具有同等意义。而且，群体对安全的需要，会有潜意识的扩大的趋势，并且需要保持。群体一旦发现有对自己不安全的异己因素出现，就会关注这一因素，从而防止和限制其发展，并且，如有可能和必要的话，就会想办法去化解甚至是消除这一异己因素。

一个群体出于对安全的考虑，一般是会希望寻求更多更大的支持力量，除非是做不到或是受到了某些制约。当然，这种所谓的支持力量，不一定会是同一性质的力量，只要是支持的，不论是实际支持还是名义上的支持，都会被视为这一群体的同盟或朋友，但这一点也许并不是完全出于安全的考虑。现实主义最关注的一个基本问题是国家安全至上，国际关系批判理论也认为“真正的安全只有通过人民和集体才能够获得，只要他们不被安全所剥夺”。[①] 当然，安全并不是只有他者安全了自己才得以实现安全，也就是说并不完全取决于相互依赖。本质上，安全取决于受攻击的可能性，而意外的可能（如恐怖主义、天灾人祸等）总是存在的，所以理论上讲，绝对的安全是没有的。美国出于对安全的担心和对恐怖主义的愤怒，以反恐划线，采取先发制人、非敌即友的做法就是典型的例子。群体的安全不像个人的安全那么简单，它还涉及到更多的利益考虑，与群体的大小、所在地域、经济、文化、价值观、社会制度息息相关，与异己力量和其他群体的实力及所持的态度和倾向也有很大关系。

（二）发展法则

群体及群体社会的发展是绝对的法则。任何群体都是发展并且变化着的，这是人类进化的必然规律，这种发展不只是单个群体自身的发展，而是全体的发展，是整个人类文明的进步，包括多方面的生存环境的提高的发展。发展是人类的进步，是必然的，是任何群体和群体里的个人都无法妨碍或阻止的。

群体的发展是不平衡的，发展是永恒的主题和要求，各个群体在本质上都是促进发展的动力和力量，也都在不同程度上寻求发展，愿意寻求并在寻求尽可能多的协同发展。大国的兴衰与其内外的条件和因素、其发展的方向与意志等有直接的关系。可以乐观地设想，当各个群体的发展能最终跨越历史的恩怨，逐步形成更稳定有序的、更大的、更高级的群体性社会时，当区域化进一步向多领域变革的

---

① Ken Booth, *Security in Anarchy: Utopian Realism in Theory and Practice*, International Affairs, 1991 (3), p. 547.

全球化发展时，当语言文化特征和国别的不同仅仅只是作为大群体的内部识别的多样性特征时，人类的前景就真正是光明的。在这一理解的层面上，我们暂时可以认为欧盟给我们提供了一个范例和努力的方向，尽管还有待观察，但可以肯定的是，今后人类社会和各个群体的发展，注定会走向更和谐、更发达、更有统一社会规则的社会状态中去。

（三）同化法则

不管什么样的群体，总是在自觉和不自觉的时候追求一种类同于自己群体的单一性，试图同化周围的有关的其他群体，因为同化（assimilation）符合最大安全和各种利益的最大化。欧盟是一个典型的例子。欧盟在长期的发展过程中，不断在扩员，并且其内部也在同时进行不断的同化，尽量使内部各国的政治、经济、价值观、外交甚至军事及内部各种事务都朝着一种同一性的方向发展，尽量使新欧洲呈现出一种性质同一的状态，不管将来的欧盟是联邦还是邦联，同化始终在进行着，这符合欧洲各国和欧洲整体的利益。美国在二战后，着力维护、巩固和推行世界的资本主义化，进行所谓的人权外交，强调援助和制度、人权、民主价值观挂钩，同时力图将美国的基督教文化普世化。二战后，美国在欧洲、拉美、日本、澳大利亚、希腊、土耳其等国家和地区以及联合国、世界银行、北约等国际组织也投入了大量人力、物力、财力，其动机和目的是很显然的，历史也检验了同化法则的运用对美国的巨大功效。

在某些方面具有相近或者相同特质的群体会自然地得到相应群体的认同。同化法则遵循着从易到难、由点到面的一般规律。一个群体在对外关系交往中总爱在安全和利益上寻求最大的同化，增强自己的最大存在感，在手段上会不遗余力在政治、经济、文化、外交等方面对外部其他群体进行同化，软实力在这种同化中具有非同小可的作用，具有长久的效应，而硬实力一般只是补充和辅助作用，并且一般是暂时性的或一次性的。同化法则的实践在初始阶段一般会导致较多的党同伐异情况的出现，而所谓的同化一般都会朝着介入的主体群体所认同的价值目标及制度转化。

在美国学术界和美国的政治生活中，同化这一术语已几乎难觅踪迹，这也许与所谓的“政治正确”文化氛围有关，也许是出于某种公平和道德感，也许是出于行动上的方便而掩人耳目。但并不等于说业界学者与政治精英放弃了同化的策略与幻想，相反，美国根深蒂固的基督教文化及美国信条（The American Creed），[①] 在二战后，一直不遗余力地推行国内与国际上的同化政策，包括文化、宗教信仰、政治制度、价值观等，同化的最终目标是让他人接受“美国信念”。例如美国著名国际关系学者塞缪尔·亨廷顿（Samuel P. Huntington）曾在《我们是谁：挑战美国的民族认同》一书中，正式呼吁联邦政府重新考虑把同化推到决策的层面。

（四）异化法则

异化法则是相对于同化法则而言的。国际格局有自己的逻辑与

---

① 所谓美国或美利坚信条的概念被广泛使用是因为政治学者麦尔多在1944年出版的名为《美国困境》（The American Dilemma）的书。在书中，作者点出美国在种族、宗教、民族、地区以及经济上的异质性，但是，他认为，所有的美国人都共享某种东西：一种社会气质和一种政治信条。为此，他用冠以大写字母的“美国信条”（the American Creed）来代表之。这一用语很快为媒体所接受，并被美国国内外的观察家视为构成美国民族国家认同之关键的，甚至是决定性的成分。然而，麦尔多的表述并没有把基督教伦理与他所定义的美国信条联系起来。相反，他所谓的政治信条实际上是启蒙运动所讴歌的人生来平等、自由、民主、博爱。这包括了今天美国国家政治所主张的言论与结社自由等已为美国宪法所规定的东西。而亨廷顿却把所谓清教伦理强调为美国信条的重要成分，主张所有美国公民和想成为美国公民的人都必须视此为美国的正朔。参见范可的文章：《亨廷顿的忧思——评〈我们是谁：挑战美国的民族认同〉》，载《读书》，2005年第5期。范可认为，冷战后，美国信条的核心理念已经衍生至诸多领域，尤其是政治、经济与文化领域，是民族主义中的普世主义。美国力图确保唯一超级大国的霸权地位，而同化则是最有效、最可靠、最永久的一种策略。同化不仅是手段，也是目的（长远目的）。

秩序，任何霸权或强权都不能完全建立符合自己利益的统治秩序。某个群体（国家）如果感到异己力量的压迫或威胁的话，或者是一种实在的敌对势力，或者觉得是一种不能去同化或被同化不了的群体，甚至不能获得只是简单的中立或简单的支持时，就可能采取一种异化的态度。这是一种群体在一定时期的意志倾向和战略倾向，主要与历史传统、文化、意识形态、当前利益有关，以此确保建立和维护相对的权力和权威。

美国在全世界到处有军事基地，到处推行民主和人权外交，进行政治、经济、文化、制度、价值观外交，并且经常在认为必要的时候，采取军事行动，不惜投入巨大的物力、财力、精力和人员。在冷战时期，以美国为首的西方资本主义国家对以苏联为首的社会主义国家的所谓的“遏制”战略，即是属于异化法则的策略。“9·11”事件后，美国推翻塔利班政权和萨达姆政权，是对异己力量的直接消灭，同时为相应的同化作铺垫和准备，对阿富汗和伊拉克进行有利于自己战略目标的同化性改造。

应该强调的是，“分而治之”是异化法则里至高无上的原则，当然，也有一定的前提，这个前提就是“统而视之”。中国战国末期，秦始皇在众诸侯列国中，势力并非超强，在“合纵连横（也即统而视之)”的大算盘下，利用“远交近攻（也即分而治之)”的策略，一个一个消灭了其他六国，完成了统一中国的大业。在东罗马帝国的拜占廷王朝时期，为了解除来自帝国周边的威胁，查士尼大帝主要采取了两种做法：其一是利用基督教作为帝国的外交工具，其二就是对异族群体进行分而治之。越是强大的国家或其他势力群体，运用分而治之的策略越是见成效。

（五）非对称法则

群体发展的不平衡造成了群体之间力量和关系的不对称，这是一个绝对的现象，全球性合作与和平是建立在非对称群体的相对稳定的秩序之下的。群体力量的升降造成了群体之间非对称却相对稳定的秩序与关系的变化，因而同时期的国际关系也显得复杂多变。

在大群体内部，尤其是在很松散的群体内部，由于群体本身的和外在的客观因素，小群体之间和群体内部之间的摩擦、争执、冲突甚至战争就可能经常发生了。很多恐怖性的暴力冲突是来自不对称的群体之间，由于领土、资源、文化、传统、历史和现实等原因，群体之间的某种矛盾长期累积，如果得不到疏解和援助，处于不对称的弱势群体就会采取恐怖行动或突然行动来发泄整个群体的仇恨，或者准备某种途径或方式来获得某种单一性的平衡。这就是为什么在冷战后，我们还看到了世界上有那么多的地方发生了恐怖活动、对抗、冲突和战争的主要原因所在。

（六）就近法则

一个群体是很讲究实在性和实用性的，都有一种根深蒂固的孤独感和依赖感，都有一种寻求同类和同质的本性，以使自己觉得有更多的安全感、存在感和立足感。某一群体在对外上，一般都首先会注意到周边地缘情况，所关注的目标或对象是和自己直接有关联的，因而主要是地域上就近的联合或组合，这样既方便又实际，结合也自然会紧密些。[①] 当然这绝不只是指地域上的就近，还指在政治上、经济上、文化上、军事上、体制上、传统上、意识形态上，甚至是贫富上等，某一特性相近的群体，容易结合成某一同一体，这会更有实际的益处，也会使群体得到更多更大的心理上安慰和安全感，得到相应的群体认同和认可，并得到单个群体所难以达到的或得到的利益上的好处。因此，就近法则在某种意义上说就是群体合作交流的法则，例如美日同盟、美韩同盟等。

群体的就近结合并不是一定都会有一个明确的、统一的目标，

---

① 这实际上就是通常所说的地缘政治。为了便于表述，使用了就近法则的说法。

可以是松散的、临时的、名义上的，但是如果有一定的、长期的利益和目标，有相近的、统一的意志，有内部的要求和动力，有外部的条件和环境，就可能会在相当长的时期里存在和发展下来，例如有欧盟、东盟等。就近法则在历史上和当代都有普遍体现，如神圣同盟、四国同盟、三国同盟、巴尔干同盟、欧盟、非盟、独联体、东盟、阿盟、美洲国家组织等，都是就近法则的本质性体现。区域一体化、地缘整合和全球化是人类发展史上的一个必然的规律，在此基础上的大群体一体多样化[①]或曰全球化也是必然的规律。

（七）认可法则

群体不是永远固定不变的，而是会变化、发展、更新的。一个群体对另一个群体的看法和认识也绝对不能是僵化的，而是要及时调整，更为重要的是，某一群体对他者群体在行动中所造就的事实，一般会持一种令人惊讶的事后认可的态度。认可法则，是一种人的本质的使然，人会趋向于对改变不了的既成事实转而认可并且尽量去适应它，群体之间也会如此。认可法则完全可以说是各国出于自身利益的考量而认可或者不认可的。

不过，认可法则的运用在国际关系的实践中是一件很微妙的事。有主动的认可，也有被动的认可，有事前认可，也有事后认可，有政策性（策略性）的认可，也有行动上的认可。从认可的效果来看，有失败的认可，也有成功的认可。2008 年 2 月 17 日，科索沃宣布独立，在是否认可其合法性的问题上，对很多国家来说是很微妙的事情，但都是基于自身利益的考量来决定的。2011 年 3 月 10 日，利比亚反政府的“利比亚全国委员会”刚与卡扎菲政权发生战事不久，法国成为了世界上首个承认其合法性的国家，这在当时形势完全不

① 有学者如温特等人就认为世界政府可能会出现，甚至给出了一个时间，他认为一百年后会出现世界政府。参见［美］亚历山大·温特著，秦亚青译：《国际政治的社会理论》，上海：上海人民出版社，2000 年版。

明的情况下，可以说是个重磅炸弹，后来反政府武装在交战约半年后，赢得政权。法国的这种完全出于自身利益考量的举动，虽然具有冒险性，但这种认可有时候证明是策略性的、主动的、成功的认可。

有必要指出的是，认可不同于认同，认可偏重于面对国际关系中新发生事实所持的态度，而认同主要是指心理层面上的，偏重于对国际关系中其他行为体及行为所持的主观观点。“认同是自我与他者之间的一种关系的认定，是共同体成员对现实境遇中生存价值归属的自我确定。任何行为者作为体系中的一部分总是在他所属的共同体中，通过互动确定其生存认同的价值取向。”①

（八）层次法则

群体社会有一个与单个群体的显然的不同之处，即层次性。这在国际关系理论中有专门的层次理论论述，本书说的层次法则，主要是倾向于群体互动中，为了实际需要而在行动上的要考虑或遵从的法则。在现实主义者看来，层次法则是权力政治的最生动写照，因为现实主义认为是权力构建了群体的层次性，层次性体现了权力，也体现了权力所谋求或掩盖下的利益。

一个群体的内部关系有层次性，群体与群体的关系也有层次性，维护这种层次性的关系是以权力为中心、以自我为中心、以取得相对安全和优势地位为中心而展开的，因此一般伴随有不同程度的竞争性、垄断性、强制性、冲突性、暴力性，并且这个层次性在很多方面有重叠性和交叉性。层次的属性可能会引发群体冲突和对抗的加剧。国家在层次上可以跨越一个或多个层次而具有多层次的归属性，并且群体中交叉层次的状态不是静态的，而是具有一种天然的

---

① 余潇枫：“‘认同危机’与国家安全”，载《毛泽东邓小平理论研究》，2006年第1期，第44页。

动态的平衡特性。

世界各国和相关群体组织的各种外交活动，包括首脑出访、缔约和协议、结盟、发展各种伙伴关系等具体的外交事件，都一般性地可归属于层次法则的活动，这是各群体在建构和追求一种动态的利好的层次定位和不断的博弈的行为活动。正是群体主义有这种特有的层次性，所以群体在社会秩序中所引起的和所产生的各种关系错综复杂。

（九）非定法则

群体主义的非定法则源于自我意识，源于身份的变化与利益的可变动性。非定法则是对自我存在的关注和担心，在对内和对外关系上是以群体自我利益为最高核心的，对国家来说，国家是以国家利益为最高核心的。因此，在一定程度上来说，非定法则可以称为自我法则或自主法则。

由于群体和其他群体之间的关系是不能被割舍的，群体之间的关系在形式上的表现就是非定法则，尤其在对外关系上，会变来变去，会表现为没有永久的朋友，也没有永久的敌人，一切以群体利益为轴心而不断迂回变化，这是一种波动性的互动关系。例如二战前，英、美反苏反共，对德国一再妥协，二战中却又对德国作战，与苏结盟，二战刚过，又与苏长期处于冷战状态。冷战时期，波兰、匈牙利、捷克斯洛伐克是华约的成员国，现在却加入了曾与之敌对的北约。这些都是非定法则的突出例证。

非定法则对于一个国家来说就是趋利避害，设法来定位自己、保全自己、发展自己。“国家加入国际进程的动因是国家利益的驱使，一旦国家认为自己付出的代价高于利益牺牲的承受限度，只要是一个主权国家，就可以进退自如，修整自己的选择。”[①] 利益是根

① 肖佳灵：《国家主权论》，北京：时事出版社，2003年版，第486页。

植于有利的需要，国家利益是一种无形的、广泛的客观存在，个人利益、集体利益和全民利益受到国际关系影响时，都会是国家利益的组成部分。

（十）和平法则

群体的冲突具有普遍性，对那些与自己不同的并有能力伤害自己的人，人们自然抱有不信任，并把他们视为威胁。但是一个冲突的解决和一个敌人的消失，同时也会产生新的冲突和新的敌人，会产生新的个人的、社会的及政治的力量，所以和平的假设与和平的维持同样重要。当今的每一个重大问题的背后，都有深厚的群体主义因素，每一个问题都可能会引发群体之间的多层次的合作与冲突，当然，有些冲突不是必然的，甚至可以说是人为的。在和平时期，“我们有必要想想修昔底德两千多年前的一句告诫：认为冲突必然爆发的想法可能会成为导致冲突爆发的主要原因。双方都认为会与对方交战，于是做了充分的军事准备，在对方看来，这样的准备工作恰好印证了自己最担心的事情。”① 群体与群体之间的关系，包括一个群体内部的不同利益团体之间的关系，简单的来说就是战争与和平的关系，就世界范围内来说，也许战争没有断过，但就某一单个群体（主要是指国家）来说，历史上的和平时间远远超过了战争时间，即使是战争，战争的目的在名义上也往往是为了和平。

和平是个人和群体的生命存在和发展的根本条件的必要环境。“和平与合作比暴力和普遍竞争对自我保护有较大的效用。”② 人类的各种文化、宗教、主权和人权、上层建筑、国家等的建设，不是为了冲突和战争的目的，而是为了和平。人类是永远倾向于向往和

---

① ［美］约瑟夫·奈：“中国使人意识到和平的可贵”，新加坡《海峡时报》，2005 年 3 月 18 日。

② ［美］塞缪尔·亨廷顿著，周琪、刘绯、张立平、王圆译：《文明的冲突与世界秩序的重建》，北京：新华出版社，2002 年版，第 135 页。

平、追求和平的，历史上的大大小小的战争后所产生的各类条约、和约，绝大多数就是直接以保障和维护和平为目的的。避免群体性的大规模的冲突和战争，争取国际总体和平的途径很多，最有效的、基本的一点就是要保持克制和沟通。

须指出，群体主义法则的运用，对一个主体群体来说，一般而言是综合运用的，在不对称的国际关系中，不论在和平时期还是非和平时期，利益和权力往往会忽视道德和法理。

本章小结

过去的群体合作与冲突的事实，已经证明上述群体主义法则对人类历史和人类群体之间关系的规律性的、导向性的、反复性的作用。阎学通指出："国际格局两大核心要素，一是力量对比，二是大国战略关系。"[①] 实际上，这种观点正是对于国际社会中国家间群体主义本质的深刻认识和精辟总结。

未来国际关系与国际秩序的演绎和发展变化，也将始终是以人的群体性本性为出发点和归依，以群体主义十大法则为根本取向的。群体利益及国家利益的相对性，全球资源利益的有限性，以及人类总的来说总是会向更文明、更理性的方向发展，从而使将来的国际关系和世界秩序也会朝着一个更合适的、有序性的合作治理的方向发展。

总之，根植于人的群体性的群体主义本性法则，是国际关系上各种层次群体互动的根本指针，推动了国际关系的发展并决定了世界秩序的历史、现状与未来。

---

① 阎学通："国际关系理论与人国关系研究"，载《世界经济与政治》，2003 年第 5 期，第 37 页。

第四章

国家特性与国家间关系

第一节　我们是谁？他们是谁？

在他者主义中，行为体不免要遇到的问题是：“我”是谁？“他”是谁？如何相处？同样，在群体主义中，行为体也同样会遇到类似的问题：“我们”是谁？“他们”是谁？又如何相处？

要有他者存在，人们才能对自我与他者进行比较，也才能进行身份的界定。关于“我们”与“他们”，实际上是基于一种社会共有知识基础上的、观念上的认同。因此，群体认同本质上是关于身份的认同，也是关于存在价值的自我归属的肯定。群体认同一般源于共同的祖先、语言、民族、文化、宗教和价值观等，从而成就了所谓的“我们”和所谓的“他们”。然而，在一个大群体中，譬如国家，小群体的身份也有各种各样的异质性，有种族、宗教、民族、文化、地区、经济以及社会等的异质性，有时这种异质性还会损害甚至破坏大群体的一致性和纯洁性。

要知道自己的利益是什么，首先就得知道自己是什么人。只有知道我们是谁，我们的身份是什么，才能知道我们的利益是什么，也才能清楚地知道他们是谁，他们的身份是什么，他们的利益是什么，然后才能客观地确定我们和他们可能会有什么关系，可以发展什么关系。同时，“我们”和“他们”又是受时空限制的，千年前的我们与千年前的他们，不是同一个概念，甚至百年前的我们与百年前的他们也不是同一个概念，也就是说，观念可以影响利益的构成与边沿范围。例如，千年前，中国处在封建的宋朝时代，经济总量长期居于世界第一，美国那时候则根本没有成为国家。百年前，中国最后一个封建王朝（清朝）土崩瓦解，被新的政体所代替，西方列强继续在中国领土上耀武扬威。美国则完成了立国、扩疆、工业革命的历程，经济总量跃居世界第一，一跃成为世界大国，正在向世界霸权迈进。

“我们”这个词，对于当前的中国人来说，意味着什么呢？“我们”的定义应该是什么呢？首先，“我们”是中国人，是有悠久文明传承的中国人，对绝大多数我们来说，是以儒家文明为核心理念的中国人，我们的国家经历过历史上辉煌灿烂的古代，经历过18个朝代500余位皇帝，经济总量在18世纪之前一直雄踞世界第一，也创造了光辉灿烂的古代文化。现在的中国，是一个东方国家，国土面积居世界第三，人口世界第一，经济总量世界第二，但人均经济指数尚处在非常落后的位置。此外，我们还是世界上最大的发展中国家，是最大的社会主义国家，奉行独立自主的外交政策，也是联合国五大常任理事国中一个至今尚未完全统一的国家，与一些国家也还有领土及领海主权问题没有解决，等等。中国的身份还包括很多方面，“我们”的特征也还有很多方面，当然，我们的利益也是多方面的，我们的利益与我们的身份、存在、观念和与他们的互动交往密切相关。

那么，“他们”是什么样的他们呢？我们之外，也许都可以叫作他们，尽管他们中有友好的、敌意的、陌生的、竞争的，但都属于“他们”身份的概念范围之内。他们是欧洲的、美洲的、非洲的、亚洲的或澳洲的，他们是白人、黑人、棕色人以及黄色人，他们的宗教是基督教、伊斯兰教等，他们是西方国家、北方国家，他们是发达国家或不发达国家，他们是资本主义国家，他们是多党制、总统制、议会制国家。他们的利益与我们有相似的地方，比如领土、主权、生存、发展、和平、稳定、秩序、正义、经济、国防、教育、卫生、文化、体制、尊严、名誉等，又比如资源、粮食、疾病、毒品、反恐、气候、环境，等等；“他们”的利益与“我们”有别的或者重叠的或者有竞争的地方，比如领土纠纷、资源争夺、人才争取、经济发展、金融贸易、宗教信仰、政治体制等。“我们”与“他们”因身份有别，利益关系因此也错综复杂。卡尔梅拉·利布金德指出，“只有极端的社会情况，例如战时的交战，才会使人只剩下一种身份，而其他身份则失去意义。”①

不能说，与“我们”共同生活并持续了很长时间的人，就一定成了我们的一部分，没有与“我们”生活在一起的人，就一定不是与“我们”是一类人；同样，也不能说，与“他们”共同生活并持续了很长时间的人，就一定成了他们的一部分，没有与“他们”生活在一起的人，就一定不是“他们”一类的人。基辛格曾对中美两国人的此种情况有过深刻分析。他 2011 年 8 月在接受《明镜》周刊采访时，谈到中美两国人民的有关差别时说：“美国人相信改变信仰就能改变人们，相信世上每个人都是潜在的美国人。中国人也相信自己的价值观具有普世意义，但他们认为：除非你生而就是，否则你不可能真正转化成为一个中国人。”②

他们与我们如此不同，又如此密切相关。如果说，对于确定的“我们”与确定的“他们”，利益是由身份决定的，身份是由观念决定的，那么观念又是由什么决定的呢？观念是固定不变的或者是可

---

① Liebkind, *Minority Identity and Identification Processes*, p. 51, citing Henri Tajfel, “Interindividual Behaviour and Intergroup Behaviour” in Tajfel, ed., “Differentiation Between Social Groups: Studies in the Social Psychology of Intergroup Relations”, European Monographs in Social Psychology, 14 (London: Academic Press, 1987), pp. 27 – 60.

② “基辛格披希拉里心声：怎么敢对借钱的中国表现强硬？”人民网—国际频道，2011 年 8 月 22 日，http://world.people.com.cn/GB/15470368.html。

以改变的呢？也就是说身份是否可以改变，利益是否可以转换？“我们”与“他们”是否能相互转化呢？

因为地缘是不可更改的，传统、信仰、文化、价值观和体制也不是一时之间可以彻底改变的，即使在某些方面有所改变，也具有相当大的滞后性，所以，我们与他们的群体性概念也可以被认为是不可更改的，也不存在相互转化的问题，所谓的我们与他们的角色转换是没有现实意义的。当然，这不排除群体中的个体角色转化的可能，并且这种转化还始终是不间断地存在着。不过，这种个体角色的转换基本上不影响我们与他们之间的对象化认识与互动，或者说这种影响完全可以忽略不计。在分析移民美国的人员归化率时，利昂·布维尔根据统计资料，列出移民人数最多（不分何年进入美国）的15个群体，其归化率如下（图4—1）：

图4—1　美国移民的归化率①

移民美国的种群	归化率
菲律宾人	76.2%
韩国人	71.2%
华人	68.5%
越南人	67.7%
波兰人	61.3%
印度人	58.7%
意大利人	58.3%
牙买加人	57.5%
德意志人	51.8%
古巴人	49.9%
英人	44.1%
多米尼加人	42.0%

①［美］塞缪尔·亨廷顿著，程克雄译：《我们是谁——美国国家特性面临的挑战》，北京：新华出版社，2005年版，第199页。

续表

移民美国的种群	归化率
加拿大人	40.0%
萨瓦尔多人	37.0%
墨西哥人	32.6%

注：美国移民归化率，在不同时期，其程度可能有别，不同群体归化率的大小的排名次序也可能不同。本处列举的美国移民归化率是亨廷顿于2004年出版的《我们是谁：美国国家特性面临的挑战》一书中使用的统计数字。

认识与定位“我们”是谁和“他们”是谁，必然要借助我们与他们之间的互动，只有在不断的互动关系中，才能逐渐塑造身份上及观念上“成型的我们”与“成型的他们”。温特在分析国际政治的社会理论时，把行为体之间的集体身份分为霍布斯式的“敌人”、洛克式的“竞争者”和康德式的“朋友”，与之相对应的行为体关系状态是冲突、竞争、友谊。从上一章他者主义的分析，我们归纳群体主义（含他者主义）的集体身份大体上有四类：陌生人、对手、朋友与敌人，与之相对应的行为体关系状态是：冷漠、合作、和谐与冲突。

没有任何一个社会是永恒的，也没有任何特定的身份是永远不变的，尤其是随着社会的发展、科技的进步、交通和通讯的极大便捷、人员的流动，以及金融贸易全球化、现代化、城市化、经济一体化、信息即时化和民主制度的转型与扩展，一方面在不断塑造新群体身份，另一方面也在改变社会关系、国际关系与利益结构。总的来说，新身份的塑造是社会进化的一种重要反映，也是一种新的利益诉求表现形式，只是，我们不能寄希望于这种新身份的塑造与社会的进化，会改变社会存在状态的本质。从某一角度来说，即使形成新的“我们”与“他们”，对于存在的结构与状态，依然还是同样的逻辑，即“我们”与“他们”是相对存在的，是对立统一的，依然存在“我们”是谁和“他们”是谁的问题，并且这个问题依然引发出“同样多问题”的利益关系。

也就是说，身份不仅是可以塑造的，也是可以解构的，同样，观念也是可以塑造的，并且也是可以解构的。显然，与之相对应的是，利益也是可以建构的，而且同样也是可以解构的。新旧身份、新旧观念与新旧利益之间，总的来说，仍然遵循温特建构主义的假说，即观念建构身份，身份决定利益。

实体性的他们总是存在的，因而我们一方面可以把他们视为不变的他们，但观念性他们则常常是变化的，因而我们另一方面则要把他们视为变化的他们，这是辩证统一的。这也传递出一个概念，即观念可以转换，身份可以变更，利益可以变化。尽管个体的我们及个体的他们可以身份转换，但不同群体概念上的我们和他们，利益具有根本性，虽然有时可以有让渡，也可以有重叠，但不可能根本一致，否则就不能成为有区别的我们与他们了。即使在特定场合或特定时期，我们与某些他们结成联盟形式的新的“我们”，内部之间仍然是区分我们和他们的。

第二节　谁是朋友？谁是敌人？

国际关系意义上“朋友”或“敌人”的身份，我们主要定义为国家。对于国际关系中，谁是“朋友”，谁是“敌人”，或多或少地隐隐约约地含有自身的规律，研究有关国际关系的理论，是对国际关系规律性发展的一种描述、诠释和预测，但理论本身不是规律，“人类社会是大自然的一部分，因此社会规律也属于自然规律的一部分。人只能发现规律，建立理论，但人建立不了规律。”[①]

---

① 阎学通：“国际关系理论与大国关系研究”，载《世界经济与政治》，2003 年第 5 期，第 36 页。

"朋友"和"敌人"总的来说，是在人类社会发展、尤其是国家文化体系的发展中逐步形成的国家间相处关系的一种文化定义，因而这种文化定义是一种国家间相处关系上"共有知识"的沉淀，并且显然带有存在上的、类比上的、心理上的、利益上的特征，是自我国家对于维护存在、显示存在、巩固存在或者扩展存在而必然与他国发生关系时的定义。当然，除了朋友，还有所谓的"陌生人"、"伙伴"和"对手"的关系。

是"朋友"还是"敌人"，对于国际关系来说是如此重要，因为这直接关系到国家的利益、兴衰、成败以至政权的存废，甚至是国家的生死存亡。然而朋友和敌人关系一旦在大调整时期有所确定，并不会频繁地发生变化或者转换，即使出现"朋友"间的分歧或者"敌人"间的友好，也不是对双方关系根本性扭转因素，因为那可能是存在之所需，或曰利益之所致。

如何成为"朋友"，又怎么会成为"敌人"呢？朋友不是天生的，而敌人也不是固定的，关键是自我存在所持的观念及涉及的利益在现实世界中如何变化。"造就敌人的那种再现活动是权力政治，包括以自私的方式对待他者，把他者的身份仅仅确定为客体，没有地位和权利，只能被消灭、被征服，或是以自我认为是最适当的方式生存。……把他者视为朋友，'就像'他真是朋友一样，这反映了一种目的，这种目的最有希望造就集体身份。"[①] 朋友有其利好的一面，也有闹分歧而导致利益受损的一面，总的来说，不会因为核心利益以外的边沿利益而轻易反目成仇；敌人有其不利的一面，但是，敌人也并不会因为观念上的差异和利益上的差别而持续采取相互攻击的政策。"在国际关系中，互动的单元是存在各种不同的思想观念、意识形态、宗教信仰、话语体系和文化传统的。由于这些社会

---

① ［美］亚历山大·温特著，秦亚青译：《国际政治的社会理论》，上海：上海人民出版社，2000年版，第428—429页。

因素都是经过较长的历史过程形成的，已内化在了行为体的深层意识之中，因此具有很强的稳定性。在确定外部认同的时候，这些因素总是起着明显的或潜在的作用。具有相同观念传统的行为体往往会成为朋友；反之，则可能成为敌人。"[①]

"互为敌人或互为朋友都是具有关联性的知识"。[②] 无论他者是"朋友"还是"敌人"，在认知上是属于一种共有知识的沉淀，因此在实际上仍然是遵循国际关系相关规范的。比如，"敌人"之间不可能始终处于冲突状态，"朋友"之间也不可能总是和谐，"敌人"之间有合作，而"朋友"之间也有冲突。有时，与"敌人"之间的关系甚至比"朋友"之间的关系要重要得多，并且，与"敌人"关系中相对和平的稳定性，不比"朋友"关系中维持和平的稳定性低。由此演绎成一种共有观念，即"朋友"是认定的（通过同一类属的认同，如利益、价值观、政治体制、意识形态、宗教、历史友谊、共同挑战等），而"敌人"则是树立的（通过不可调和的矛盾，如领土、利益、宗教、民族、意识形态、价值观、历史积怨，不平等、霸权、强权等）。

如果没有共同的"敌人"，他者就是可能的"敌人"；如果有了自己的"敌人"，他者就是可能的"朋友"。把他者定位为"朋友"或"敌人"，必然有一个过程，在这个过程中，经过反复的试探和互动，在观念、环境、条件、利益等因素都逐步具备的情况下，相互间就会形成一种友好或者对抗的文化，从而在事实上形成"朋友"或"敌人"关系，并且在两国间的民众及其他国家中会形成一种较为固有的观念。例如美苏在二战后期及二战后，逐步由二战时的盟友关系转变为冷战时的敌对关系，是经过反复试探和互动后形成的，在美苏两国民众和其他国家中，也都持有一种美苏两大阵营是对手

---

① 李少军："论'主体间世界'"，载《国际观察》，2010 年第 5 期，第 3 页。

② ［美］亚历山大·温特著，秦亚青译：《国际政治的社会理论》，上海：上海人民出版社，2000 年版，

的共有文化观念，并且也当然地反映在国际关系的事务和联合国等有关国际机构的机制化互动中。“在国际互动中，一方对他者进行关系的定位，他者必然会做出反应。事实上，一方把另一方定位为敌人，另一方的反馈也是如此，并因而会形成对抗性文化。”①

上文的论述中，笔者持有一个观点，即“朋友”是认定的，而“敌人”是树立的。笔者认为这个观点对于阐明谁是“朋友”或谁是“敌人”具有重要意义。“朋友”之间无重大核心利益冲突且具有友好意愿，一般都可以成为“朋友”，“朋友”之间的差别，不一定引起竞争，也不一定引起冲突，他们可以在政治、经济、军事、文化、历史、地缘、利益诉求、民族、种族、宗教、价值观、政治体制等方面有巨大的差别，这种差别反而有可能增进“朋友”间紧密的合作关系。但是，“敌人”之间则具有更为现实性的同质性，诚如沃尔肯（Volkan）所指出的，“‘敌人’必须是在某一方面像‘我们’”。② 例如，恐怖分子不会以一颗大树为袭击目标，相反可能借助一棵树来做掩护；象棋高手不会视围棋高手为威胁，却可能视其为朋友；棒球强队不会视足球强队为敌手，相反可能会在比赛时相互捧场；美国宣称远东中国的发展是威胁，却不视邻居加拿大的发展为威胁。由于国家是功能相似而非功能相异的单位（Unit），它们之间一般不具有功能互补性，只要是相互具有敌意就可能成为“敌人”。当然，这种敌意可能是因为领土纠纷、利益纷争、意识形态分歧和价值观差异等原因，但在表面上，双方至少有一个利益交汇点具有不可调和性，而且双方也都不肯妥协退让，这样就形成了一种相互对抗“敌人”关系。所以说“朋友”是认定的，而“敌人”是树立的。

---

① 李少军：“论‘主体间世界’”，载《国际观察》，2010 年第 5 期，第 3 页。

② Volkan, *The Need to have Enemies and Allies*, pp. 243 – 244. 转引自：［美］塞缪尔·亨廷顿著，程克雄译：《我们是谁——美国国家特性面临的挑战》，北京：新华出版社，2005 年版，第 24 页。

谁是“朋友”？谁是“敌人”？这在国家的现实身份和利益关系得以自我确定之后，便可以很清晰地界定。我们需要“朋友”，是人的本性使然，是国家存在之道，也是国家发展的必然选择，因而我们去寻找“朋友”，去认定“朋友”，去发展“朋友”关系。但我们需要“敌人”吗？需要去寻求“敌人”、树立“敌人”吗？毫无疑问，人与人之间是有竞争的。竞争的存在，不可避免地反映在各个方面，即使有了完善制度和规范，也不足以消除竞争，而只是尽量使得竞争趋于规范化而不至于失序。竞争会导致敌意和对立，敌意的累积和对立的固化会造就现实的“敌人”，这从人的心理学和人类关系学的角度来看，都已经得到充分的证明。亨廷顿也指出，“竞争导致对立，使本来较狭窄的区别感导致较强烈和较根本的同异感。这种认识模式固定下来，就会将对立面妖魔化，使对方变成敌人。”“20 世纪后期的社会生物学、个性理论、社会特性理论和归因理论都支持一个结论，即仇恨、敌对、需要敌人、个人和群体暴力以及战争，其根源都不可避免地在于人的心理状态和所处环境。”①

“朋友”是认定的，“敌人”是树立的。这涉及到观念、身份和利益的因素，一方的身份或者观念变了，则其利益诉求也随之会变，与他者的关系既可能延续之前的“朋友”或者“敌人”关系，也可能就此变更此前的关系，其中的关键在于国内外环境的变化、利益的认定、条件的许可度、有效压力或支持力、观念的改变等，因而“朋友”或“敌人”的对象性角色，具有非固定性，可以在不同时期和不同条件下有所变化。例如美越在冷战时期，双方是“敌人”关系，发生了大规模的交战，战争长达 14 年，导致约 5.8 万美国人和 300 万越南人丧生。冷战后，双方关系持续改善，于 1995 年建立

① ［美］塞缪尔·亨廷顿著，程克雄译：《我们是谁——美国国际特性面临的挑战》，北京：新华出版社，2005 年版，第 24 页。

外交关系，进入21世纪后，双边关系持续升温，尤其是军事关系发展迅速。

"朋友"是否必然带来好处？"敌人"是否必然带来坏处？很明显，所谓的好处和坏处，不是绝对的，而应该是相对的。这个问题一方面直接涉及到到底谁是"朋友"或谁是"敌人"，另一方面，也涉及到"朋友"或"敌人"是否具有"朋友"或"敌人"应具有的特质，以及这种固定化的特质会维持多久。2008年8月爆发了俄罗斯与格鲁吉亚的战争。对俄罗斯来说，表面上看，格鲁吉亚是敌人，必须给予铁拳打击，从客观的角度来说，我们不能据此认为格鲁吉亚作为俄罗斯的"敌人"，给俄罗斯带来了绝对的坏处，相反，强大的俄军不仅迅速予以反击并取得了巨大胜利，其网络部队的攻击能力也得到了战争检验并发挥了重大作用。很多人认为俄罗斯是得了诸多好处的，显著好处之一是俄罗斯政府在国内赢得了支持，在国际上显示了俄罗斯捍卫自己国家主权的能力、信心和决心，赢得了巨大而长久的战略利益。格鲁吉亚损失惨重，使其不得不更倾向于亲美和西方，并期待获得更多支持与好处。

在国际格局的现实与发展中，国家的"朋友"是否越多越好、"敌人"是否越少越好？无论从现实主义还是理想主义来说，这都是个误解，也是个伪命题，建构主义学说也根本不支持类似的观点。或许，可以说，朋友"多"和敌人"少"是有利的，不过，以什么来衡量"多"和"少"呢，是否存在什么标准？标准是否还具有自身的弹性？一般来说，衡量的最好标准就是"利益"。不必在理论上过多地讨论这个问题，现实中，大国和强国的朋友普遍都比较多，而敌人都比较少（尤其是真正称得上仇敌或死敌的并不多），当然，真正称得上"够朋友"的也并不多，所谓的"朋友"关系，基本都是基于利益的考量而建立并发展和巩固的。美国在世界上的"朋友"很多，美洲、欧洲、亚洲、大洋洲、非洲都有美国的铁杆"朋友"，但美国所谓的"敌人"也不少，不同阶段、某个时期的朝鲜、古巴、越南、伊拉克、南斯拉夫、阿富汗、伊朗、利比亚等，都是发生过战争的“敌人”。然而，这些敌人并没有使美国倒下，相反，美国通过战争的磨练，不断发展出了世界上独行天下、无人可及的最强大的军事力量，这些力量不仅成为打击新“敌人”的关键手段，也是发展和巩固“朋友”关系的一大本钱。

当我们分析和界定国际关系中谁是“朋友”、谁是“敌人”时，一个时期的敌友关系可能是明显的，但长久来说，敌与友的界限并不是那么清晰和明确。一个国家在处理复杂国际关系时，也许必须时刻不停地反问自己“到底谁是真正的朋友，谁又是真正的敌人呢”。是朋友的话，既可以得到支持和帮助，也应该予以支持和帮助；而如果是敌人的话，必须予以防备和打击。

在对待“朋友”和“敌人”的手段和方式上，不能随意而为，也不能因为符合自己利益就可以有意为之。“在无政府的权力结构中，社会化导致了单元行为的相似。”[①] 行为体作为属于国际社会的正常成员，必然走过了接受规范和维持规范的一般社会化过程。国际规范、共有知识和特有的互动结构，制约着行为体的大部分行为和无限扩张的欲望，诚如华尔兹指出的“社会进程限制和塑造了行为体的行为”[②]。在对外行动上，“朋友”和“敌人”之间的关系与行动，一方面有来自行为体内部的压力和制约，另一方面也来自结构体系的张力制约，尤其对于“敌人”，其对立存在的身份和行为对于敌方来说是十分敏感的，“敌人”的任何举动都可能被解读为具有某种针对性，因而可能更进一步提升对手的关注度，增大来自对手的压力以及反制力度。

道德理性具有绝对价值，秩序的价值要优于关系，正义的权利要大于肤浅的利益。当所谓的“朋友”变得飞扬跋扈、为所欲为，

---

① ［美］肯尼思·华尔兹著，信强译：《国际政治理论》，上海：上海人民出版社，2003 年版，第 96 页。

② 同上，第 101 页。

过于践踏人类的正义、道德与秩序时，就会变成了所有人的公敌，自然也就由“朋友”变成了“敌人”。“朋友”和“敌人”有时候不只是针对于国家而言，也针对执政者或其政府而言，执政党或执政者的改变，也可能导致国家间“朋友”和“敌人”关系的转变。“敌人”若发生领导人变换、政权更迭、体制变迁以及敌对条件和环境的改变等，双方原有敌意逐渐淡化，敌对因素减少，不再具有明显的攻击性和威胁性，那么“敌人”也就可能变成“朋友”。比如，中国和苏联在20世纪50年代初的斯大林时期，是典型的全方位“朋友”关系，但在60年代针锋相对，爆发了局部冲突（如1969年3月的珍宝岛事件），甚至还一度传出苏联要对中国的战略重地进行核打击，引发中国全面备战①。而当国际环境逐渐改善，双方的敌意逐渐消退的情况下，中苏关系也逐步改善。1989年5月15日，苏联最高苏维埃主席团主席、苏共中央委员会总书记米·谢·戈尔巴乔

① 据有关资料：1969年8月28日，《华盛顿明星报》在醒目位置刊登了一则消息，题目是《苏联欲对中国做外科手术式核打击》。文中说：“据可靠消息，苏联欲动用中程弹道导弹，携带几百万吨当量的核弹头，对中国的重要军事基地——酒泉、西昌导弹发射基地、罗布泊核试验基地，以及北京、长春、鞍山等重要工业城市进行外科手术式的核打击。”中国对此提出了“深挖洞、广积粮、不称霸”的方针，全国很快进入了“要准备打仗”的临战态势，许多企业转向军工生产，国民经济开始转向临战状态，大批工厂转向交通闭塞的山区、三线，实行“山、散、洞”配置，北京等大城市开挖地下工事。美国尽管此时与中国没有外交关系，长期处于无实质接触的敌对状态，但对此作了一定干预。美国认为苏联危险举动的后果不堪设想，会危及全世界和全人类，“我们能够毁灭世界，可是他们却敢于毁灭世界。”美国亮出了1962年古巴导弹危机中尚保留未及动用的一张牌——“用苏联已被破译的密码，发出向苏联本土134个城市、军事要点、交通枢纽、重工业基地进行准备核打击的总统指令。”1969年10月15日晚，苏联驻美大使多勃雷宁大使向勃列日涅夫报告：“两小时前我同基辛格会晤过，他明确表达了尼克松总统认为中国利益同美国利益密切相关，美国不会坐视不管。如果中国遭到核打击，他们将认为是第三次世界大战的开始，他们将首先参战。基辛格还透露，总统已签署了一份准备对我国130多个城市和军事基地进行核报复的密令。一旦我们有一枚中程导弹离开发射架，他们的报复计划便告开始。”听完后，勃列日涅夫愤怒地哀叹：“美国出卖了我们。”

夫对中国进行正式访问，这次访问是自1959年赫鲁晓夫访华以来苏联最高领导人对中国的第一次访问。邓小平与戈尔巴乔夫于16日举行会晤，宣布中苏两国关系实现正常化，这标志着中苏双方又成为了“朋友”关系。再如，美国在二战初期，实行“孤立主义”外交政策，但当德日意法西斯国家无视基本的人类道德、丧失基本的正义品行、疯狂践踏世界秩序时，美国最后终于参战，与世界其他国家一道，在付出巨大牺牲的基础上，终于打败了曾经是“朋友”的德、日、意等国。当然，二战后不久，美国又与日本、德国和意大利逐渐成了一条战线的“朋友”，是“自己人”了。

在国际政治的现实中，一般来说只有少数他者才可以明确地认定为“朋友”或“敌人”，对于大多数他者，究竟是“朋友”还是“敌人”，并不是那么容易确定的。因而有不少学者在“朋友”和“敌人”的关系之间，也探讨一些其他类型的关系，试图尽量避免出现“敌友不分”或者“界定不当”的情况，提出了譬如“假朋友”、“真朋友”、“假敌人”、“真敌人”、“非敌非友”、“亦敌亦友”、“敌大于友”等概念。例如清华大学国际问题研究所所长阎学通等学者在对中美关系进行大量的分析和定量研究后，提出中美关系是“假朋友”①、“敌大于友”② 的关系。谨慎地说，这种探讨有一定积极意义，但也仍有较大局限性，积极意义在于可以促进适当的政策制订和

---

① 阎学通：“对中美关系不稳定性的分析”，载《世界经济与政治》，2010年第12期，第4—30页。阎学通在对中美关系的不稳定性分析中，认为中美关系为假朋友，他在文中同时提出中美克服矛盾应可能建立的关系是发展假敌人关系。

② 参见：阎学通：《中美是“敌大于友”的关系》（原载《国际先驱导报》），新华网，2010年3月22日，http://news.xinhuanet.com/herald/2010-03/22/content_13221096.htm。阎学通在接受采访时认为，中美是积极竞争的对手，消极合作的伙伴，对抗成分大于友好成分。中美关系不稳定的现象在很大程度上是双方不愿公开承认双方的冲突性利益大于共同利益；双方都想维持目前这种虚假的友谊，而这种假朋友关系让中美关系非常不稳定；中美“合作”不等于中美“友好”，“假朋友”关系仍会继续维持。

行为跟进，局限性在于国际关系是多方面的、多变的、复杂的，难以用一两个概念就可以准确定义并覆盖，因为在国际社会的无政府状态中，“丛林法则”依然是一种基本原则，群体主义政治也仍然是一种普遍现象，“安全困境”依旧像紧箍咒一样时刻萦绕在人们的心头。

第三节　中美是朋友还是对手？

要确定没有爆发战争或僵持关系的两个大国的关系状态，是很困难的。是“朋友”关系还是“敌人”关系，不能简单地加以定位，更不能单方面意愿性地推行某种特定关系的政策。

以目前中美关系的复杂性，简单定义中美是“朋友”抑或“敌人”的单一性关系，是不可取的，即使有所谓“假朋友”、“假敌人”、“非敌非友”、“亦敌亦友”、“敌大于友”和“友大于敌”的补充性定义厘定，也是不适宜的。但若以某一定义来描述中美在某一时期的主要特征关系，却具有可行性，并且显然也具有一定的现实意义和指导意义。在冷战后至今后较长一段时期，中美关系很可能是“敌大于友”的关系，或者说是介于“对手”与“敌手”之间的状态，因为中国的崛起必然影响到了美国的全球领导地位和霸权身份。

由于美中两国分别是世界经济体的第一和第二大国，同时又同为安理会常任理事国。美国是世界上最大的发达国家，也是世界上最强大的国家，尤其是军事实力，目前可以说是无敌手。而中国是世界上最大的发展中国家，是有独特悠久传统文明的社会主义大国，中美两国政治体制、意识形态、价值观、宗教信仰、历史文化传统、区域和全球利益都存在诸多较大差异，中美两国不可避免地在几乎所有重要问题上都存在利益分歧，因而也造成了中美两国关系的起起伏伏。在美国和中国国内以及世界上其他国家和地区，研究中美关系的智囊机构、大学、研究所等的专家和学者几乎也是最多、最受关注和重视的，但对于中美两国是“朋友”还是“敌人”或是衍生的关系定位，始终没有一个比较定型的说法。由此可见中美关系的重要性和复杂性。

按照温特的建构主义观点，“体系结构塑造了行为体的身份，身份决定利益，利益决定行为。”[①] 雅尔塔体系结构塑造了美国的全球霸权国身份，决定了当前美国的利益具有全球性，从而决定了美国在全球的政策与行动。然而，随着全球化在各领域的拓展、新兴国家的群体性崛起、民主原则与规范的内化、科技的创新与发展、世界各地纷争频发、美国自身实力相对下降，美国在当前国际体系中有四个明显的身份转变：

1. 由体系的霸权国向体系的主导国转变。

2. 由自由开放者向相对保守者转变。

3. 由解决全球性问题的牵头者向利己者转变。

4. 由国际争端的干预者向平衡者转变。

相对来说，中国的持续发展，在国际体系中的身份也在持续发生变化，其区域利益和全球利益在不断拓展，中国的政策及行为也在不断调整，使当前中国在国际体系中有五个明显的身份转变：

1. 由体系的质疑者、反对者向体系的合作者、维护者转变。

2. 由发展中国家向发达国家转变。

3. 由区域强国向全球强国转变。

4. 由经济上搭便车者向经济领头羊转变。

5. 由传统的陆权国向新型的陆海国转变。

我们探讨中美两国是“朋友”还是“敌人”，目的当然是为了中国的眼前利益和长远利益、为了和超级大国美国搞好关系、为了减少来自其他国家的误判和制约、为了能顺利地和平崛起。当前，

---

① 白云真、李开盛：《国际关系理论流派概论》，浙江：浙江人民出版社，2009年版，第245页。

中美两国既有复杂的双边利益关系，也有着诸多多边的地区和全球责任，即中美两国不仅有各自的“体系身份”，还有“相互身份”的问题。一般来说，中美双边关系之间有七大利益类型，相应地，依据中美两国的利益指向性行为特征，分别也有七个不同的行为身份，见下图4—2。

图4—2　中美利益关系及相应行为身份分析

利益类型	行为身份
一般利益	推动者
共同利益	合作者
战略利益	竞争者
根本利益	对立者
核心利益	冲突者
关键利益	利己者
发展利益	借重者

由上可知：中美在不同利益上，有不同诉求，所扮演的角色也因此不同。上述七种最常见的利益分析指标概念，相应地也列出了七种行为身份（有些具体利益在利益的划分上可以有重叠），试图对中美利益及其身份进行分类，但这不等于中美利益完全集中在这些方面，也不等于其各自所相应扮演的主要行为身份也必然如此，而是完全可能跨利益扮演不同的行为身份，产生衍生利益摩擦，以致双方之间发生的单一事件就可能导致双边关系的下滑甚至恶化。

在不同利益面前，国家采取的政策也有所不同，因而其行为身份也有所差别。大多数专家和学者以及政府层面的官员，往往都倾向于把利益分成安全（军事）、政治、经济、文化四大块，而在具体的利益构成及分类，一般只有共识而无固定标准，主要在于各自国家的官方界定或认定。下图4—3是阎学通认为的中美战略利益的详细分类划分，具有相当大的合理性和科学性。

图 4—3　中美之间的战略利益①

	安全	政治	经济	文化
共同利益	两国间和平	联合国安理会改革	共同投资	共同教育
	朝鲜非核化		全球市场的扩大	共同的文化项目
	国际航运安全			
互补利益			双边贸易	教育交流项目
			购买美国国债	英语和汉语教学
			旅游业	文化交流
冲突性利益	对台军售	意识形态		
	对华武器禁运	宗教政策		
	中国新疆地区的恐怖主义活动	人权问题		
	伊朗核问题			
	美国在东亚部署导弹防御系统			
对抗性利益	南中国海和黄海的控制权	世界领导权	高科技研发优势	奥运会金牌的竞争
	中国军事现代化	东亚主导权	战略经济体的控制	
	太空研究开发	在发展中国家的影响力	战略物资的控制	
	武器出口	发展模式		

注：此图与上图 4—2 在利益划分及认定上存在差异。差异之处不是中美关系的本质差异，只是分析上的不同见解及利益名称的指称而已，不影响其作为资料分析的参考价值。

值得指出的是，任何一种在理论分析上有差别的利益，都可能在特定的情况下，演变成引发双方冲突的利益纠结点。中美关系的下滑或改善，本质上不是什么态度问题，也不是什么民族主义问题，而是身份及利益交汇的关注度问题。阎学通在分析中美关系的不稳

① 阎学通："对中美关系不稳定性的分析"，载《世界经济与政治》，2010 年第 12 期，第 15 页。

定性时，用到了诸如“敌手”、“对手”[1]、“假朋友”、“真朋友”、“假敌人”、“真敌人”、“非敌非友”、“亦敌亦友”、“敌大于友”、“敌小于友”等有关概念。他在分析冷战后的中美关系时，使用了“假朋友”的概念定位，“解释中美关系的不稳定性，以克服中国‘民族主义高涨论’和中国‘经济增长论’的理论缺陷”，[2] 这种分析理论上主要就是基于一种身份定位分析，因而使其解释性功能得到大大提升。

无论是以硬性指标还是软性指标来对比，美国和中国在很多方面都具有天然的竞争性，同时又由于历史与现实造成的一些所谓的既成事实，不一定都符合双方各自的利益诉求而存在分歧点，且双方又在不断的发展中也形成了新的利益重叠之处，而各自又无法在自己的利益范围轻易排除或者压制他者利益的诉求，导致双方的跨利益身份经常处于回旋余地少的正面交锋境地，容易产生衍生利益摩擦与纠纷。任何可能的单一事情就完全足以导致两国关系的恶化甚至会一度失控，而两国关系的改善也不是一朝一夕之事，需要较长时期来营造一定的氛围。

究竟什么样的“朋友”关系才能较好地促进中美两国关系的良好发展，答案显然是“真朋友”。“真朋友”接近于盟友关系，但“真朋友”的身份特性也需与该时期的利益特性相符合，否则所谓的“真朋友”不具有可检验性，也不具有可持续性。中美两国由于各自的利益诉求与价值观相差甚大，也没有近在眼前的共同强大敌人，因此在当前难以成为盟友关系。由于美国在军事、政治、经济、科技、文化等各方面都仍然要比中国强大得多，并且美国的政治体制、

---

① 敌手一般侧重于生死较量，对手则既有竞争关系，也有合作关系；对手可以在政治、军事、经济、文化等方面较量，也可以较量于战场，而敌手则往往较量于战场。

② 阎学通：“对中美关系不稳定性的分析”，载《世界经济与政治》，2010 年第 12 期，第 8 页。

价值观、文化等方面与西方发达国家有非常大的互通性和一致性，所以在中美关系上，美国一般来说是出于主动地位的，而中国则常常处于应付的被动地位。

在国际关系中，政治和军事行动一般具有战略性和利益倾向性，经济、科技和文化具有相当大的客观性和中立性，而体制和价值观则具有相当大的政策可操作性，充分利用好这一特性有利于发展中美关系。在可预见的未来，美国仍比中国要强大但不至于爆发全面战争的情况下，中美关系就很可能会在“朋友”和“敌人”之间摇摆和起伏，但由于中美关系的特殊性和复杂性，很难确定一个较为固定的双边关系的特性身份。笔者在这里借用阎学通关于中美关系在 1978 年至 2010 年的性质及稳定性分析的图表（图 4—4）。

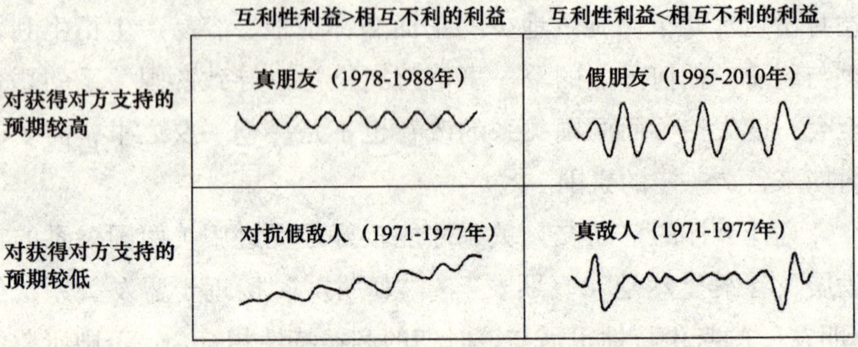

图 4—4　中美关系在四个历史时期的性质及稳定性①

注：此图引自阎学通《对中美关系不稳定性的分析》中的分析图，旨在进一步说明中美在不同时期的“朋友”与“敌人”关系性质及稳定性。此图作为对中美“朋友”或“敌人”关系定位的一种参考，本书无意在此对此图所涉及分析上的合理性作任何评论，但需要指出的一个问题是，我们不仅要探讨中美关系在不同阶段的性质和稳定性，也需要分析研究中国在这些时期所获取相对收益和绝对收益的大小，来进一步衡量与指导中国的现阶段及将来的对美战略政策。

---

① 阎学通：“对中美关系不稳定性的分析”，载《世界经济与政治》，2010 年第 12 期，第 21 页。

在中国学界和政界，大约没有人否认当前美国仍是中国外交的最大课题，但对于中美关系如何发展与定位，则是众说纷纭，仁者见仁智者见智。无论在中国还是美国，众多智库和政界人士，普遍都认为中美对抗与交恶不符合两国人民的根本利益。基辛格在谈到中美关系时曾说："我的看法是，在美中关系中，我们的利益是通过共同发展实现的，而非持续的对抗。"① 显然，尽管持续的对抗不符合民众的心理预期与国家利益，但共同发展不会那么一帆风顺，也不会那么具有稳定性与持久性。在上图的分析中，1978—1988 年的中美关系被认为是"真朋友"关系，这个时期的关系水平是自 1949 年后迄今一直被普遍认为仍没有被超越的。其余"真敌人"（1950—1970 年）、"对抗假敌人"（1971—1977 年）和"假朋友"（1995—2010 年）的关系存在，被认为是不确定或充满变数的时期，尤其是 1995—2010 年的假朋友期间，中美关系变化的频率和幅度都是较大的。但是有一点需要着重研究的是，一般认为，"对抗性敌人"关系或"假朋友"关系相对于"真朋友"关系是一种不利关系，所得收益也要少，但事实上，无论是从绝对收益还是相对收益来说，都并非如此，因而不能简单加以定论。

例如，中美在 1950—1970 年的"真敌人"关系时期中，中国所得收益并不能定义为最低。以发展的眼光看，实际上中国（大陆）此时，即使在国内有诸多负面影响下，仍基本完成了工业布局，建立了较为完整的工业体系，成功拥有了核武器，打赢了两场重要的对外战争，国民经济发展速度依然保持了较快增长。在 1971—1977 年的"对抗假敌人"关系时期，中国与包括美国在内的众多西方国家改善了关系，恢复了在联合国的合法席位，推进了与第三世界关

① "基辛格披希拉里心声：怎么敢对借钱的中国表现强硬？"人民网—国际频道，2011 年 8 月 22 日，http：//world. people. com. cn/GB/15470368. html。

系的发展。在1995—2010年的“假朋友”关系时期，这个时期是中美关系起伏变化最大、最频繁的时期，但也就是在这个时期，中国的发展速度可以说是最快的，迅速发展成为具有重要影响力的全球第二大经济体。

可以看出，无论中美两国关系是“朋友”或是“敌人”，中国始终都在向前发展，并且都取得了巨大成就，美国遏阻不了中国滚滚向前发展的伟大历史车轮。[①] 究其原因，最后归因也许只有一个，那就是人类历史发展规律的定式，即人类发展和中国的发展是不以人的意志为转移的，也是任何力量不可遏阻的。中国的发展有自己的道路和轨迹，外部世界力量与结构有助推作用，但更重要的还是中国有自己强大的内生推动力量。一个十三亿人口的大国，无论是自然发展规律还是人类社会发展规律来说，其发展是必然的，取得重大进步和巨大成就也是理所当然的。

这种观点符合历史演进逻辑和客观发展规律，但不等于说中国未来的发展就没有隐忧和不测了，而是几乎在每个发展阶段都或多或少地具有一些不可预料事件和不确定性因素的干扰。当前在中国发展与崛起的大趋势过程中，也许最需要重视的五大战略性问题是：(1) 僵硬的冷战思维使美国和一些国家盲目视中国为终极敌人；(2) 在周边领土领海纠纷上攻守失度导致遭受孤立围堵；(3) 中国自信心膨胀在国内外政策及执行上粗枝大叶；(4) 在核心利益上缺乏迅速果断的决定性反击而导致对手力量聚集；(5) 某些别有用心的国家和利益团体伺机挑起中国内乱。

在目前美国仍是世界唯一超级大国的客观情况下，遑论中国崛起和美国衰落，是极为失当的。一国的崛起或衰落，其决定因素不在于国际体系，而在于一国国内的制度性因素。

我们要看到，美国本身是唯一超级大国，所谓美国的衰落只是

① 中国要有这个认识，要有这个自信，也要有相应准备。

相对的，美国的综合实力仍独步天下。“美国相对衰落和中国崛起往往是一对一比较的结果，但美国不光是一个国家，而是一个联盟生态系统。美国外交关系委员会分析人士沃克尔表示，美国一家占到全球军费开支的41%，而美国及其盟友的军费开支则占全球的71%。中国军费开支虽然增速快，但仍仅占全球的8%。而中国没有正式的军事同盟，也没有盟友。”①

当前中美两国相对地位的变化是政策选择的结果，而不是中国已经取得了和美国对等实力和地位的结果。但中国的崛起已成事实，并非昙花一现，中美两国都应适应彼此新的身份，共同促进双边关系，维护世界秩序，推动世界经济、社会、文明的进化发展。诚如金灿荣所说的，“虽然有些美国学者认为中国最终将走向衰败，但那只是少数人。更多学者接受了中国崛起的事实，并在讨论中美共同进化（co-evolution）的方式。”② 2010年中国的国内生产总值超过日本成为世界第二大经济体，有望在2020年左右超过美国成为世界第一大经济体，无疑，中国的体系身份发生了巨大变化，美国急切地从伊拉克撤军，从阿富汗抽身，提出“重返亚太”和“再平衡”战略，佐证了美国对自身体系身份和对中国体系身份变化的高度敏感性，从而在其他外围关系调整未到位的情况下，中美相互身份关系的退化在所难免。

美国在全球有众多关系牢固盟友及安全合作伙伴，有超强军事实力和政治影响力，有强大的经济、科技、文化实力，在体制上也有自我完善和修复的强大能力，更重要的是，美国周边没有一个大国能实质性威胁到美国安全。此外，美国还有极强的人才优势，诚如美国著名战略学者约瑟夫·奈所说：“中国可以调集13亿人口中

---

① “日美焦虑中国赶超太快”，载《环球时报》，2012年11月12日，第6版。

② 黄慧敏：“奥巴马罗姆尼辩论批华，中国斥美国总统候选人言论蛊惑选民”，联合早报网，2012年10月25日，http://www.zaobao.com/zg/zg121025_001.shtml。

的人才，但美国可以调集全世界70亿人口中的人才。”①

而中国，抛开美国不说，周边有印度、日本和越南等国视中国为最大潜在威胁和战略竞争对手，中国与周边一些国家如印度、日本、越南、菲律宾、马来西亚等国有领土或领海上的纠纷，新疆和西藏的分裂主义分子经常作乱，台湾也还没有和大陆最终统一，中国国内还有大量的民生问题没有得到有效解决。美国几乎可以在中国周边任何地方、任何领域对中国发力，尤其是可以利用中国周边与中国有矛盾的国家来向中国发难，其影响和后果不可小觑。如果中国处事不当，则美国单是利用中国周边国家来制衡、围堵、压制中国，就游刃有余、轻而易举，而且在成效上会事半功倍，令中国疲于应付。

中美关系的发展取决于各自体系身份与相互身份的发展，尽管美国与中国的身份都在转变，两国关系错综复杂且互相借重，两国爆发大规模的全面对抗也难有可能，不能简单地定义中美关系是“敌”还是“友”，但中国不能不对此有所考虑和防范，主要是要认真做好以下五个方面：

第一，仍要坚持以和平发展为宗旨。坚持和平发展、公平正义、不称霸，坚持自己的发展道路，保持经济持续、稳定、健康、较快发展，不断促进自身的文化继承与创新性发展，提升政治模式运作质量和水平，持续细致改善民生，大力发展文化、教育、科技、医疗、卫生、新能源等事业，强化中国的创新能力和国际政治竞争力。

第二，要搞好与美国的关系，在某些领域可适度结盟。美国是当前国际体系中的实际领导国，具有强大的政治、经济、军事、文化、科技、制度和价值观等的硬软力量，美国的对外政策也以促进

① 陈健：“即使GDP第一，中国也不争当老大”，载《环球时报》，2011年11月15日，第14版。

霸权、维护世界稳定、推进价值观为主要指针。因此中国在做好最坏打算的同时，争取成为“朋友”的最佳选择，在某些领域可以与美国发展“真朋友”关系，如文化、教育、科技、救灾等，甚至在政治战略上和军事上也可以和美国发展更多实质性的合作关系，让美国出面在一些中国与个别国家纠纷中充当调停者甚至领导者角色。由于军事关系具有很大的象征性和实质性，因而可以进一步发展军事关系并进行某些联合军事演习，在某些地方合作共同打击恐怖主义、极端主义。

第三，要发展与周边国家关系，分而治之，化解敌意，减低冲突风险，进一步强化双边与多边合作机制，促进共同发展，同时要贯彻自己的战略意志，依据国别不同而适度与某些国家发展盟友关系。

第四，加强与欧洲及亚非拉广大国家的各种关系。与有关国家进行良性长效机制性合作探讨，进一步在 UN、IMF、WTO、SCO、APEC 和金砖五国等国际组织和机构中发挥应有作用，坚持正义，兼顾公平，量力而行。

第五，中国要把体制内民主制度贯彻好、改造好、完善好，强化文化、社会和政治等软实力建设。利用所谓的西式民主做文章、唱高调，是美国和西方国家的一个惯用的重要伎俩，但西方的所谓民主是从西方的传统、思维和体制出发的，并不具有普世性，其缺陷也相当多，这个地球本质上不存在“西方民主—东方专制”逻辑评判，因此要以其人之道还治其人之身，在借鉴西方民主优点和长处的基础上，结合实际大力发展社会主义民主政治，才能更好地站在道义上的、价值上的、秩序上的高地，也才能更好地与美国及其他国家打交道，促进中国和平顺利崛起与长远发展。

我们在辨析美国与中国是否是“朋友”还是“敌人”以及“什么样朋友”和“什么样敌人”的同时，千万不能忽视国际体系自身结构固有的逻辑约束原则，这个特定的体系结构虽然具有让实力突出且相近的国家间出现敌对的可能，也因为全球化发展与共同挑战等因素，使相互依赖成为不可忽视的体制性重要制约因素之一。中国与美国之间的相互作用，比以往任何时候都大，也比之前历史上崛起中的大国与原有霸权国的交锋要广泛、深入得多，中美相互间的意义也比以往更大，中美即便不能成为“朋友”，也不要成为“敌人”，这对中美两国意义重大，对全球和平与发展的意义也一样深远。美国哈佛大学肯尼迪学院贝尔佛科学和国际问题研究中心研究员阿里·维内指出，“矛盾的一点是，每个国家与另一个国家竞争的能力，都在一定程度上取决于对方状况的好坏……考虑到当前的趋势，中美关系最终最有可能出现的状态，既不是两败俱伤的冲突，也不是领导权从美国到中国的直接过渡，而是紧张又多变的平衡。承认中国不太可能成为美国的盟友，不应成为给中国贴上敌人标签的理由。随着中国在全球战略平衡中的重要性越来越接近美国，抛弃这一主张的愿望会越来越强烈；而强调这一点也就越来越有必要。①” 对于这一点，美国国内也还是有普遍共识的，本质上与美国谁当总统没有特定关系，诚如美国哈德逊研究所高级研究员理查德·韦茨认为的，“（美国）民主党和共和党通常都认为，美国应该在繁荣的亚洲与中国和平共处……他们通常都抵制对中国采取遏制措施，而支持自冷战后共和党与民主党政府都秉承的接触与平衡相结合的战略”。②

国际社会尤其是中国对美国重返亚太给予了高度关注，普遍认为美国“重返亚太”是针对中国的，但美国却经常强调重返亚太并

---

① ［美］阿里·维内：“中国既非盟友也非敌人（原题：中国可能不是美国的盟友，但也不是敌人）”，载《参考消息》（原载：美国《福布斯》双周刊网站 11 月 6 日文章），2012 年 11 月 8 日，第 14 版。

② ［美］理查德·韦茨：“中国是美国新总统首要挑战（原题：无论谁赢，中国都将是美国的首要问题）”，载《参考消息》（原载：美国《世界政治评论》杂志网站 11 月 6 日文章），2012 年 11 月 8 日，第 14 版。

非针对中国，而是美国全球战略的“再平衡”。美国一向视自己的霸权与威望为安全的保证，可在这种情形下，谁又知道它的防线在哪儿呢？也许都有道理，从中国的角度来看，美国重返亚太的目的无非就是以针对中国为主要目的，而且确实美国“重返亚太”主要就是因为中国的崛起给美国带来了冲击。但是从美国的角度来看，说再平衡战略并非特定针对中国也是有道理的。美国是一个全球霸权国家，需要捍卫美国的全球利益、价值观和保护美国的盟友利益，重返亚太首先就是美国的大战略，这个战略肯定包含对中国崛起的考虑。中国与美国的关系越来越趋向于一种战略竞争关系，美国重返亚太的再平衡战略，一方面出于对中国不断发展的一种应对，另一方面也是对亚太局势发展的一种应对。对美国来说，朝鲜、南海、钓鱼岛等问题都需要加强危机干预和危机管控，同时日本是经济和科技大国，如果没有美国的深入干预，日本很容易在短时间内发展起一支强大的立体化军队，不符合美国利益，也不符合亚太和全世界利益。这些都是美国重返亚太实施再平衡战略的重要原因。

美国“重返亚太”的再平衡战略并非对中国就是围堵和遏制，中国可以利用美国的这一战略，发展与美国的“朋友”关系。美国的全球霸权文化、基督教信仰、契约精神、民主价值观以及总体上还算是公平正义的警察式道义标准等国家精神，已经深深地镶嵌在美国的全球利益、全球政策与全球战略中。中国一方面可以坚持自己的价值观，争取和捍卫自己的国家利益，另一方面完全可以与美国合作，参与美国领导的一些全球行动，包括生态、气候、环境、太空等，甚至军事演习和军事行动。中美的朋友关系并不妨碍中美各自追求自己的国家利益，当然，有些国家利益是交叉的、重叠的，有些国家利益甚至是有冲突的，但在当前发展的历史大背景下，中美可以不必发展成敌对的敌手关系，如果是某种程度的对手关系也可以是一种“积极的竞争性对手”关系。进而完全可以发展成某种程度的“战略合作性朋友”关系。因为中美两国都是国际体系中特殊的重要大国，都对人类的和平、稳定与发展负有重大责任。这种责任不只是现实的，也是历史的，不只是某一方面的，而是全面的。中国和美国在历史上分别都以自己的方式对世界的发展与进步做出了重大贡献，将来也应当继续对人类的繁荣与发展、对世界的和平与进步做出特定的伟大贡献。

中国和美国是否能成为休戚相关、利益与共的朋友呢？在将来的某一段时期内，这种可能应该是可以期望的，但还不能期望中美两国永久地和平相处。对于地球上两个影响巨大的国家，对人类的和平、发展、合作以及公平、正义、人权、环境、科学进步等共同关心的领域，有着重大的共同责任。应该说，不是中国不想与美国形成一种良性的、责任型的双边互动关系，主要问题是美国的政策尚未调整到位，美国仍然在执行冷战思维政策，美国仍在建构以自己霸权和超级大国地位为核心的战略格局，这种观念阻碍了中国和美国的进一步接近。中国在改革开放后发展迅速，美国还没有来得及适应中国的新角色。当然，中国也没有表现出适当的全球领导力，也还没有承担适度的国际责任，更没有得到西方、亚太等国家在观念上的全面接受与价值观上的深度认可。中国还在发展，也还在努力，中国主观上很难成为美国那样的对世界事务有着特殊的决定性影响的国家，最好的状况是中国的全球战略与发展能适当地融入美国的全球战略，美国也不必对中国的发展与繁荣进行牵制与打压。

美国的强大与持久繁荣应该被认为是全球利益的需要，而不仅仅是美国自己的主观愿望与利益所需。在文化上，中国没有要与美国为敌的价值传统，因而在观念上，中国对美国的不放心也只是出于观念上和战术上的预防，中国是希望与美国成为朋友而不是敌人，如果美国能理解并意识到这一点，美中关系就会比较顺畅地发展。这不仅对美国和中国是有益的，对全世界的发展与繁荣也是有益的。但美国在当前明显还不能轻易地确信中国的发展与繁荣会带来正面的效果，对于中国这个国家，美国还在观察，还在适应，还在调整。

从未来一段时期来看，中国两国还有诸多摩擦和磨合，相互猜忌、相互牵制、相互防范甚至相互对峙都是有可能的，而且在某些特殊情况下还会激化矛盾，双方的“竞争合作性对手”关系将会持续很长一段时期。不过，两国很难出现大规模的对决和冲突，两国都有管控这种严重危机的愿望、机制和责任。

从更长远来看，尽管中美两国在文化、制度、理念、价值、战略等方面有诸多差异，但随着时代的发展、文明的进步、观念的调整、利益的兼容和价值的融合，中美两国将会在人类发展与全球繁荣之路上，能够发展成空间互认、利益共进、文化相融、价值同体的大国关系，同时也能够发展为相互理解、相互配合、相互欣赏、相互尊重的大国关系。

第四节　中日是友邦还是敌手？

中国和日本在地缘上属一衣带水的邻邦，两千多年来一直有比较紧密的交往与交流，而且多数时期是友好型关系。“众所周知，中国和日本在历史上颇有渊源，鉴真东渡日本，遣唐使来到中国等至今仍为人所乐道。即使在丰臣秀吉统一日本、16 世纪末两次日朝战争以及日本进入江户时代的情况下，两国也始终是友好的通商之国。”[①] 但从近代以来，中日关系变得复杂起来，日本自 1868 年明治维新走上资本主义扩张道路之后，数度入侵中国，挑起中日战争，尤其是 1894—1945 年的长达半个世纪期间，日本对中国发动多次侵略战争，给中国带来了深重灾难和难以计量的生命与财产损失。二

① 任晓、胡泳浩著：《中美日三边关系》，浙江：浙江人民出版社，2002 年版，第 57—58 页。

战后，日本在美国的战略扶植和军事保护下，在短期内再次发展成资本主义世界重要的经济、科技大国。中国在改革开放30多年之后，在2010年一跃成为仅次于美国的世界第二大经济大国，一个多世纪以来把日本首次甩在了后面。与此同时，中日之间的历史问题和领土争端问题使得两国关系呈现出微妙难解、复杂多变的不确定性局面。

中国与日本的关系定位问题。在两国建交后，经历了诸多变化，人们总是很难定性中日关系，不断有人在探索中日关系时，对两国关系冠以朋友、友邦的认识与判断，或者冠以对手、敌人、敌手甚至"恶邻"等称号。理由是中日之间不确定性因素太多，历史上的是非恩怨远没有得到彻底肃清，现实中的钓鱼岛等领土与利益纠纷又难以得到根本解决。预测未来通常是很难的，尤其是假设性议题更是不能随意进行"有罪推理"，因此在比邻而居的中日两国之间，最重要的仍然是以和为贵。

中国本着"以史为鉴、面向未来"的态度发展中日关系，也有"两国人民要世世代代友好下去"、"要永远友好下去"[①] 的长远打算和博大胸怀。然而中国很难容忍日本在原则问题上的接二连三的挑衅。针对靖国神社问题、日本教科书问题，邓小平强调："孤立起来看，问题并不大，但积累起来就代表了一种倾向，一种力量，一种破坏中日友好的力量"。[②] 因此关键是看日本在历史问题认识、两国领土争端和现实利益纠纷等问题上怎么走、走多远。按照历史的经验性认识，我们可以不相信中美会轻易爆发战争，但却要为中日间可能的冲突做好准备。日本利用美国在亚太的战略利益，在历史、领土、利益以及为配合美国战略对中国牵制等问题上小动作频频，

---

① 《邓小平外交思想学习纲要》编写组：《邓小平外交思想学习纲要》，北京：世界知识出版社，2000年版，第141页。

② 《邓小平外交思想学习纲要》编写组：《邓小平外交思想学习纲要》，北京：世界知识出版社，2000年版，第143页。

尤其在钓鱼岛问题上，日本自2012年9月对钓鱼岛实行所谓的“国有化”以来，中国各方对此反应激烈，两国关系迅速跌入谷底。

对于中国来说，日本既是大国，又是邻国，现实中两国经济、文化等方面联系也很紧密，因此如果按照中国外交战略中“周边是首要，大国是关键”政策，中国对中日关系是相当重视的，不会轻言战事，更不会轻启战端。下面我们从地理、历史、政治、军事、经济、文化等六个方面来分析日本的有关情况：

地理上，日本是个岛国，位于亚洲大陆东部，国土由四大岛（本州岛、北海道、九州岛、四国）与一系列小岛组成，四面是海，隔海相邻的是中国、俄罗斯、韩国、朝鲜。

历史上，日本多次侵略过中国、朝鲜半岛，也与俄罗斯多次开战，并一度把朝鲜（韩国）半岛变成了殖民地，尽管中、俄曾经在很大程度上对日本多次施以重大军事打击，但日本至今认为只有美国才真正打败过日本，因此在骨子里也只愿意臣服于美国。

政治上，日本是西方体制，价值观上也承袭了西方的民主价值观，政治上重要的支柱是与美国结盟成为美国的“跟班”角色，是美国亚太战略的支柱。

军事上，日本仰仗美国的保护，但同时日本自身的常规军力不容小觑，军事科技发达、潜力大。

经济上，二战后在美国的扶持下，日本迅速发展成为资本主义世界仅次于美国的经济大国，苏联解体后成为全球第二经济大国，直到2010年被中国所超越而降为第三。

文化上，日本在历史上长期受中国传统儒家文化影响，明治维新后日本引入西方文明，加上日本本土长期形成的以武士道精神为核心的日本文明，三种因素都在日本起着重要作用和影响，形成了日本特殊的文化认知与文明氛围。

总之，日本独特的地理和文化等因素造就了日本特殊的岛国心态。

冷战后美国成为唯一超级大国，日本国内对于是否继续追随美国达成了广泛共识。“很多日本人从‘胜者为王’的传统观念出发，在外交政策上提出无原则地追随美国，认为只有这样日本才有出路。”[①] 冷战后，美国很快认识到“历史并没有终结”，认识到中国成为最大的社会主义国家，而且发展速度很快，似乎也是唯一有潜力成为美国对手的国家，渐渐把中国当成“战略竞争对手”，在多管道、多层面上对中国加以牵制。日本的战略是跟随美国。“在1996年4月17日，也就是克林顿总统和桥本龙太郎首相对美日安保条约作重新定义之后，实际上日本和美国早已经把中国视为一个共同的潜在对手。因此，不管中国的主观愿望如何，日本跟着美国走，对中国采取敌对的态度。”[②] 日本理解到美国对华战略是在美国利益上来定性的，美国虽然与中国并无直接的核心利益争端，但是怕中国发展起来后会威胁到美国霸权地位和西方价值观，而日本追随美国战略有自己的考量。日本当然也看到中国在日益强大起来，日本自身与中国存在钓鱼岛争端、东海划界等问题，如果没有美国在背后撑腰支持，日本几乎无法独自应对。日本无疑感受到某种压力，在对待中国的问题上，日本“不考虑这个国家采取的是什么政策，是一个什么样的国家”,[③] 继续坚持追随美国成为日本最好的现实选择。在核心利益上，中国不会让步，中国始终理性看待自己作为大国的权利、义务和责任。

日本自身不对侵略中国等亚洲邻国深刻反省和道歉，反倒要求中国等被侵略国忘记历史，而日本自己则设立靖国神社并供奉二战

① 蒋立峰主编：《21世纪中日关系发展构想》，北京：世界知识出版社，2004年版，第98页。

② 吴学文、卓南生著：《中美关系出了什么问题》，北京：北京大学出版社，2005年版，第159页。

③ 吴学文、卓南生著：《中美关系出了什么问题》，北京：北京大学出版社，2005年版，第118页。

时侵略过中国等国的甲级战犯灵位。这样的历史观与思维逻辑过于荒唐，无法让中国等国家理解并接受，日本若不深刻、彻底反省历史，中日之间难以保持正常的信任。

中国一向谨守“以和为贵”的理念，经常在各种场合强调“以长远角度和战略高度”来看待中日两国关系大局，真正的长远角度和战略高度是以长远的整体国家利益为根本指针的，或战或和本质上都是大局的一部分，这是一种站得更高、看得更远的真正体现。

近代之前的近两千年，中日关系始终是“强弱”关系，近代以来，中日关系是一种“弱强”关系。2010 年以后，中国经济超过日本，从而出现了“强强”关系。① 中国在经济上不仅超越了日本，而且两国经济依存度也发生了逆转。到 2010 年，日本对中国的经济依存度已经明显高于中国对日本的经济依存度。②

中国在经济上的持续增长和优异表现，也促使中国增加了政治自信。冷战后苏联解体，“日美中保持关系稳定的最大理由”③ 趋于

---

① 中国改革开放前一年的 1978 年，中国以美元计算的 GDP 仅相当于日本的六分之一，其后中国经济迅速增长，2005 年中国的 GDP 达到日本的 50%，2006 年中国经济总量升至世界第四位，2007 年中国超过德国成为世界第三经济大国，2010 年又超过日本成为世界第二经济大国，但当年中国的人均 GDP 仍然只有日本的十分之一，日本经济虽然在整体上被中国赶超，但其经济质量仍然很强。参见：冯昭奎：《中日关系：历史的回顾与展望》，载《外交评论》，2012 年第 5 期，第 4 页。

② 据统计，1972 年至 1991 年，日本的对华贸易依存度（对华进出口贸易额/进出口总额）始终低于 5%，而中国的对日贸易依存度始终高于 16%，这表明邦交恢复后的前 20 年，两国经济的相互依赖是一种非对称关系，即日方居于主动地位而中方受益度更高。但是 2002 年中日贸易的相互依赖度首次持平为 15. 5%，此后一路逆转，2010 年已变成日本对华贸易依存度为 20%，中国对日贸易依存度为 11%。这意味着中国在中日经贸关系中长期被动的地位已经改观，日本对中国市场的依赖已经很深。参见：杨栋梁：“中日关系的结构性变化与对策”，载《东北亚学刊》，2012 年 9 月第 4 期，第 4 页。

③ ［日］国分良成：“‘1972 年’体制的变化与发展协调关系之路”，载《日本学刊》，1997 年第 5 期。转引自：杨栋梁：“中日关系的结构性变化与对策”，载《东北亚学刊》，2012 年 9 月第 4 期，第 4 页。

瓦解，中国成为美日共同防范与牵制的竞争与合作对手。但日本对中国的复兴仍然缺乏适应感，“日本的对华心态正处于复杂而扭曲的状况”①。

历史上，日本似乎一直没能找准自己的国家定位和发展方向。日本通常都是游走于“独孤求败”的岛国理念边沿，对内既固守本土、忠上霸下，对外又欺弱扰强，蚕食他国疆域。“菊”与“刀”是日本文化的两面，比较深刻地诠释了日本的这种两面性。

20世纪30年代中期，中国曾认识到，“中日两国在历史上、地理上、民族的关系上，无论那一方面说起来，其关系应在唇齿辅车以上，实在是生则俱生、死则同死，共存共亡。”② 历史教训不应忘记，历史是未来之基，要从历史教训中审视错误，殷鉴未来发展。然而，“对日本而言，历史问题正在渐渐远去，日本的道德负罪感从来就不强，现在更是飘渺到了若有若无之间，反倒是中国是否会‘侵略’日本，变为许多日本人成天唠叨和党争时互相攻讦的话题”。③ 对中国来说，“即便不再视日本为寇仇，是否日本就会成为中国的朋友或者合作伙伴”，④ 这显然是一个一时难以确定的复杂问题。

自他对于他者，尤其是对相互缺乏信任感的他者，不可避免地会怀着一种审视和戒备的眼光来看待对方，如果他者的经济、军事

---

① 朱建荣：《丰田在中国的求索——奥田硕与朱建荣对话录》，上海：上海人民出版社，2012年版，第158页。

② 《敌乎？友乎?》，秦孝仪主编：《总统蒋公思想言论总集》（卷四），第165页。转引自：刘维开：《敌乎？友乎？——中日关系的检讨新探》，1934年版，载《抗日战争研究》，2012年第1期，第143页。据考证，《敌乎？友乎？——中日关系的检讨》一文，由蒋介石口述、陈布雷录记、徐道邻署名，登载于1934年12月20日出版的《外交评论》第3卷第11、12期合刊。当时的《外交评论》创刊于1932年6月，为国民政府外交部主办之刊物，每月发行一期。

③ 同上。

④ 叶海林：“日本：仇人？友人？敌人?”，载《同舟共济》，2012年第10期，第14页。

实力发展提高了，自我就会感觉到威胁，也采取措施发展经济和军事，这样他者也会感觉到威胁，如此恶性循环，就是国际政治理论上典型的“安全困境”。我们可以发现，真正重要的不是军事实力，也不是经济力量或综合国力。这些实际上都是属于技术性因素，真正重要的是观念，观念让自我或他者“善”，观念也让自我或他者“恶”。所以，中日关系唯一要做的是不断通过增信释疑的善意言行，去相互建构和赢得信任和好感，培育两国良好关系的基因，妥善解决两国分歧和争端。只有这样，中日关系才能慢慢平和起来，才能逐步走向和平、稳定、合作、互惠的关系。这是一个方向，也是一个目标，但这将需要长久的建构与发展。

经过两次世界大战的洗礼，时代发展进步了，国际体系有了质的变化，国际观念也在不断进化中，当前中日关系良性发展的问题不在中国而在日本。为敌为友，日本该认真审视、认真掂量、认真对待。

本章小结

本章较为详细地分析了群体间“我们”和“他们”的身份定位和利益定位，“朋友”和“敌人”关系，探讨了谁是“朋友”，谁是“敌人”，也对中美之间的“敌”、“友”关系进行了分析，最后就中国崛起的外交战略进行了五个方面的探讨。通过分析，可以得出国家要在国际社会的群体主义政治立于不败之地的三个结论。第一结论是，要始终坚持发展自己、壮大自己、繁荣自己，有自己发展特色也要有共同价值之精神；第二个结论是，要在不同的群体层次中有一些“好朋友”、“真朋友”、“铁朋友”，军事力量、集体安全、与最强者为友及共同和平发展仍具有重要意义；第三个结论是，不要无谓地去挑战甚至推翻现有整体结构和秩序，最好是选择先融入后逐步谋求改变现有秩序的策略，但国家主权和领土利益要不惜以非和平方式来坚决维护。

中美关系在未来一段较长时期，可以谨慎乐观地认为，两国之间难以出现全面对决的情况，因为两国都是负有重要责任的全球性大国，对世界的和平、发展、合作具有特殊的重大作用。中国和日本在历史上的大多数时期都是关系不错的“朋友”，当前即使在历史问题和领土问题上有纠纷，也不应该互视为必须最优先防范的“敌人”，可以乐观地认为，两国的理性将在两国关系的发展中产生决定性的重要作用。

第五章

国际关系变化的基本变量及关系式

第一节　国际关系变化的基本变量

国际关系总是在不断变化之中，尽管变化中的时间、空间与事件本身都没有重复之处，但我们依然能看出多数国际政治事件中有很多逻辑上的相似之处，以致有人认为，国际关系是历史的简单重复，即国际关系的“逻辑”或“规律”，其背后有一些固定的因素在支撑着这些逻辑或规律的变化。这些固定因素，就是变量。

关于国际关系中的变量，有很多不同的分法，按照国际关系演变历史的一般逻辑与规律，可简单分为三组，即宏观变量与微观变量（大变量与小变量）、根本变量与一般变量、外生变量与内生变量。但在实际国际政治中，任何一个变量，依据其发展，可能同时具有多重变量的身份。此外，任何时期的国际关系，都同时存在随即变量，随即变量可能是可控的，也可能演变为不可控变量。当然，随即变量的可控性，既在于主观视野范围的大小，也在于干预变量本身的性质。

如果从广义的角度来说，国际关系的变量有领土、领海、领空、政权、领袖、军队、资源、自然人、法人、历史、文化、制度、意识形态、宗教、民族、集团利益、知识产权、和平、竞争、合作、发展、名誉或面子等，[1] 任何可能产生国际纠纷或者已经产生的国际纠纷，都可以是国际关系的变量。有些变量是有争议的，不可避免会成为变量，有些变量毫无争议，也可以视为国际关系变量。纠纷属于何种变量引起的这个问题，并不复杂，在分析中可以利用还原主义来加以辨析。如果从狭义方面来说，最终，只有领土领海等国家完整与存在发展的绝对主权性变量才能称得上是根本变量。因为，从长远角度来看，权力和利益都具有较大的相对性与不确定性，而制度、道德与文化在关键的安全、存在、主权与威胁时，往往只具有参考价值。

对于国际关系中的变量，实际上与国家利益紧密相关。一个变量是国家存在与被认可、自我意识、战略利益的参与度来界定的。由于变量与利益直接关联，因此，在讨论变量的时候，自然不可避免要讨论利益的构成与分配。变量是物质性的。但相比之下，与利益的“弱物质性”不同的是，变量完全是“强物质性”的。观念在建构利益方面，具有重要意义，也具有极大研究价值，但观念在建构变量方面，几乎没有多少价值，只有在某一历史阶段，当利益与变量基本对等的时候，才具有现实意义。

我们知道，国家的存亡与延续对于一个国家来说，绝对属于最根本利益。从此意义上来说，国家存亡作为一个变量，无论在何时、何种情况下，当事国都会倾全国之力来拱卫，没有任何妥协、回旋的余地。[2] 对于政权、领土、领海、边界这类本身没有多少弹性的国家利益，则是一个根本的、标志性的刚性变量，任何国家的政权都会尽最大努力来维护。但这其中，政权与其他变量有所区别，政权

---

① 人性应该是特殊的变量，但由于人性的善恶是无法验证的，我们只有假定人性是理性的，即认识与关注其他变量的理性的认识与关注。

② 国家的存在作为一个变量，上面提到的只是一个针对当事国来说的，对国际体系中的其他国家，别国存亡的意义具有两面性，在不同历史时期，会建构出不同的利益，因而作为变量是具有两面性的。

属于内生变量，其他的则属于根本变量。在经济、文化、宗教、人权、意识形态、价值观、制度、资源甚至某些主权因素等方面，属于弹性国家利益，国家会全力巩固、维护、争取、扩大，但为了合作的考虑或屈于有效压力之下的情况，可能会在不同时期有所变化，因此属于弹性变量。一般情况下的有可能引发国际关系层面摩擦的变量，则属于一般变量或微观变量，这些变量可能是内生的，也可能是外生的，可能不了了之，也可能演变为大变量或刚性变量的分量。

作为能引发国际关系变化的变量，各种各样，无穷无尽，每一个小小的因素都有可能对国际关系产生影响，而且每一个在一定环节中的小变量都可能演变为国际关系变化中的关键性变量。就像西方流传的一首民谣描述的那样，马蹄上一个小小的铁钉能决定一个帝国的存亡。

西方流传的一首民谣：

丢了一个钉子，坏了一只蹄铁；

坏了一只蹄铁，折了一匹战马；

折了一匹战马，伤了一位骑士；

伤了一位骑士，输了一场战斗；

输了一场战斗，亡了一个帝国。

马蹄铁上的一个钉子的丢失，是否真的与一个帝国的存亡有关呢？我们姑且不论这其中的偶然性或者必然性，然而，毫无疑问，按照一般常识，马蹄铁上的一个钉子是一个“小变量”，并不会在最后演变成能使一个帝国存亡的关键“大变量”。但从客观上来说，确实存在这样的逻辑。问题不在于一个钉子还是一匹马是什么特性的变量，或者甚至是否是变量，而在于变量的利益性程度，即涉及到国家核心利益的变量，例如边界领土问题，往往从一开始就具有大变量的所有条件；有些变量，例如一颗子弹，本身不是变量，并不具有变量的价值，只有在战场上，击中一个士兵还是一个统帅所引发的后果，就可能具有某种区别性变量的特性了。

在变量的类型中，有两个值得注意和引人深思的问题，一个是根本变量的问题，另一个是军事变量的问题。在第一个问题中，根本变量（领土与政权）都是国家极力要把握的内容，但是，实际上，政权可以经常改变，甚至被人为强行变更，但是这与国家死亡率的高低通常无关。在现代国际中，正常的规则是自己生存也让他者生存，国际体系的无政府状态结构制约了国家的死亡率，与国家政权的变更没有必然联系，也就是说国家的根本利益通常不会受到威胁或改变，根本变量依然在国际关系中发挥着绝对性作用。

第二个问题是，尽管军事力量在国际关系中占有重要地位，但军事力量本身并不是变量，而是变量中的一个辅助性因素，只是在变量决定局势的时候，才成为一个支配局势变化的重要因素，因而属于变量中的变量。而且，如下节要分析到的，军队还是一个具有两面性的变量。例如，在法国大革命时期，军队的性质一再改变，先是革命性的变量，然后是正义性的变量，拿破仑称帝后，又可以说是侵略性变量。在国际政治中，国家首先要维护的是利益而非关系，要抗衡的是威胁而非权力。军事力量通常与威胁有关，军事力量的使用也通常只与利益有关，也就是说当国家之间的变量发生纠纷或矛盾时，军事力量才以临时变量的身份对国际关系产生支配性作用。

现实主义者和自由主义者喜欢把国家利益的根源追溯到人性上来，并以此作为最终解释。修昔底德、马基雅维利、格劳秀斯、霍布斯、洛克、康德、黑格尔、韦伯、威尔逊、卡尔、摩根索、凯南、华尔兹、怀特、曼宁、吉尔平、基欧汉、布尔和布赞等人在不同程度上，都有如此倾向。建构主义在某种程度上也体现了这一取向，温特、江忆恩、费丽莫、鲁杰、卡赞斯坦等，尽管在建构主义的研究领域、研究方法和实证研究上有较大分歧，但都也实际上无一例外地把人性作为利益（变量）的根源。温特认为，“建构利益的物质力量就是人的本性。其余的建构利益的因素是观念因素：因为计划和设想是由共有观念和文化建构的。"[①] 可以看出，如果把观念因素归之于人的本性中的社会性因素，则建构主义也完全把利益根植于人性之上的。然而，把变量的源头追溯到利益，把利益的源头追溯到人性，即把人性作为国际关系的终极解释，仍然是有问题的，具有很大局限性。尽管把变量与人性对应起来，可以说既是一种分析模式，同时也是一种客观逻辑，但我们应注意到，一般所见的经验是，理性通常战胜感性，但人性的社会性太强，在人性面前，只有在特殊情况下，人性才能战胜理性。[②] 但人性与理性有时难以区分，人性战胜理性的时候，究竟是人性的作用还是理性的作用，很难说得清楚，也无法衡量具体的行为是正义的还是非正义的。无限定条件来讨论人性，是一个没完没了的问题，实际上也是一个无法验证的问题，然而另一个确定的问题是，人性不是独立存在的，因而只有在社居群体中的人性才具有可讨论的价值与意义。

另外一个需探讨的问题是，在国际关系中，无论是双边还是多边之间，对于摩擦冲突还是和平稳定的预期，涉及的变量越少，国际关系并非越精确。也就是说，争执的问题越少、越集中，就越清楚地预测国际关系的发展吗？在多数情况下，确实具有这样的可能性，尤其是涉及的根本变量越少甚至不存在根本变量的情况下，双边或多边的关系是可以乐观地预期的，但有时并不是这样的。在北美洲，美国与加拿大都是大国，在亚洲，中国与日本也是大国，但美加之间的关系预期要比中日之间的关系预期容易得多。例如，同样是所谓的越界捕鱼问题，美加之间和平解决的预期性很大，但在中日之间却可能会引发两国间的严重对峙。所以，分析国际关系是否精确，不在于变量的多少，而在于变量的性质，即涉及的变量是

---

① ［美］亚历山大·温特著，秦亚青译：《国际政治的社会理论》，上海：上海人民出版社，2000 年 12 月版，译者前言，第 145 页。

② 现实中，有时候人性与感性很难区分，即使是人性与理性，也不容易区分。

否直接牵涉到国家间的根本利益或核心利益。

第二节　变量的两面性与双重性

变量的性质具有极大的社会性和观念性，正因为有了观念性认识，所以，同一历史事件能被赋予不同解读。同样，同一变量也会被赋予不同角色与意义。罗伯特·考克斯认为，“观念结构有两个面向（dimensions）：共时性和历时性。共时性如同一幅全景式的画面，能够同时看到不同权力实体（国家或帝国）的相对地位。……历时性关注的是世界权力性质的结构性变化（包括内部和外部两个方面）。”①

在国家对外政策与对外行动中，往往很容易忽视一个重要问题，即很少考虑变量的两面性。在分析变量的两面性前，我们有必要对变量的概念本身做出延伸性解释。影响国际关系的变量，远远不只是领土、边界、政权、战争，宽泛地说，影响国际关系变化的任何人、事物、事件等都可能是国际关系的变量，国家在置身于国际体系之中时，本身也可以是国际关系变化的一个变量。国家在追求权力、利益、安全、和平、发展、价值的过程中，既有变量或临时变量在国家对外关系中，并不总是有利性变量。

变量有两面性，一般不会在同一历史时期或同一历史条件下清晰地表露出来，而是随着国际局势的发展，利益的构成有了显著变化之后，变量也随即有了新的意义。例如领土、领海、政权、领袖、军队、军事行动、外交政策，乃至国家存亡等，都可能在不同历史时期具有成为两面性变量的潜质。这种“此一时彼一时”的利益变

---

① ［加］罗伯特·W·考克斯：“思考世界秩序的不同方式”，载《世界经济与政治》[J]，2012 年第 3 期，第 111 页。

量，着重分析的是在不同历史时期（可能在同一周期内，也可能在不同周期内），同一客观存在事实在不同时期的不同意义，从而成为不同利益的变量。

变量的两面性在几乎所有的国际关系理论或范式中，都获得了不同程度的肯定。马克思的历史唯物主义和辩证唯物主义属于超越国际关系理论范式的研究。“历史的具体的生产方式以及由此产生的社会生产关系是马克思主义者分析国际关系的基本出发点，而西方主流国际关系理论的基本出发点都不是生产关系，而是以一种先验的工具理性来探讨给定的国际体系的无政府状态特性。”① 以非先验的工具理论来探讨给定的国际体系是必要的，这给我们探讨国际关系变量的两面性提供了新思路。实际上，变量本身就是一个“一体两面”的东西，就像一个硬币的两面，在一个历史时期，呈现的是事件特性的一面，而在另一个历史时期，呈现的是事件特性的另一面。

历史上，变量的两面性事例数不胜数。美国在二战时对日本宣战，直接起因是为了报复日本偷袭珍珠港，然后才是全球性反法西斯的考虑。起初，美国在对日作战时并没有预见日后冷战及冷战后会与日本结盟，把日本变成美国全球霸权战略上的一个棋子。美国从对日作战到与日结盟，从一个方面到另一个方面，在某种意义上，日本实际上成了美国与苏联、中国等大国之间国际关系变化的一个变量，并且这个变量一直具有两面性。美国现在不可能预见与日结盟是否有利于将来国际局势变更后的战略利益，至少，目前是符合的。

再来看看另一个更显然的变量两面性例子。在整个冷战时期及与中苏关系恶化时期，对苏联来说，发挥了重要“战略作用”。但在

① 白云真、李开盛著：《国际关系理论流派概论》，浙江：浙江人民出版社，2009 年 5 月版，第 168 页。

冷战后，蒙古国越来越倾向于多面外交，在美国和北约对俄罗斯步步紧逼挤压的情况下，蒙古没有像苏联时期那样完全倒向苏联，而是逐步与美国及北约靠近，甚至在2012年3月，蒙古与北约正式签署了合作伙伴协议，派高级代表团首次以北约“全球伙伴关系”框架内的“和平伙伴关系国地位”参加5月在美国芝加哥召开的北约峰会。这种国家在不同时期的不同外交倾向与行动，影响其他国家的国家利益及国际关系，正是国际关系变量两面性的生动实例。

理论中，在国力允许的情况下，国家根本不会考虑领土的分割，也很难在边界纠纷中无偿让步；在国力不济的情况下，国家可能被迫在特定时候放弃部分领土以求存在。在当代国际体系中，国际关系民主化有了一定进化，非地缘性国家之间很难因为领土问题发生战争，但相邻国家却仍然因为领土、领海与边界纠纷发生冲突和战争。即使在“人权高于主权”的口号下，也不是以领土为目标的行动，而是以自由、人权、制度和价值观为幌子，故意去变更自己国家或别国领土构成不再是国家对外行动的重要目标。

对于领土问题造成的国际关系变量，有一个重要原则：能争必争。如果顾及和平与安稳，放弃正当的领土主权，则可能永远失去领土，而国际关系本质上只是关系而已，一时成仇，不代表永不结好。

变量既可以是动态的，也可以是静态的，具有双重特点。变量的动态性或者静态性，不是来自变量本身，而是来自变量在具体环境中的身份，因而变量在一定程度上可以说是观念建构的。“由于现实主义者已经宣布权力和利益是‘他们’专有的变量，这样一来，就先验性地把观念的作用（以及非现实主义理论）限制在上层建筑领域之内，而使现实主义理论在研究基础的领域占据了主导地位。”①

① ［美］亚历山大·温特著，秦亚青译：《国际政治的社会理论》，上海：上海人民出版社，2000年12月版，译者前言，第145页。

所以，尽管理性主义具有很强的个人主义色彩，而且也一般不考虑利益是怎样产生的问题，但理性主义所具有的宏观和微观两个层面的分析眼光，却可以借助来分析变量为何具有上节所说的两面性和双重性。

第三节　变量的制衡

讨论变量的两面性与双重性，重点在于如何认识变量的两面性与双重性，充分利用，即如何利用变量制衡来实现国家利益短期与长期内的最大化与充分化。制衡本身是一种国家利益体现，但与普通的国家利益并不等同，制衡的需要来自现实的威胁，而非直接的权力或利益。变量的两面性，决定了变量具有双重性的特征，也决定了变量制衡也具有两种方式，动态制衡与静态制衡。[①] 动态制衡即“以动制动”或“以动制静”，静态制衡即“以静制静”或“以静制动”。

全球化的发展、信息化的普及与国家间相互依赖程度的加深，并不会防止或者消除制衡的发生。只要国家存在，不论国际体系是否是一种无政府状态，变量就永远不会成为制衡的目的，而总是会成为制衡的手段。“国家间的互动既是一个理性的战略选择的过程，也是一个不断受到各种社会性因素所塑造的过程。”[②] 国家间这种反复制衡与被制衡过程，就是相互博弈的过程，在这个不断延续和扩展的过程中，变量的本性与特性才能得以全部显现出来。

大国具有变量制衡最充足、最有效的手段，甚至也具有最充足

① 有学者也把动态制衡与静态制衡称为硬制衡与软制衡。

② 王学玉：“地区与国际关系研究”，载《世界经济与政治》，2010 年第 4 期，第 41 页。

的理由，但大国本身也可能成为变量制衡的受害者，尤其是大国受限于根本变量的掣肘时更是如此。在变量制衡中，域外大国的深度介入，外生变量与随即变量的非可控性，会严重制衡域内大国的行动自由与利益预期。霸权国对于世界事务的支配与干涉，在客观上对其他国家形成了制衡，即使有些国家选择了观望、躲避、推诿、搭便车、结盟和追随等行为，也是一种威胁制衡、权力制衡或利益制衡之下的被动选择。在现实政治中，国家往往不得不为了眼前国家利益制定政策，融入到国际体系和国际规范中。但也有例外，理想主义给予最强大的霸权国及其盟国一定程度的行动自由。

政权的更迭、领导人的变更和外交政策的改变，本身是变量，但对于国家根本利益及核心利益，极少产生辐射性影响，相反，有可能在时机成熟时，对国家根本利益与核心利益赋予新的观念、新的追求和新的行动，从而成为国际政治中的新生变量。

变量制衡与体系均势有着天然的关联，制衡和均势都谋取利益，也谋求优势，均势主要关注的是实力和状态，制衡主要关注的是政策和行为。制衡包含均势，均势之后是优势或者劣势，均势政策随之变化，制衡不只是一个单元层次上的概念，还是一个长远政策的出发点。制衡在任何时期都是可以采取的政策，尽管这种政策有显性与隐形之分，但制衡本身并不是目的，而是一种普遍应用的手段。均势则既是目标，也是手段，同时也可以是一种外交政策。均势和制衡不能防止霸权的产生，但可以分解霸权的权力、利益与威胁。均势可以预测，也可以预期，而制衡则不需要预期，也不需要预测，任何时候都是存在的，只是制衡的程度与幕后交易难以一时明了。肯尼斯·华尔兹指出，“均势理论引起了许多关于行为和结果的预测。根据这一理论，我们预测国家会采取制衡行为，无论平衡的权力是不是它们行动的目标”。[①] 进攻性现实主义代表者米尔斯海默也认为，尽管在很多情况下，出于自保和获取权力，国家有推卸责任的强烈倾向，但是在两极体系和多极体系下，如果存在着潜在霸主，制衡是一种更为普遍的行为倾向。[②]

制衡产生的条件是什么？制衡行为的缺位又是什么？这就需要分析制衡的现实需要是什么，障碍又是什么。现实主义大师汉斯·摩根索列举了达到均势的具体外交手段，包括分而治之、领土补偿、加强军备、联盟以及平衡手的存在等，这些都是制衡的具体表现形式。[③] 可以看出，现实主义者都把制衡视为均势手段和方式，而实际上，变量制衡的条件远不止普通制衡所要求的条件，也远远超越了权力制衡、利益制衡和威胁制衡的范畴。制衡的缺位并不对均势理论构成多么严重的挑战，我的理解是，制衡不需要条件，对于国际体系存在的状态，不管是单极、两极还是多极体系，稳定的状态都可以归结为均势的范畴，不局限于各大国在实力的大体平衡下才称为均势。所以，无论是所谓的均势还是非均势，制衡的动机、意愿以及在行动上总是存在着。制衡的缺位主要是在于对反制衡的畏惧、权力差距、集体行为的困境、国内政治的约束以及规范、认同与价值观的作用等。

制衡的时机尽管难以确定，但制衡的成本与被反制衡的惩罚是相对应的，可能因此导致自己外交与利益的失衡。历史上，美国和英国等强国给世界上许多国家留下了日后成为变量制衡的引子，是比较典型的变量制衡的操纵手，但也因此给世界埋下了诸多冲突和变量制衡的祸根。但美国和英国都无法预测现在的变量制衡

---

① Kenneth N. Waltz, *Theory of International Politics*, p. 126.

② ［美］约翰·米尔斯海默著，王义桅、唐小松译：《大国政治的悲剧》，上海：上海人民出版社，2003 年版，第 392 页。

③ ［美］汉斯·摩根索著，徐昕等译：《国家间政治——寻求权力与和平的斗争》，北京：中国人民公安大学出版社，1990 年版，第 232—244 页。

因素在将来会给自己带来什么不利之处。目前，已经显示出了一些反例。就美国来说，2001 年发生的“9·11”事件，是美国出手制衡中东和伊斯兰世界的强烈反弹，目前尚不知日后还会继续给美国带来什么样的影响。尽管难以对美国形成根本变量性的制衡，但美国不得不耗费巨大的人力、物力、财力和精力来防备。就英国来说，与阿根廷的马岛争端，也是一个来自世界范围内受制衡的不利变量因素。

经济的发展、信息的流通、科技的进步、全球化的扩展、相互依赖的加深以及需要共同面对系列挑战的合作，并不能有效减少制衡他者的意图、动机与行动。即使在一体化与价值观相近的国家之间，亦有变量存在，即便不是根本变量、权力变量与威胁变量，利益变量总是或多或少地在不同领域存在，甚至有时激化成威胁性变量。同时，国内因素的掣肘，也可能促使国家在某类事件中针对特定他国产生制衡的行动。

变量制衡是一种普遍现象，通常不会造成与他国关系全面决裂导致两国大打出手，即使是根本变量制衡，也不会轻易导致两国兵戎相见。但两国在变量制衡过程中所运用的手段与方式，会加深域内国家尤其是直接利益相关国家的安全感，造成难解心结的安全困境。

冷战后，美国一超独霸，成为真正有能力支配世界事务的霸权国。在这种单极体系下，国际政治也呈现出五个明显特征：以美国为首的西方阵营和实力得到进一步加强；世界各国特别是大国基本都没有持久性意愿来与美国长期公开作对；绝大多数中小国家普遍奉行挂靠美国等西方国家的对外政策；新兴大国发展很快，整体地位上升，但个体利益诉求更加复杂多元；西方国家对推广自由、民主、政制、体制和价值观等仍然不遗余力。

在这种体系状况下，制衡也呈现出三种显著状态：其一，美国为首的西方国家整体上对其他国家的单向制衡；其二，一些有利益纠结关系大国间的相互制衡；其三，一些中小国家借手大国对其他利益相关国家的反向制衡。

单向制衡具有明显的失衡性，被制衡国除了接受制衡者的要求与安排外，别无良策，缺乏还击手段，没有多少反击之力。相互制衡因特定的国际体系结构、地缘政治、利益差异、国际规范、文化价值、意识形态、主流观念和政策制度等，制衡国之间存在各种复杂的制衡结构，制衡与反制衡反复拉锯，相互较劲，但一般也会受到国内外各类因素制约，在程度上一般也不至于突然失控。反向制衡通常要三大条件：一是反向制衡有特殊原因，二是反向制衡国的意志程度较强，三是域外大国的介入力度较大。其中，根本变量引发的制衡，最难调和，也最容易激化国家矛盾，又很难有效切实解决。而仅仅是利益变量或者观念意识上引发的制衡，往往只是停留在积极防备与安全困境的范畴。单向制衡和反向制衡虽不是国际政治的常态，也很难左右国际关系大局，但却经常构成了国际政治的最前沿热点。相互制衡是国际政治的常态，着眼于谋求利益、权力和优势，具有持续性和难以调和性，但相互制衡不代表没有和平，更不代表没有合作。

表 5—1　变量制衡情况下的三种双边制衡行为分析

	行为体	状态	生成主因	程度	目标	国际关系
单向制衡	大国 vs 小国	非常态	权力	即时性	人权	恶化、退化
反向制衡	小国 vs 大国	常态	威胁	持续性	主权	退化、僵持
相互制衡	大国 vs 大国	常态	利益	持续性	均势	竞争、退化

由上表可知：这三种制衡行为，只是反映了最为普遍的双边制衡中的情况，并且没有分析双边制衡中大量的妥协、合作、博弈及关系进化的行为。制衡行为中，核心变量引发的制衡，最容易也最能迅速地害及双边关系，而且没有多少实质的妥协及解决办法。

一个有趣的现象是，尽管变量制衡及变量制衡反应具有绝对性，但也有相对性的方面，尤其是在具体的制衡与反应过程中，文化和历史传统的因素扮演了重要角色。大体上，变量制衡行动与变量制衡反应行动有三种方式，分别是欧美的 AB 式、中国的太极式和日本的大和式。这三种行为模式，不只出现在日常的思维与行动方式上，也出现在公司与单位的管理模式与运行方式上，还出现在国家的外交与军事行动上。

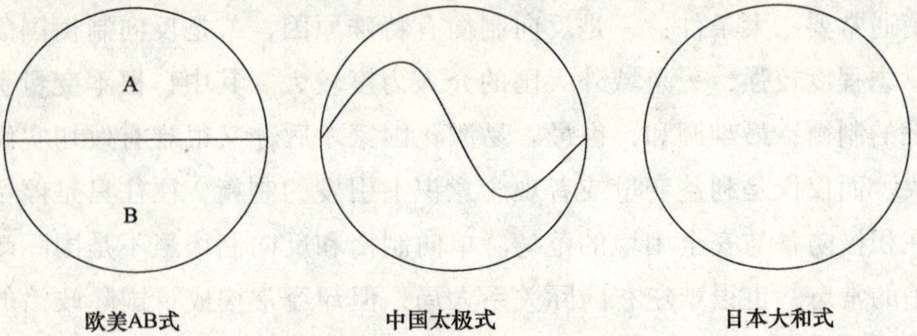

图 5—1　变量制衡行动与反应的三种基本模式

由上图可知：这三种基本模式，大体反映了国际政治中变量制衡行动与反应的主要行为方式，不代表所有的国际变量制衡行为方式及具体反应行动一定属于某一模式，只是在研究国际关系与国际政治时，便于分析的需要而已。欧美 AB 式、中国太极式和日本大和式这三种模式，形式上各有明显特点，内容与操作上也各有优劣。欧美 AB 式：讲究的是二分法，侧重的是——非此即彼、非白即黑、非强即弱、非敌即友、非胜即败；中国太极式：讲究的是阴阳法，侧重的是——有此有彼、有白有黑、有强有弱、有敌有友、有胜有败；日本大和式：讲究的是整体法，侧重的是——或此或彼、或白或黑、或敌或友、或强或弱、或胜或败。

第四节　变量制衡反应的基本关系式 Y = F（X）

变量可以分为自变量（independent variable-IV）[①]、因变量（dependent variable-DV）、他变量（others variable-OV）和随机干预变量（random intervene variable-RV）。自变量是指己方国家根据自己的身份和为己方利益而采取的理性政策和行动的总和，因变量是指己方国家根据他变量的政策与行动采取符合己方身份和全部国家利益的理性政策和行动的总和，他变量是指他者国家在国际关系中以自己国家利益为核心的符合身份的理性政策和行动的总和，有效支持度或有效压力是指国家在国际体系中采取符合身份的理性对外政策和行动时所得到的有效支持度或来自国际体系的有效压力。

变量制衡反应的基本关系式是 Y = F（X）[②]，这是一种数学上的对应关系式，在理论上来说，每一个变量引起的因变量都是精确的，此处旨在探寻变量制衡反应的基本对应关系，不刻意追求变量之间精确的对应变化关系。

---

① 这里的自变量（variable 是数学概念上的用词），不同于埃弗拉认为的在国家走向侵略和战争的过程中，相对权力是基本的自变量（independent variable），而决策者的感知和观念常常充当一种干预变量（intervening variables）。参见 Sean M. Lynn-Jones，"Offense-Defense Theory and Critics，" Security Studies，4（1995），pp. 660 - 691。

② 这个 Y = F（X）表述模式直接来自数学中的函数关系式。设 D 是给定的一个数集，若有两个变量 X 和 Y，当 X 变量在 D 中取某特定值时，变量 Y 依据确定的关系 F 也有一个确定的值，则称 Y 是 X 的函数，F 称为 D 上的一个函数关系，记为 Y = F（X），其中，X 叫作自变量，Y 叫作因变量。毫无疑问，数学上的变量等式关系中每一个确定值都是精确的。此处应用这一公式，旨在说明一种政治上的变量之间的因果逻辑上的"对应关系"，并不追求因变量与自变量之间的精确对应值，而且，在现实中，这也是不可能的。这也正是人文社科与自然科学之间重要的联系与区别之一。

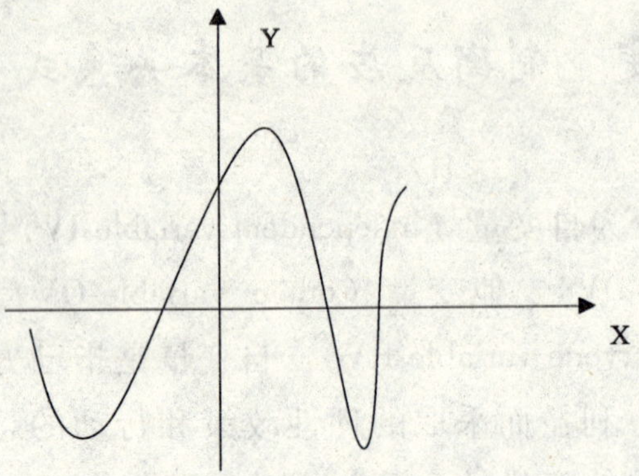

图 5—2 变量制衡反应的基本关系式图像示例①

由上图可知：在 Y = F（X）关系式中，每一个确定的 X 都有一个对应的 Y 值，也就是说，在国际关系中，由于变量引发的制衡行动，都有与之相对应的反应，这种反应可能是就事论事的，也可能是一揽子的报复性反制衡行动。关系式中的 F 值，是一个固定值，但在国际关系中，并不是一个确定的值，而是根据特定情况取值，只是取值之后，该值可被认为在一定时期内基本不变，因为其变化的幅度及范围具有对等性。因此，在国际关系的变量制衡反应关系式中，F 值具有重要的衡量性意义。

我们假定，F 值赋值为 1 时，制衡与反应最为对等，赋值大于或小于 1 时，都不是对等的。例如，“基地”组织 2001 年发动针对美国的“9·11”袭击事件，引起了美国的最强烈报复，这时的 F 值相对性地趋于最大，也就是说，美国采取了比“9·11”袭击更多倍量的最高点的报复性制衡反应行动，最终很快造成了单向打击与颠

① 此图示是 Y = F（X）的一个可能的图像示例，根据 X 与 F 赋值的不同，Y 值也不同，因此会出现各种不同的图像，除了赋值为 0 的情况，图像总是一个上下起伏的、连续性的波状曲线。这里，Y、F、X 赋值都不取零，否则视为国家间没有发生国际关系。

覆“基地”组织及塔利班政权的结果。再如，2012 年中国与菲律宾围绕中国固有领土黄岩岛之争，进行了多次反复低烈度较量，双方都有针对对方的一些政策与行动，但相互制衡反应基本是对等的，局势没有全面失控，也没有爆发军事冲突，也就是说双方关系没有跌入到 Y = F（X）曲线的谷底。

若以 Y = F（X）为基本变量关系式，以任意时间点 T 为基点，以自变量 IV、他变量 OV、因变量 DV、随机干预变量（RIV）、攻守平衡程度（offense-defense balance degree-ODBE）为关系式中的基本因素，来描述国际关系中的变量制衡反应关系：

（1）DV = F（IV）

（2）ODBD = DV + F（OV）

（3）ODBD = DV + F（OV） + RIV

上述变量制衡反应关系式中，关系式一是一种较为简单的理想化的刺激反应（S-N-R）模式，属于单向制衡反应范畴；关系式二是一种取舍有度的关系模式，属于反向制衡反应范畴；关系式三是一种全盘考虑的博弈模式，属于相互多边制衡反应范畴。尽管三种模式区别较大，针对的局势也不同，但并不能确定在具体情况下，何种模式必然是最佳模式，而攻守平衡度也不能成为国家对外政策和外交行动的最终解释与目标，只可以在相对理性的国际体系中，用作衡量国家对外政策和对外行动的理想水银柱。

在古巴导弹危机中（本处分析导弹危机发生后，美国的反制行动为刺激方，苏联为反应方；在第六章的详细分析中，则是以苏联在古巴部署导弹为刺激方，而美国为反应方），变量制衡与反应的理论推理模式存在如下形式：

前面已经讨论过，变量制衡分为动态制衡与静态制衡，即硬性制衡和软性制衡。一个或若干个变量引发的国家间制衡，通常是硬性制衡和软性制衡同时进行的。硬性制衡是指调动本国的军事、经济、政治势力来制衡对象国，软性制衡是指调动本国的外交、民族、文化等外围可用力量来遏制、围堵、牵制对象国的行动。即使在军事冲突等激烈的硬性制衡情况下，软性制衡同样具有重要意义。变量制衡容易走向安全困境，尤其是领土等主权根本性变量引发的制衡。

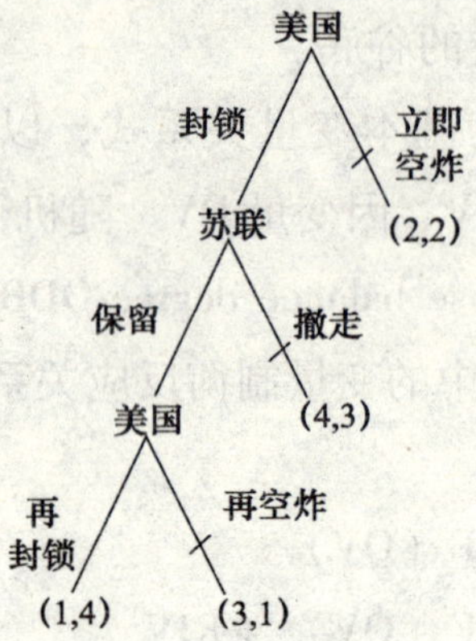

图 5—3　国际关系变量制衡与反应 Y = F（X）的博弈树[①]

由上图可知：（X，Y）=（美国分数，苏联分数），4 = 最好，3 = 次好，2 = 次坏，1 = 最坏。每一组行动由“分支”（两个交叉线条）表示。一方行动后（这里是美国选择封锁还是空炸），反应方（苏联）就有两个选择：保留导弹还是撤走。如果撤走，推演就结束了。如果不撤就进行下一轮，美国要选择封锁还是空炸。每一个选择都有优劣之分，在每一线条的下端标出。这些优劣被定了分数（4是最理想的结局，1是最糟糕的结局），美国分数是括号中前面的那个。读这种推演图的方法是“由后至前”，即从树状图的下端开始对参与者的选择做出评估。在这个案例中，在最后一轮，美国选择空炸（3，1），而不是封锁（1，4），因为在苏联抗拒的情况下持续封锁是美国最坏的结局。这样，我们划掉“再封锁”（由线条上划一

① 参见：［澳］：凯斯·克劳斯：“理论与实践中的理性威慑”，载《当代安全与战略》，1999 年。

短横表示）。接着，苏联要选择保留（将面临遭受空炸的结局，3 比 1，它的最糟糕选择），还是撤走（4，3）。美国接下来选择立即空炸（2，2，它的次坏结局），还是先封锁（4，3，它的最好结局），它选择封锁。因此，推演的结果是先封锁然后苏联撤走。这些优劣顺序是由相当复杂的可能性分析得来的，这种树状图可被延伸到更多的"分支"。

我们再以中美关系为例，来说明 Y = F（X）在具体国际关系中的应用图示。下图是阎学通就中美关系在 1950—2009 年的走势分析图，实际上就是 Y = F（X）在 F 不同赋值时的各小段曲线组成的整体图像。

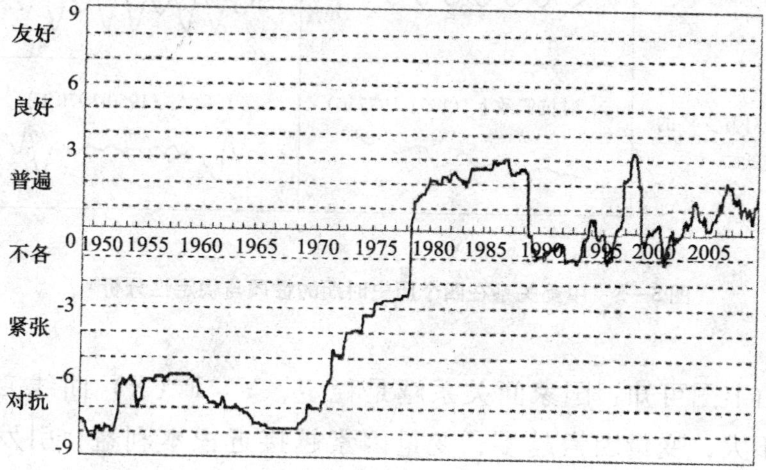

图 5—4　中美关系图示（1950—2009 年）①

注：此图是阎学通 2010 年发表在《世界经济与政治》上的文章"对中美关系不稳定性的分析"一文中的分析图示。他引述了清华大学国际问题研究所对中美两国 1950—2009 年的双边关系进行的定量测量。这一图示实际上就是 Y = F（X）在 F 取不同赋值时的一段一段小曲线图构成的整体性图示。

① 阎学通："对中美关系不稳定的分析"，载《世界经济与政治》，2010 年第 12 期，第 11 页。

阎学通对波状性起伏不定的中美关系作了更具体的研究，他把上图中的时间轴（横轴）划分为四个时期：1950—1970 年、1971—1977 年、1978—1988 年、1989—2009 年，并就其中的四个不同时期 1950—1970 年、1971—1977 年、1978—1988 年、1995—2010 年，分别赋予真敌人、假敌人、真朋友和假朋友的通俗关系，加以简单定性，并以相应图示表述，如下图所示：

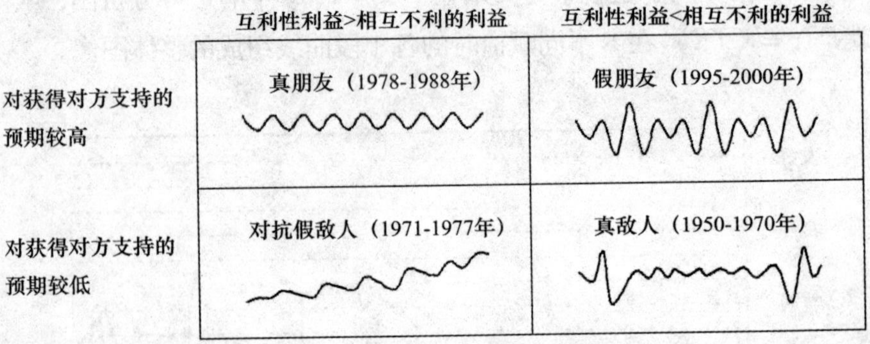

图 5—5　中美关系在四个历史时期的性质与稳定性分析[①]

由上图可知：国家间关系越是稳定，Y = F（X）曲线变化幅度越不大，变量因素越多，变量因素越接近根本利益，引发的制

---

① 阎学通："对中美关系不稳定的分析"，载《世界经济与政治》，2010 年第 12 期，第 21 页。阎学通在文中回顾了中美关系以往 60 多年的历史，尤其分析了 1978—1988 年的中美关系。"我们会发现，在 1978—1988 年这段时期，中美关系最稳定，其主要原因是中美间的实质性军事互助与两国对彼此支持的预期大致相符。中国帮助美国遏制苏联在亚洲和非洲的军事扩张，美国则在 1979 年中越战争时帮助中国防范苏联对中国的进攻。与此同时，中美政治制度的差异决定了两国在共同遏制苏联之外，不期望能与对方在其他领域开展合作。例如，那时的美国从未像现在这样期待与中国在人权问题上进行对话。与二战后的美英关系或者美日关系相比，可能会有人对 1978—1988 年这段时期中美友好关系的实质性提出不同看法，但无论如何，这个时期是自 1949 年新中国建立以来两国关系最好的时期，其性质也与其他时期截然不同。"

衡越多越激烈，制衡反应也越多越激烈，曲线变化也越大越没规律性。从图像中看出，中美关系越稳定，图像越接近于 Y = F（X）的数学标准图像，其波状型起伏图像也越为规范。反过来说，分析图像，中美双方战略利益越大，对双方之间变量因素管控得越好，变量制衡行动与变量制衡反应都不会激烈，双方关系趋于相对平稳状态。

清华大学中国与大国关系定量衡量小组对中外关系进行了定量研究，我们在此引用2006—2010 年中日关系的图示，以进一步说明 Y = F（X）对于国际关系的实用性和重要意义。

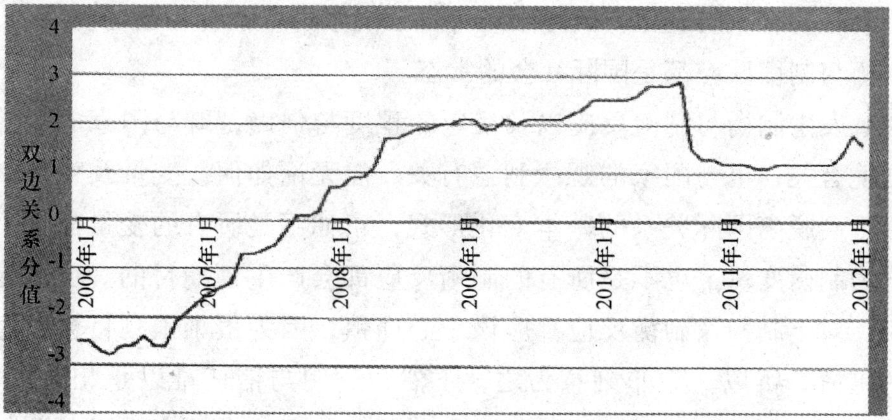

图 5—6　2006 年 1 月—2012 年 1 月中日关系变化趋势图①

由上图可知：虽然此图只列出了 2006—2012 年中日关系变化趋势图示，跨度只有 6 年时间，但是已经足以再次说明 Y = F（X）这种变量制衡反应图示表述方式是可以描述国际关系的，也是可以用来分析与研究国际关系的。

---

① 周晓加：“中日邦交 40 年——关系让人不乐观”，共识网，2012 年 5 月 22 日发布，http：//www. 21ccom. net/articles/qqsw/zlwj/article _ 2012052260221. html，2013 月 9 月 13 日。

本章小结

本章主要分析了国际关系变化的基本变量、变量的两面性与双重性、变量的制衡、国际体系的进化机制和变量制衡反应的基本关系式 Y = F（X）。通过对基本变量的分析以及变量的属性域特征，可以看出，国际关系的变化总是围绕一些特定的变量在变化，这些特定的变量涉及到国家的生存、主权、安全、政治制度、经济发展、社会文化、国民情感、道义责任等。国际关系因此而变化，但一般不会轻易有质的变化。国际结构有自己的张力，也有自己的收缩力，制衡与制衡反应都是国际社会的常态。

发生制衡与制衡反应以及反应的程度与强度，既与国家的对外处境有关，也与国家的观念利益有关，但无论如何，变量及变量制衡不会脱离国际关系的基本变化形式，正如不是所有的变量都会上升为制衡变量，也不是所有的制衡反应都会产生预期目的。也就是说，对于制衡及制衡反应都应该小心谨慎，因为很难预测将会发生的事情。所以，除非刻意为之，不然，透明与信任难以是相互的，任何涉及到相互关系的问题，都应该预先审视，纵然有难以预测的事情发生，但也能得到善意的而不是怀疑的回应。

没有一种国际关系理论是完全通用的，所谓的理论都是经验性的抽象总结，理论来源于实践，但并不一定高于实践，这与自然科学有极大区别，这也正是国际关系理论的最大问题。

第六章

国际关系中的刺激—反应模式

第一节　互动中的"剑—盾"："刺激—反应"模式

行为体互动中的"剑"与"盾"分别是指行为体互动过程中的"刺激"与"反应"，在本质上同神经生理学的"刺激"与"反应"有诸多共通之处。人类互动中"刺激—反应"模式就是永恒的"剑—盾"模式。

（一）神经生理学中的"刺激—反应"模式

最初的"刺激—反应（S-N）"源自于神经生理学的一个基本概念。生物体神经活动的基本过程是反射，神经反射是指在中枢神经系统参与下的机体对内外环境刺激的规律性应答。（神经反射活动的结构基础称为反射弧，由5个基本成分组成，即感受器、传入神经纤维、神经中枢、传出神经纤维和效应器。神经反射传入过程中接收刺激的单位称为突触，突触的典型特点是可塑性，指的是突触传递的功能可能发生较长时程的增强或减弱，具体表现为：一是强直后增强，是指突触在接受一连串强制性刺激后，突触后电位发生明显增强的现象。二是习惯化和敏感化，习惯化是指当重复给予较温和的刺激时，思想突触对刺激的反应逐渐减弱甚至消失；敏感化则表现为重复出现较强刺激，尤其是伤害性刺激，使突触对刺激的反应性增强，传递效能增强。三是长时程增强或长时程抑制，长时程增强时突触前神经元受到短时间的快速重复性刺激后，在突触后神经元快速形成的持续时间较长的突触后电位增强；长时程压抑则相反，是指突触传递效率的长时程降低。神经中枢作为处理兴奋信息的功能区域和核心地带，对兴奋的传递和处理具有一定的规律和特点：一是单向传播；二是中枢延搁；三是兴奋的总和，即时间总和与空间总和；四是兴奋节律的改变；五是后发放；六是对环境的变化敏感和容易发生疲劳。神经中枢的神经元通过5种联系方式来处理形成兴奋的刺激：一是单线式联系；二是幅散式联系；三是聚合式联系；四是链锁式联系；五是环式联系。)[①]

神经生理学上的“刺激—反应”有三个非常重要的基本特征：

（1）在神经反射传入过程中，足够形成兴奋的刺激，即构成动作电位。细胞一旦受到一个适当的刺激，发生迅速的一过性的波动，这种波动称为动作电位。

（2）刺激神经引起动作电位的产生，需要一定的强度，能引起动作电位的最小刺激强度，称为刺激的阈值。刺激强度未达到阈值，动作电位不会发生；刺激达到阈值后，就引发动作电位。

（3）中枢兴奋和中枢抑制都是主动的过程，在任何反射活动中，发射中枢总是既有兴奋又有抑制，反射活动才得以协调进行。

“刺激—反应”模式不只是自然界有机体反射活动的存在模式，也是人类社会反射活动的存在模式。人类社会的“刺激—反应”模式，在个人、组织、国家及国际机构等行为体中都存在，甚至可以毫不夸张地说是一种无所不包的行为模式，它从观念、身份、利益

---

① 参见：杨柳婧、杜睿：“基于神经反射传入过程探释思想政治教育内化机制”，载《南华大学学报》（社会科学版），2012年4月，第13卷第2期，第80—84页。

三个维度，同时展开、同时进行、同时互动。由于国家间关系本质上是人的关系，国家的对外政策与行动是由代表国家的政治决策者决定的，正如理查德·斯奈德（Richard Snyder）指出的，“将国家定义为官方的决策者是我们的一个基本方法。这些决策者的权威性活动，无论其内容和目标是什么，都代表着国家的行为。国家行为实际上是那些以国家的名义行事的人的行为。”① 当然，就国家层面的行为体来说，“刺激—反应”既是政治博弈也是政治斗争，涉及的具体领域远不止这些，国家主权、国家形象、国家利益、外交政策与行动、军事力量、历史问题、权力、宗教、文化、制度等都有大量的经验存在。为了便于分析，我认为可以把制度、政策、信仰、秩序、价值观、历史、文化、形象等归于观念维度，把国家实力、权力等级、国家类属等归于身份维度，把领土、领海、领空、资源、资产、金融、贸易等归于利益维度。

国际关系理论的研究传统往往并不关注具体的现实政治问题，而是从众多具体的历史事件中去抽象出理论或主义，似乎现实政治博弈更多是属于“兵法”之列，属于战术性质，难以上升到战略层级，够不上理论或主义的范畴。但我们仍需要看到并要研究的事实是：一连串偶然串通了必然，一连串事实塑造了身份，一连串行为形成了互动，一连串行动构成了进程，一连串事件书写了历史。

（二）国际关系中的“刺激—反应”模式

对于国际关系来说，国家之间的“刺激—反应”是最常见不过的事情了。国家任何对外政策、行动及与之相关的调整都是一种

---

① ［美］约翰·加迪斯著，时殷弘等译：《遏制战略：战后美国国家安全政策评析》，北京：世界知识出版社，2005 年。转引自：彭洁：“认知失调对政治决策者决策的影响——以古巴导弹危机为例”，载《内蒙古农业大学学报》（社会科学版），2009 年第 6 期，第 13 页。

“刺激”他国的方式，甚至调整对内政策及行动在某些时候也是一种“刺激”他国的方式。无论是友好的、合作的、互利的、善意的“刺激”，还是挑衅的、利己的、冒险的、恶意的“刺激”，通常都能比较容易地被对象国“察觉”，并在政策及行动上给予适当的回应（反射）。当国家发起进攻性的“刺激”时，若互动对象的“反应”也是进攻性的，则互动会朝着冲突方向发展；如果一方“刺激”是进攻性的，另一方“反应”是防御性的，则互动会朝着摩擦方向发展；如果“刺激”与“反应”都是防御性的，则互动继续趋于稳定状态。其矩阵结构图示如图6—1所示：

表6—1　刺激—反应（S-N）模式中的攻守互动与对应状态

S-R	攻	守
攻	冲突	摩擦
守	摩擦	稳定

行为体互动中一系列“刺激—反应”行为，换一种说法就是博弈论，或者也可说是战略学。为什么要引入神经生理学的反射活动特征来分析国际关系，是不是风马牛不相及呢？我们知道，国际关系学的大多数学者都把国际政治实践本源追溯到人性，在现实主义者眼里，人性本恶是“支撑权力政治理论体系的基点”①。而自由主义认为人是客观环境的产物，人性可以改造，把人性本“善”作为逻辑分析的起点，其他如建构主义理论等尽管没有明确认定人性本善或本恶，但都隐含地把人性作为国际关系理论逻辑分析的起点。人性是人的本性，尽管具有难以验证特性，但不可否认的是，人除了情感、欲望、善、恶等之外，还包含本能一面。比如为了生存，需要粮食和衣物、防御周边可能的危险因素、在群体内部建立规

① 倪世雄等：《当代西方国际关系理论》，上海：复旦大学出版社，2001年版，第85页。

范共识等。而神经生理学是纯粹关于人的本能的科学，具有最直接诠释力。比如，手指触碰到了烧红的铁，手臂会立即往回缩；眼前突然飞过异物，眼睛会立即眨眼等。所以，如果考虑国际关系理论的逻辑分析基点是人性的话，那么最终可以更进一步地追溯到人的本能，即以人的神经生理学上“刺激—反应”中的“动作电位”作为终极理论基点。当然，一般情况下，这种理论基点支撑的终极溯源，现实性并不特别强，也并不特别必要，但深入认识还是有必要的。

我们在神经生理学上“刺激—反应”模式的三个基本特征基础上，对国家行为体之间互动矩阵作进一步的对应说明：

（1）在国际关系中，普通的交流往来不足以构成“刺激”。只有当一个国家在重要利益上受到适当的足够形成兴奋的刺激，迅速在国家的内外政策和行动上有所“反应”，才能构成传动中的“动作电位”。如果一家美国公司与中国公司的贸易中，损失了30%的目标利润，这一般不会引起美国的反应，市场规则会解决问题，但如果中国在某一天突然宣布人民币贬值30%，这个刺激就将是“适当的足够形成兴奋的刺激”，美国就会立即产生“动作电位”反应。

（2）刺激国家引起“动作电位”的产生，也需要一定的强度，刺激强度未达到“阈值”，“动作电位”不会发生，这个强度还体现在对某些类别刺激的敏感度上。如果伊朗真正只是和平开发利用核能，伊朗核问题对美国和以色列的刺激就不会达到战争“动作电位”的阈值，但如果能确定伊朗一年之内造出核武器或已经造出了核武器，这个“强度”就达到了美国和以色列划定“红线”的“阈值”，美国和以色列就必定会以断然的“动作电位”来应对这个刺激阈值。

（3）在国际关系的任何“刺激—反应”过程中，国家的对外政策与行动也“既有兴奋又有抑制”，互动活动才得以“协调进行”。例如，尽管日本声称对韩国实际管辖下的独岛（日本称竹岛）拥有主权，但如果日本只是造几艘普通军舰，一般不会在韩国引起刺激性的“动作电位”反应，倘若日本派军舰进攻独岛，就会立即引起韩国部署战争的“动作电位”反应。到目前为止日本尚没有派兵攻占独岛，所以日韩互动关系总体上还是保持了“协调进行”。

在国际关系中，承认既是一种直接合法性认可需求，也是一种互动文化共识，因为国家不仅仅是一个物质性实体，也是具有自身特性的文化体。无论“刺激”的直接目的是什么，争取“承认”总是它的一个隐含目的。承认包括合法性承认、利益承认、身份承认和声誉承认。合法性承认不仅涉及国家主权与利益的国际外交承认，也涉及国内政治道路与政权的承认，它塑造和制约着国家的行为，也维系国际体系的稳定；利益承认主要涉及国家间争议利益或未定利益的归属承认，也涉及观念利益的更新与目标利益的合法性承认；身份承认主要是地位承认，即国家在国际体系中的体系身份、在多边组织中的多边相互身份和双边关系中的双边身份承认；声誉承认则是一个广泛涉及国家形象的观念承认，包含了国内治理、外交政策、道德正义、文化、历史、制度等。“外部世界的承认或不承认影响着现代国家自我认同的形塑，反映着自我—他者之间的关系”。[1]在“刺激—反应”模式中，不管刺激的方式是什么，即不管具体的“动作电位”来源是出于个人的意志还是国家战略与政策的协调行动，我们都必须假定相应的政策或行动是理性的，即假定任何“刺激”的“动作电位”都是有目的的，都是为了寻求他者补偿性承认的对应“反应”。

接下来，本章的第二节和第三节，将以希特勒在二战前的三次

---

① 赵俊：“国际关系中的承认：合法性与观众成本”，载《世界经济与政治》，2011年第4期，第84页。

对周边国家及局势的决策及行动、古巴导弹危机中苏联的决策及行动，来对“刺激—反应”模式进行详细分析。尽管在事件中也有关于国际关系进化的若干成分，但我们在分析中，仍将如本书前面提及的，重点关注国际关系的退化分析。

第二节　案例一：二战前希特勒进军莱茵非军事区

1933 年 1 月 30 日，希特勒成为德国内阁总理。1934 年 8 月，兴登堡总统去世后，希特勒取消了总统的职衔，并自任国家元首兼总理，正式确立了纳粹党的独裁专政。希特勒上台后，立即着手打破一战《凡尔赛条约》带给德国的种种“羞辱”和限制，以臭名远扬的种族理论和生存空间理论为扩张政策的两大理论支柱，走上了一条不断扩军备战的不归路。

（一）希特勒进军莱茵的三个维度分析

一战后，莱茵河区作为非军事区是受到《凡尔赛条约》和《洛加诺公约》双重保证的。《凡尔赛条约》规定莱茵河西岸由协约国分区占领，东岸 50 公里为非军事区；《洛迦诺公约》规定，德国在非军事区内集结军队将被看作是对《凡尔赛条约》的破坏，缔约国可以采取军事行动。希特勒派兵进占莱茵河区，从观念、身份、利益三个维度出发，展开一场“刺激—反应”的政治赌博。

观念维度：希特勒本来就是打着民族主义的幌子得以上台的，得到了德国垄断资产阶级和根深蒂固的军国主义传统的容克地主势力的大力支持，希特勒还打着反共、反苏的幌子，得到了本国和英法美垄断资本家和大财团的赞赏与支持。[①] 希特勒上台后，一方面要呼应垄断资本家和大财团的要求，煽动民族仇恨和复仇主义情绪，力行整军备战，改变德国的现状，扩大德国实力和影响力，同时希特勒也认为莱茵非军事区的存在是一个严重的问题，也是德国战败的一个标志性象征，希特勒决意啃下这个钉子。

身份维度：德国在一战中以一种近乎"耻辱"的形式遭到英法美等国的"欺负"。根据《凡尔赛条约》，德国领土减少了1/8，人口减少了1/10，失去了海外一切殖民地。此外，德国陆军不得超过10万人，海军不得超过1.5万人，禁止拥有飞机和潜艇，条约还规定德国及其同盟国赔偿协约国因战争所受的一切损失，1921年5月1日前赔偿200亿金马克的实物。德国的地位一落千丈，身份由世界资本主义强国变为受人压制的战败国。希特勒打着民族主义旗号上台后，鼓吹复仇，夺回德国的原有领土和利益，并进一步扩大"生存空间"，恢复德国的正常大国身份。尽管1925年10月《洛迦诺公约》签订之后，作为其直接后果，德国1926年9月成为国联行政院的常任理事国，德国恢复了与英法平起平坐的大国地位，但希特勒对德国身份的要求更高了。他不仅要确立德意志民族是世界上最优秀民族的身份，还要建立一个"大德意志帝国"，这个帝国将成为未来"世界帝国"的核心。

利益维度：莱茵河区原为各国领土，一战后《凡尔赛条约》规定西岸由协约国占领，东岸为非军事区，实际上成为法德之间的缓冲带。希特勒上台后，不断扩大德国的战略利益范围，也确立了称

---

① 1932年1月27日，在德国杜塞尔多夫举行的有300多个大垄断康采恩的代表人物参加的工业家俱乐部的秘密会议上，希特勒向他们详细说明了民族社会主义工人党的纲领，并向他们保证要"根除德国的马克思主义"。他说如果他上台执政，他将向他们提出空前庞大的军事订货。1932年11月19日，一批有名的垄断资本家要求兴登堡总统任命希特勒为总理。1933年1月30日，兴登堡总统任命希特勒为总理。大军火商资本家克虏伯在给希特勒的一封私人信件中说："政局的转变与我个人的愿望以及我的经理们的愿望完全相合"。参见：王绳祖主编：《国家关系史》，北京：法律出版社，1995年版，第420页。

霸欧洲和世界的路线图。莱茵河区是希特勒意图实现的首要障碍，不仅关系德国民族情绪和国家利益，在现实中也导致德国西部防线空虚，不仅阻碍了德国进一步扩张，而且使德国在与法国对抗中，心理上处于弱势，希特勒一直渴望解决这个棘手问题。

（二）刺激：进军莱茵非军事区

基于上述观念、身份、利益三个维度，希特勒决心挑起“刺激”，进军莱茵河区。1936 年 2 月，久拖不决的《法苏互助条约》终于在法国国民议会获得通过，这给了希特勒一个借口。1936 年 3 月 7 日中午，希特勒在国会发表演说，攻击《法苏互助条约》违反了《洛迦诺公约》，宣布德国不再受《凡尔赛条约》关于莱茵区的全部条款和《洛迦诺公约》的约束。[①] 在希特勒发表演说的同时，德军 3.5 万奉命进入莱茵非军事区。[②]

---

① 希特勒是个很狡猾的人，他在国会发表演讲时，为了安抚英法等国，他还说：“我们在欧洲没有领土要求，德国将永远不会破坏和平”。在讲话前两小时，德国外交部长召见英、法、比、意四国大使，宣布德国不再受《洛迦诺公约》的约束，决定派兵进驻莱茵区。同时还交给他们一份备忘录，其中除了为德国进驻莱茵区辩护外，还宣称德国政府准备同法国和比利时缔结为期 25 年的互不侵犯条约，并要求英国和意大利充当保证国。德国还建议德法边界两侧都划分为非军事区；如果能把德国从前的殖民地归还给它，德国答应重新回到国际联盟。

② 当时德国刚刚开始扩军备战，人数和装备都不如法国，法国陆军就拥有 100 个师，根本不用英国援助，只靠法国的武装力量就能把德军驱逐出莱茵区。德国内部也有人反对派兵进驻莱茵区，在 1936 年 3 月 2 日的内阁会议上，德国外交部长、经济部长、国防部长都表示反对希特勒的决定。对此，希特勒的回答是“法国不会移动一英寸”。事实上，希特勒曾经给进驻莱茵区的指挥官一项密令：一遇法军采取敌对行动，立即撤回。希特勒后来曾对他的译员保罗·施密特说：“进军莱茵区以后的 48 小时是我一生中神经最紧张的时刻。如果当时法国人也开进莱茵区，我们就只好夹着尾巴撤退。因为我们手中可利用的那点军事力量，即使是用来稍作抵抗，也是完全不够的。”参见：王绳祖主编，《国家关系史》，北京：法律出版社，1995 年版，第 429—430 页；唐贤兴：《近现代国际关系史》，上海：复旦大学出版社，2002 年版，第 309—311 页；威廉·夏伊勒：《第三帝国的兴亡》，纽约出版社，1960 年版，第 293 页。

（三）反应：未受任何实际制裁

（1）法国震动最大。法国内阁在3月7日至9日连续三天开会研究对策，部分阁员主张派兵将德军驱逐出去，多数阁员则主张容忍，最后，法国内阁决定在国联未做出决定之前，不采取任何行动；（2）英国对希特勒的冒险举动持超然态度，虽然提议《洛迦诺公约》的参加国召开会议讨论，但后来的讨论只是发表了一个空乏的公报，无果而终；（3）美国认为德军进驻莱茵非军事区违反了条约规定，尽管对英法的妥协立场不满，但并不打算介入欧洲纠纷；（4）苏联认为德军进驻莱茵区旨在建立德国对欧洲大陆的霸权，苏联表示准备参加国联行政院所采取的措施；（5）国联行政院3月14日在伦敦开会，只有苏联代表要求制裁德国，3月19日通过一项决议，确认德国违反了《凡尔赛条约》第43条和《洛迦诺公约》，却只字未提制裁之事。最后，希特勒派兵进驻莱茵非军事区所得的“反应”是：未受任何实质性惩罚。

这一事件大大提高了希特勒在国内的威信，同时，也大大助长了他扩军备战进行侵略的野心。此后，他不断挑起事端，制造各类“刺激”，例如武装干涉1936—1939年的西班牙内战，英法采取“不干涉政策”，成立不干涉委员会作为“反应”措施；[①] 德国1937年3月13日正式吞并奥地利，英、法、美的“反应”却是随即予以了承认；德国1938年9月挑起兼并捷克斯洛伐克苏台德领土的事端时，英、法等的“反应”竟然是共同策划了慕尼黑阴谋，签署了臭名昭

---

① 德、意因此感到：“只要采取强有力的行动，便可进行任何冒险，而且可望成功。”但英、法、苏等国于1937年9月10—14日就对付意大利潜水艇在地中海上的海盗行径达成的《尼斯协定》生效后不久，意大利就停止了偷袭行为。这个事实表明，只要英、法采取有力措施，德、意侵略行为就会受到限制。参见：唐贤兴：《近现代国际关系史》，上海：复旦大学出版社，2002年版，第314页。

著的《慕尼黑协定》。[①] 希特勒在英、法等国的纵容下，终于一步一步把世界拖入第二次世界大战的深渊。

第三节　案例二：冷战时苏联在古巴部署导弹事件

发生在1962年10月的古巴导弹危机（又称“加勒比海危机”），曾使世界处于核战争的边缘，是冷战时期苏美之间进行的第一次“核对抗”，也是东西方对抗达到顶峰的标志，因而它在当代国际关系史上具有非同一般的影响。“它仍是研究危机处理艺术的重大实验室”，[②] 常被诸多学者从不同方面或不同理论视角作为经典案例来分析。这一事件对当前世界重大危机的认识与处理仍然有重要借鉴意义。

（一）古巴导弹危机简要过程

1962年10月14日美国U－2飞机提供了在古巴建立的萨姆导弹发射场、苏联进攻性导弹和苏制伊尔－28型轰炸机的照片；22日晚肯尼迪总统宣布实行海上“隔离”等7项措施，要求苏联在联合国观察员的监视下，迅速撤除在古巴的进攻性武器；23日，美洲国家组织开会，通过支持美国行动的决议；23日，苏联发表强硬声明，坚决拒绝美国拦截开往古巴的船只，表示将对美国的威胁进行最强

---

① 《慕尼黑协定》后，希特勒就和墨索里尼商量好，时候一到就对英法开战。他说：“他们孝敬我们的越多，我就越是要架子十足地向他们提出更多的要求”。德国外长里宾特洛甫10月访问罗马时说过，“在慕尼黑的一切发生以后，轴心国处在特别有利的地位。甚至有利到我们国内有些人完全不能理解的程度”。参见：李巨廉、王斯德著：《第二次世界大战起源历史文件资料集》，上海：华东师范大学出版社，1985年版，第375页。

② *Foreign Affairs*，Fall，1987，p. 170.

烈的回击；24 日，美国隔离政策生效；25 日，赫鲁晓夫表示接受联合国秘书长吴丹的建议，停止向古巴输送军火 3 星期；26 日，美国强行检查苏联租用的巴拿马船只；26、27、28 日赫鲁晓夫连续给肯尼迪写信，表示将下令撤除苏联在古巴的导弹，同意让联合国代表核实，但要求美国撤出在土耳其的导弹，保证不入侵古巴，其中在 27 日，苏联击落了一架美国 U－2 侦察机，美国军方强烈要求肯尼迪报复，赫鲁晓夫在获知美国将于次日进攻古巴的情报后①，在 28 日最后同意撤出导弹；28 日，肯尼迪发表声明，欢迎赫鲁晓夫的上述决定；“白宫没有食言，10 月 29 日美国国防部长麦克纳马拉下令：在 1963 年 4 月 1 日前撤销土耳其基地”。② 11 月，苏联说服古巴，允许其撤走在古巴的伊尔－28 型轰炸机。11 月 20 日，美国解除海上“隔离”。至此，古巴导弹危机结束。

（二）古巴导弹危机前的局势

古巴是位于加勒比海西北部的一个岛国，距美国佛罗里达海岸仅 90 英里，1898 年美西战争后，古巴脱离西班牙统治沦为美国的控制地。20 世纪 50 年代末，美国对拉美事务的干涉和所扶持政权的倒行逆施，激起了当地民众的强烈反抗，拉美人民的反美斗争日益高涨。“怒火烧着拉丁美洲，……美国佬从加勒比海到合恩角到处受到

---

① 在一项秘密报告里，国防部长罗伯特·S. 麦克纳马拉列出了下面的战备部署：二十五万兵员，对古巴各种目标进行二千架次出击，九万名海军陆战队和空降部队的入侵力量。除了批准该计划外，肯尼迪还下令加速北极星潜艇计划的实施，使服现役的弹道导弹潜艇从原定的三艘增加到九艘。参见：［美］罗伯特·F. 肯尼迪：《十三天：古巴导弹危机回忆录》，复旦大学历史系拉丁美洲研究室译，上海：上海人民出版社，1977 年版，第 21 页；［美］西奥多·索伦森：《肯尼迪》，复旦大学世界经济研究所译，上海：上海译文出版社，1981 年版，第 557 页。

② ［俄］谢·赫鲁晓夫：《导弹与危机》，北京：中央编译出版社，2000 年版，第 669 页。

攻击。”[1] 1959年1月1日，菲德尔·卡斯特罗发动古巴革命，推翻了右翼独裁亲美政权，建立了古巴共和国。起初，美古关系还比较好，卡斯特罗也访问了美国，还受到艾森豪威尔政府的热烈欢迎，美国试图如往常一样把古巴纳入美国势力范围，以继续它在拉美“一统天下”的局面。此时，古巴同苏联和其他社会主义国家也没有任何联系。

但美国拒绝了卡斯特罗寻求贷款的请求，随后因为古巴不打算被美国纳入战略范围，美国对古巴采取了怀疑与各个领域都敌视古巴的政策，因而陷入经济困境的古巴逐渐转向了苏联与社会主义阵营。这正是美国所担心和反对的，艾德莱·史蒂文森就曾表示“共产主义在美洲的存在是不容谈判的”。[2] 时任美国总统艾森豪威尔也宣称，美国不会“允许在西半球建立一个为国际共产主义所主宰的政权”。[3] 与此同时，卡斯特罗陆续在国内实行左翼政策，也开罪了美国利益集团。1959年5月古巴颁布实施《土地改革法》，使美国垄断组织利益受到打击。[4] 一位美国企业家无奈又形象地表示，“这场革命也许像一个西瓜，愈切愈红”。[5] 美国在经济等领域采取了一系列报复措施。1960年，美国宣布中止对古巴的一切援助，停止进口古巴支柱性产业的蔗糖，于10月起对古巴禁运，同时也限制他国

---

① 这是美国《纽约世界电讯与太阳报》记者露西描述20世纪50年末美国在拉美的处境。参见：徐世澄：《美国和拉丁美洲关系史》，北京：社会科学文献出版社，1995年版，第178页。

② Richard J. Walton, *Cold War and Counterrevolution: The Foreign Policy of John F. Kennedy*, The Viking Press, New York, 1972, p. 115.

③ ［英］G. 巴勒克拉夫：《国际事务概览，1959—1960年》，上海：上海译文出版社，1986年版，第633页。

④ 在土改中，美国联合果品公司的27.2万英亩耕地和3万英亩牧场被征收，属于美国所有的150万英亩以上的土地也被征收。参见《纽约时报》1959年5月29日。转引自：桂立：“古巴导弹危机决策分析”，载《武汉大学学报》（社会科学版），1992年第4期，第77页。

⑤ ［美］托马斯·帕特森：《美国外交政策》（下册），北京：中国社会科学出版社，1989年版，第730页。

与古巴的贸易。当时的美国国务卿纳斯科赤裸裸地宣称禁运的目的就是要“向美洲各国人民表明，共产主义在西半球是没有前途的”。[①] 陷入困境的卡斯特罗不得不把目光转向东方，转向了美国的对手苏联。赫鲁晓夫打破了之前的“地理宿命论”，抓住了这一难得机会。[②] 在经济上，1960 年 2 月，阿·依·米高扬在访古期间，主动同古巴达成了为期 5 年的贸易协议，宣布苏联向古巴购买 500 万吨糖，并给予古巴 1 亿美元贷款，在政治上，在 5 月与古巴建立邦交关系。

肯尼迪总统 1961 年上台后，继续对古巴采取高压政策，试图推翻卡斯特罗的共产主义政权，并制造了著名的“猪湾事件”。4 月 15 日，美国轰炸古巴机场，用军舰护送古巴在美流亡者 1453 人在猪湾登陆，但 4 日后的 4 月 19 日，这些人或被歼灭或投降，全军覆没。“猪湾事件”后，肯尼迪深受各方压力，“陷入深深的苦恼之中”。[③] 而此时卡斯特罗彻底倒向了社会主义和苏联阵营，1961 年 5 月 1 日，古巴宣布将采用社会主义宪法，卡斯特罗自己也宣布：“我是一个马克思列宁主义者，而且直到我生命的最后一刻，我也将是马克思列宁主义者”。[④] 赫鲁晓夫也高度重视古巴的战略地位和古巴在苏联全球战略中的重要意义，苏联与古巴关系日益密切。1962 年 9 月 2 日，苏古两国发表公报，明确了苏联同意古巴要求，提供军火和技术专

---

① 阿德勤·卡尔松：“经济制裁与美国政府的外交”，载《和平与发展》，1998 年第 1 期，第 210 页。

② 赫鲁晓夫一方面在政治上极力谴责美国对古巴的干涉，另一方面思考对整个局势的对策。他说：“我们确信美国人绝不会容忍古巴卡斯特罗的存在，他们害怕社会主义的古巴，将变为一块把其他拉美国家吸引到社会主义去的磁石，而这正是我们所希望的。在美国对加勒比地区进行干涉的威胁继续存在的情况下，我们自己究竟应该采取什么政策呢？我们有义务尽一切可能来保护古巴，务使其能作为一个社会主义国家而存在，并成为其它拉美国家的一个现实榜样。”参见：［俄］张岱云、王长荣、陆宗荣、潘绪年、关可光等译：《赫鲁晓夫回忆录》，北京：东方出版社，1988 年版，第 696 页。

③ ［美］马克斯韦尔·泰勒：《剑与犁》，北京：商务印书馆，1981 年版，第 222 页。

④ Richard J. Walton, *Cold War and Counterrevolution*: *The Foreign Policy of John F. Kennedy*, The Viking Press, New York, 1972, p. 105.

家以训练古巴军事人员，苏古形成了牢固的战略关系。

（三）苏联行动三个维度分析

1. 观念维度

赫鲁晓夫在斯大林 1953 年逝世后上台执政。面对朝鲜战争结束后新发展的国际局势，赫鲁晓夫改变了斯大林时期的东西方两大阵营对抗政策，他在 1956 年苏共 20 大报告中提出“和平共处”路线，认为苏美都是世界上最强大的国家，如果和平联合起来，就不会发生世界大战。但学界普遍认为这是赫鲁晓夫的策略，他的所谓“和平共处”路线，只不过是“为了掩盖其扩张政策”，[①] 意图在和平旗帜的幌子下，加快发展苏联实力，借机获得与美国平起平坐的地位，达到与美国合作主宰世界的目的。

古巴革命的胜利以及猪湾事件的发生，使苏联看到古巴在苏联全球战略上的价值，赫鲁晓夫有意扶持古巴的经济发展与社会主义道路，把古巴变成苏联与美国竞争中的一颗重要“棋子”。[②] 1962 年

---

① G. W. Sand, *Soviet Aims in Central America*, A Division of Green Word Press, 1989, p. 6.

② 后来的事实证明，赫鲁晓夫确实在很大程度上把古巴当成了一颗棋子。导弹危机高峰期时，赫鲁晓夫的核讹诈被美国的核反讹诈吓倒以后，赫鲁晓夫在没有同古巴商量的情况下便决定从古巴撤出导弹，这一举动使古巴人民感到极度失望。卡斯特罗说：“我们不让你们撤走导弹，不让你们让步”，“当人们获悉，你们已经做出了突然的、出人意料的而实际上是无条件撤走导弹武器的决定时，许多准备为人类事业光荣献身的古巴人都流下了眼泪”。同时，苏美之间有关古巴的协议并没有同古巴政府商量，为此，古巴人感到十分气愤与不满，这可以从卡斯特罗给赫鲁晓夫的信中看出：“我无法相信您的决定是与我商量过的”，“您认为在你们做出关于撤走战略导弹的决定之前是同我们商量过的，……您说是根据我的 10 月 27 日的电报才做出的，我不清楚您到底收到了一些什么电报，我只能对 10 月 26 日晚给您发出的这封信负责。”由此可见，古巴自始至终只是充当了超级大国战略游戏中的一个小卒而已。参见：赫鲁晓夫与肯尼迪的 25 封通信，《世界史研究动态》，1993 年 2、3，转引自：时晓红：“古巴导弹危机对国际关系的影响”，载《湛江师范学院学报》（哲学社会科学版），1996 年 9 月，第 17 卷第 3 期，第 22 页。

5月赫鲁晓夫访问保加利亚期间，针对美国在苏联邻国土耳其部署导弹威胁苏联安全的做法，赫鲁晓夫在与国防部长马利诺夫斯基元帅的谈话中萌发了在古巴部署导弹的想法。[①] 后来，赫鲁晓夫进一步意识到，“我们有义务尽一切可能来保护古巴……如果我们不采取一些决定性的步骤来保卫古巴，我们很容易失去它”。[②] 5月24日国防委员会和苏共中央主席团联席会议上，马利诺夫斯基强烈要求在古巴部署导弹。他对持有异议的人说：“当时西班牙共和国政府曾公开接受苏联的军事援助，古巴更有理由这样做!”他认为，“在古巴部署导弹不仅是为了保卫古巴，而且首先是出于苏联防御利益的需要”。[③] 紧接着在5月底，赫鲁晓夫派了一个“农业代表团”访问古

① 在土耳其访问期间，赫鲁晓夫和时任苏联国防部长马利诺夫斯基元帅在黑海岸边漫步时，马利诺夫斯基指着对岸的土耳其说，美国设在土耳其导弹基地发射的导弹，可在6—7分钟内消灭位于苏联南部的乌克兰和俄罗斯的中心城市（如基辅、哈尔科夫、切尔尼戈夫、克拉斯诺达尔）以及塞瓦斯托海军基地，而苏联本土发射的导弹飞到美国则需25分钟。赫鲁晓夫闻此言后立即问马利诺夫斯基，为什么苏联没有权利像美国那样做？为什么不能把我们的导弹比如说放在古巴？美国用自己的基地从四面八方包围和钳制苏联，而苏联的导弹和原子弹却只能安置在苏联境内，这太不平等了，在数量和送达的时间上不平等。我们在古巴部署导弹，不但可以抑制美国对卡斯特罗政府采取轻率的军事行动，而且还能引起他们的恐慌，使他们感到对绝对安全幻想的破灭。参见：郝承敦：“古巴导弹危机新论——关于赫鲁晓夫决策动机及结局的分析”，载《拉丁美洲研究》，2002年第2期，第40页。当古巴导弹危机处于紧要关头之时，赫鲁晓夫在致肯尼迪的信中正式提出了以“一对一”的平等交换的方式来解决导弹危机。他指出：“各国都愿意保证自身的安全。但是我们苏联政府怎样评价你们的行动呢？你们用军事基地包围苏联，用军事基地包围我们的盟国，把军事基地建立在我们周围，在那里部署了自己的导弹武器。……古巴使您感到不安……是因为古巴距离美国海岸只有90海里。但是，要知道，土耳其和我国毗邻，我们两国的哨兵巡逻时彼此看得很清楚。难道您认为您有权要求自己国家的安全，要求撤除您所说的进攻性武器，而同时却不承认我们也有这个权利吗？”随后，赫鲁晓夫同意从古巴撤除苏联导弹，但要求美国“把同类的武器从土耳其撤走”。参见：［俄］谢·赫鲁晓夫：《导弹与危机》，北京：中央编译出版社，2000年版，第623—624页。

② ［俄］张岱云、王长荣、陆宗荣、潘绪年、关可光等译：《赫鲁晓夫回忆录》，北京：东方出版社，1988年版，第697页。

③ Blight and Welch：*Cuba on the Brink*，New York：Pan the on Books，1993.

巴，其团员之一就是苏联的战略火箭司令。苏联派这个代表团的目的是探明卡斯特罗对部署导弹的态度，卡斯特罗同意了苏联在古巴部署导弹。[①] 6月，当古巴武装部队司令劳尔·卡斯特罗率军事代表团抵达莫斯科寻求苏联军事援助时，赫鲁晓夫最终决心把中程和中远程导弹运到古巴去，因为赫鲁晓夫认为卡斯特罗可能遭到的失败就是自己的失败。他在回忆录中写道："如果失去古巴将会发生什么情况呢？我知道这对马列主义将是一个严重打击，这将大大降低我们在全世界的地位，尤其是在拉美，如果古巴倒了，其他拉美国家将会抛弃我们，……我们一定要建立一种具体有效的遏制办法来对付美国对加勒比海的干涉。究竟用什么办法呢？合乎逻辑的回答是导弹"。[②] 到10月份，苏联通过伪装商船和客船，把总计42枚导弹、163枚核弹头、42架伊尔－28型轰炸机、42架米格21型截击机、24套导弹发射架、4个海岸防御导弹架、12艘装备反舰导弹的巡逻艇、80枚带有常规导弹的20个巡航导弹发射架和4万3千余名军人运进了古巴，[③] 并迅速进行导弹发射基地的建设。此外，根据原来的计划，苏联还试图在古巴建立一个可容纳11艘潜艇的基地，其中7艘潜艇携带水下发射的弹道导弹。[④] "他们制造假象，尽可能不使美国怀疑；声东击西，继续在西柏林问题上施加压力；发表欺骗性声

---

① 两国政府的代表还草拟了一份协议，其基本原则是，导弹本身及其操纵，完全处于苏联军事人员的管辖之下，不过这个协议因为苏联担心古巴公开而未真正签署。参见：钱海英："论古巴导弹危机"，载《法制与社会》，2010年2月（下），第170页。

② 张岱云、王长荣、陆宗荣、潘绪年、关可光等译：《赫鲁晓夫回忆录》，北京：东方出版社，1988年版，第696—697页。

③ 参见：Mary McAuliffe, *CIA Documents on the Cuban Missile Crisis* [Z], Washington, D. C.: CIA History Staff, 1992, pp. 140－150; Raymond Garthoff, *The Havana Conference on the Cuban Missile Crisis. Cold War International History Project Bulletin*, 1992, pp. 2－3.

④ Alexander Fursenko, Timothy Naftali, "*One Hell of a Gamble: Khrushchov, Castro, and Kennedy*, 1958－1964, New York: W. W. Norton Company, 1997, p. 189.

明并向美国人传达欺骗性口信，甚至不惜利用苏联驻美国大使和苏联驻联合国大使这样的外交官向美国传达欺骗性信息”。[①] 到10月上旬，苏联在古巴的导弹部署已经初具规模。尽管是秘密进行，但还是没有躲过美国的察觉，1962年10月9日至14日，美国派出U－2侦察机对古巴西南部进行侦察，14日终于首次拍摄到了第一个中程弹道导弹发射场，15日，又进行了两次侦察。“U－2飞机在古巴上空的侦察任务总计6分钟，拍摄照片928张……，照片显示，在圣克里斯托尔地区发现了1个中程弹道导弹发射基地，在瓜纳哈伊地区发现了2个中远程弹道导弹发射基地。另外，3个中程弹道导弹基地正在建设中，还发现21架伊尔－28中程轰炸机”。[②] 10月16日早上，肯尼迪总统得知这一情况后大为震惊。[③]

赫鲁晓夫宣称在古巴部署导弹的主要动机是保护古巴，阻止美国入侵古巴，同时他也承认，“除了保护古巴，我们的导弹也可在达到所谓的均势中起些作用。美国人用军事基地包围我们，用核武器

---

① 杨存堂著：《美苏冷战的一次极限——加勒比海导弹危机》，广西：广西师范大学出版社，2002年版，第18页。

② *U. S. Department of State*，*Foreign relations of the United State*（FRUS）（1961－1963），Volume XI，Cuba，Washington D. C. U. S. Government Printing Office，1996，pp. 11－12.

③ 肯尼迪认为，苏联在美国家门口部署核导弹的行动必须制止。接着，肯尼迪指定了一个包括副总统和国务院、国防部、中央情报局、司法部、财政部等部门的重要官员在内的专门小组，在国家安全委员会执行委员会的名义下秘密研究对策。执委会考虑了六种可供选择的方案：1. 不采取任何行动，故意将这次导弹部署看得若无其事；2. 通过外交途径解决，包括直接同赫鲁晓夫谈判，呼吁联合国或美洲国家组织建立视察小组，甚至考虑拆除美国在土耳其的导弹基地以换取苏联拆除其在古巴的导弹基地；3. 同卡斯特罗秘密接触，软硬兼施，促其脱离苏联；4. 对古巴进行海上封锁，实行军火禁运，并加强空中监视和警告；5. 实施空中打击，摧毁古巴导弹基地；6. 对古巴发动全面军事进攻。肯尼迪最后采取了第4号方案，实行封锁的政策，并谨慎地使用“隔离”的名称，以避免封锁具有的战争含义，防止刺激苏联出现“痉挛”性反应，将危机控制在最低水平，尽量避免核大战。参见：于江欣：“古巴导弹危机及其影响”，载《战争史研究》，2004年第4期，第37页。

威胁我们，而现在他们就知道当敌人的导弹对准他的时候是什么滋味，我们干的也不过是小小地回敬他们一下，现在正是让美国人知道自己的国土和人民遭受威胁是什么味道的时候了”。[①] 显然，赫鲁晓夫部署导弹的真实目的，是二者兼而有之。“如果从美苏冷战的大背景来分析苏联的动机，那么应该说，改善苏联的战略地位是苏联在古巴部署导弹的首要动机”。[②] 卡斯特罗1987年在“我了解加勒比海危机”的谈话中也说，“我不认为苏联这一行为的真正目的是为了保护古巴，实际上赫鲁晓夫是为了实行有利于苏联的战略目标”。[③]

2. 身份维度

美苏在二战后成为世界超级大国，但同时又陷入冷战，各自的身份成为了东西方两大阵营对抗的领头羊，彼此互相敌视、互相角逐、互相排斥，同时又竞相扩大自己的实力与影响，但谁也无法有把握完全压制对方。从总体来看，在20世纪50年代末60年代初期，美苏各自在国际体系中的体系身份总体上处于美强苏弱的态势。

赫鲁晓夫赢得苏联最高权力后，把苏联的社会主义看成了社会主义阵营的榜样，进一步加深了苏联“老大哥”的沙文主义思想。他幻想着扩大社会主义的地盘和苏联影响力，使苏联成为社会主义的老大哥，并与资本主义的霸主美国平起平坐，合作主宰世界事务。但赫鲁晓夫的个性又有很大缺陷，他“为人好冒风险，图新求变，但感情易冲动，莽撞而又反复无常。这种不稳定个性早在1960年秋他在联大的‘皮鞋外交’和第二次柏林危机中就有所反映，并导致了思想认识上和实际工作中的轻率、不谨慎和缺乏预见性”。[④] 为了

---

① ［俄］张岱云、王长荣、陆宗荣、潘绪年、关可光等译：《赫鲁晓夫回忆录》，北京：东方出版社，1988年版，第698—699页。

② 资中筠：《战后美国外交史》，北京：世界知识出版社，1994年版，第57页。

③ *Cold War International History Project. Woodrow Wilson International Center for Scholars*, Fidel Castro, Glasnost, and the Caribbean Crisis, Georgy Shakhnazarov.

④ 桂立：“古巴导弹危机决策分析”，载《武汉大学学报》（社会科学版），1992年第4期，第79页。

壮大社会主义阵营和扩大苏联的影响力，也为了平衡苏联在美国面前的弱势身份，苏联决定介入古巴事务。赫鲁晓夫说："我们确信美国人决不会容忍古巴卡斯特罗政权的存在。他们害怕社会主义的古巴将会变成一块把其他拉美国家吸引到社会主义的磁石……在美国对加勒比海地区进行干涉的威胁继续存在的情况下，我们自己究竟应采取什么样的政策呢？……我们有义务尽一切可能来保护古巴，务使其能作为一个社会主义国家而存在，并成为其他拉美国家的一个现实榜样。"[①] 显然，赫鲁晓夫在这一点上把古巴当成了强化苏联社会主义身份在全球的影响的重要棋子。

赫鲁晓夫在当权时期给苏联外交印上了强烈的个人主义色彩，在某种程度上褪去了一些苏联身份的光辉颜色。苏联在二战后斯大林时期，是社会主义阵营中有崇高威望的领导者，但赫鲁晓夫当权后，其外交政策的失误引起了原来盟友的不满。"他失去了中国、阿尔巴尼亚和南斯拉夫，苏联军队还从奥地利撤了出来。他的反斯大林主义的政治倾向动摇了波兰、匈牙利和捷克斯洛伐克国内的政治关系，罗马尼亚开始摆脱苏联的约束"，[②] 非苏联集团国家的共产党开始失去自己作为莫斯科的代理人的作用。[③] 而赫鲁晓夫个人在国家政治中的个人权力与身份也由鼎盛时期逐渐衰落，不仅在党内高层中引起普遍反对，引得中央集体领导的趋势渐渐加强，而且军方在国家政治生活中的影响力也日益增强。

古巴导弹危机时，美苏在欧洲的柏林危机较量还没有结束，苏联在欧洲与美国的平等身份甚至进一步的优势身份仍然没有树立起

---

① ［俄］张岱云、王长荣、陆宗荣、潘绪年、关可光等译：《赫鲁晓夫回忆录》，北京：东方出版社，1988 年版，第 679 页。

② 蔺陆洲："苏联国内政治斗争与古巴导弹危机决策"，载《法制与社会》，2011 年第 5 期（下），第 292 页。

③ ［捷］姆林纳日著，新征译，《严寒来自克里姆林宫》，北京：世界知识出版社，1980 年版。转引自：蔺陆洲："苏联国内政治斗争与古巴导弹危机决策"，载《法制与社会》，2011 年第 5 期（下），第 292 页。

来，现实中苏联的导弹也难以对美国产生直接威胁，远程战略威慑能力的差距使苏联难以获得与美国势均力敌的平等身份。美国当时核力量与导弹力量在数量和质量上都占优势地位，美国当时的国防部长麦克纳马拉于1989年1月在莫斯科的一次谈话中指出，当时美国与苏联导弹力量的比例是18：1，美国领先；美国的武器库中存有5000枚左右原子弹和氢弹，而苏联只有300枚[①]，“美国拥有大约200—250枚洲际弹道导弹，苏联大约只有50—75枚；美国有600架战略轰炸机，苏联只有约200架；美国还有144枚潜射导弹”[②]。显然，苏联在国际体系中的体系身份仍在美国之下，赫鲁晓夫却处处争强好胜，意图通过某些捷径或个别优势因素，强行扭转不利的体系身份和与美国的相互关系身份。赫鲁晓夫早在1959年的戴维营会议时就充分认识到苏联的综合实力与体系身份均不如美国的这一现实。他说，“我国在核弹头和导弹方面都远不如美国，而美国又处于我们轰炸机的航程之外，我们可以把美国在欧洲和亚洲的盟国炸成灰烬，但对拥有庞大经济和军事潜力的美国本身，我们却无能为力，只要他们对我们拥有这种优势，他们便可以比较容易地选择更有利的时候来发动战争”[③]。在他看来，苏联采取在古巴部署导弹这种便捷的方式，弥补战略力量的不足，可以让苏联获得与美国核威慑能力平等的身份，也可以使自己的个人身份添上威信的光彩。

---

① ［俄］谢·赫鲁晓夫：《导弹与危机》，北京：中央编译出版社，2000年版，第517页。蔺陆洲：“苏联国内政治斗争与古巴导弹危机决策”，载《法制与社会》，2011年第5期（下），第293页。

② 桂立：《美苏关系70年》，北京：人民出版社，2005年版，第288页。另一种具体一点的说法是：1962年，美国拥有洲际弹道导弹294枚，潜艇发射导弹144枚，远程轰炸机600架；而苏联分别拥有75枚、75枚和190架。参见：丹·考德威尔，张黛云译：《论美苏关系》，北京：东方出版社，1988年版，第177页。

③ ［俄］谢·赫鲁晓夫：《最后的遗言》，北京：东方出版社，1988年版，第616页。

3. 利益维度

苏联在古巴部署导弹的直接利益主要体现在哪些方面呢?

苏联在古巴部署导弹的原因有多种，大体来说有四种，“一是为了保卫革命后的古巴政权；二是维护苏联在拉美的立足点；三是为了取得核均势的全球战略；四是赫鲁晓夫莽撞冒险的个性”。[①]

从国际战略利益层面来说，1957 年，苏联第一颗人造卫星发射成功，震动了美国。詹姆斯·基利安写道：“苏联人造卫星在天上发出的嘟嘟声，一场信心危机像由狂风吹动的森林大火一样席卷了美国”。[②] 8 月，苏联还取得了另一项重要成就，在秋拉塔姆试验场成功地发射了一枚多级洲际弹道导弹。出于反应，1957 年年底，美国政府决定在土耳其、意大利等国部署“雷神”和“丘比特”导弹。赫鲁晓夫却认为：“美国已经用轰炸机基地和导弹包围了苏联。我们知道美国在土耳其和意大利的导弹是对准我们的”。因此，“我要决定一种既能对付美国威胁又能避免战争的行动方针。”[③] 这体现出苏联的国家根本利益受到威胁，出于国家利益需要，苏联在古巴部署导弹，一方面可以抵消美国在土耳其、意大利部署导弹对苏联的威胁，能取得相对均势利益，减低受威慑程度，另一方面也保卫了古巴新生社会主义政权，使苏联在美国的后院拉美地区有了一个重要的立足点，进一步扩大了苏联的全球利益范围。

从直接利益来看，一旦苏联在古巴成功地部署了导弹，美国的预警时间就从 15 分钟减少到 2—3 分钟，这样苏联对美国的战略威胁将成倍增强，战略天平将立即向苏联倾斜，并可能影响各国对于

---

① 蔺陆洲：“苏联国内政治斗争与古巴导弹危机决策”，载《法制与社会》，2011 年第 5 期（下），第 292 页。

② [美] 约翰·纽豪斯：《核时代的战争与和平》，北京：军事科学出版社，1989 年版，第 215 页。

③ [苏] A. C. 阿尼金：《外交史》（第 5 卷），北京：三联书店，1983 年版，第 761 页。

苏联实力与战略平衡的看法。另一方面，1948 年柏林危机以来，苏联一直坚持西柏林属于东德，并坚持签署对德和约，都始终未能如愿。自 1958 年赫鲁晓夫以最后通牒方式与武装对峙的办法来企图迫使美国等国家尽快解决西柏林问题后，这一危机持续了 4 年，久拖未决。赫鲁晓夫试图通过在古巴部署导弹给美国施加压力，促使美国在柏林问题和对德和约上让步。此外，苏联当时与中国等社会主义国家的关系恶化已经公开化，苏联寻求压制中国并阻止中国核武器开发，如果在古巴部署导弹成功，美国就将对苏联此类国际行动缺乏干涉的意愿与能力，苏联就可以腾出手来做一些别的事情，危机过后也确实在一定程度上达到了在一些特定利益上的目的。[①]

从国内利益层面来说，官僚政治始终是催生国家对外政策与行动的一个重要因素。现代官僚政治理论认为："现代政府的权力分属于不同的组织；组织拥有自身的组织利益，追求自身的独立，实现其相应的权力；各个组织看待世界的角度并不相同，组织之间时常产生冲突；国家的政策制定是组织之间冲突和妥协的产物。"[②] 阿利

---

① 尽管赫鲁晓夫在古巴部署导弹的直接目的没有达到，在柏林问题和对德和约问题上也不了了之，但后来和美国关系缓和很多，美国也确实撤走了在土耳其的导弹，没有入侵古巴，苏联在一定程度上实现了与美国的"和平共处"和"合作主宰世界"的目的。1963 年 6 月 20 日，美苏首脑之间还架设了"热线"（在原来的正常情况下，一国首脑的信息传到另一国首脑需要 4 个小时），1963 年 8 月 5 日，苏、美、英三国外长在莫斯科正式签署了《禁止在大气层、外层空间和水下进行核试验条约》。部分禁核条约严重损害中国的利益（中国当时正在研制核武器，并于 1964 年 10 月在西部大漠深处某地成功试爆了第一颗原子弹）。中国在 1963 年 7 月的一份声明中，揭示了苏联的不良用心，表示这是对中国人民利益的严重伤害，指出："苏联政府竟然心甘情愿地听任帝国主义夺取军事优势，这就出卖了社会主义阵营包括中国人民的利益……，苏联政府所执行的政策是联合帝国主义，反对社会主义，联合美国，反对中国。"这一声明参见：《国际关系史资料选编》（下册），武汉：武汉大学出版社，1983 年版，第 435 页。

② 吴文成、梁占军："古巴导弹危机中的官僚位置与决策"，载《国际政治科学》，2006 年第 4 期，第 54 页。

森（Graham T. Allison）提出“位置决定立场”[①]，他认为，官僚的“政策优先排序和政策认知是由官僚的位置决定的”，[②]“位置决定了行为体可能和必须去做的事情，行为体在各项决策博弈中拥有的优势以及遭遇的阻碍都来自他们所在的组织位置”。[③] 尽管这一观点在现实中可能有诸多可质疑甚至批判之处，但显然仍具有重要参考价值，这在我们分析苏联在古巴部署导弹的决策中仍然具有借鉴意义。赫鲁晓夫的支持者主要是与发展现代军火工业有关的利益集团，与该利益集团有关的一部分元帅、将官以及外交和外贸方面的利益集团。他们认为，苏联要捍卫自己的利益，就必须在同美国的竞争中站得住脚，这就包括对战略上重要的地区进行渗透。[④] 苏联的最高决策机构苏共主席团中的强硬派当时占据上风，他们认为向古巴部署导弹有利于增进苏联的国家利益，他们获得了军方和安全系统的支持，有利于当时的权势要员阻挡赫鲁晓夫进行改革的要求，以保护他们的既得利益。

（四）结果：刺激—反应的“协调进行”

危机发生后，前后历经 13 天，过程波涛汹涌，战争一触即发，差点酿成核战。危机高潮时的 10 月 27 日，美国参谋长联席会议向肯尼迪汇报说做好了一切战斗准备。当时美国在加勒比海上有 3 艘

---

① Graham T. Allison, *Essence of Decision: Explaining the Cuban Missile Crisis*, p. 176. 这与后来建构主义中的身份决定利益的涵义有相通之处。参见：［美］亚历山大·温特著，秦亚青译：《国际政治的社会理论》，上海：上海人民出版社，2000 年版，第 281—292 页。

② Graham T. Allison and Morton Halperin, “*Bureaucratic Politics: A Paradigm and Some Policy Implication*”, p. 44.

③ Graham T. Allison, *Essence of Decision: Explaining the Cuban Missile Crisis*, p. 165.

④ ［俄］阿尔巴托夫著，徐葵译：《苏联政治内幕：知情者的见证》，北京：新华出版社，1998 年版。转引自：蔺陆洲：“苏联国内政治斗争与古巴导弹危机决策”，载《法制与社会》，2011 年第 5 期（下），第 293 页。

航空母舰、9 艘护卫舰、12 艘驱逐舰和巡洋舰。美国联合防空司令部在东南沿海地区部署了 183 架截击机，其中 22 架预警时间为 5 分钟，72 架为 15 分钟。战术空军司令部在佛罗里达的各个基地集结了 850 架飞机，海军和海军陆战队部署了 5 个师的兵力。一支由步兵、装甲兵和炮兵组成的特种部队也从德克萨斯开赴佛罗里达。驻守佛罗里达的陆军师已做好准备，随时待命入侵古巴。为了威慑苏联，防范其贸然行动，美国战略空军所属的 182 架飞机已经做好战斗准备，60 架 B－52 在空中待命，其中 52 架携带着 196 枚核导弹，如果全面战争爆发，可以有效地对付苏联境内的目标。在地面，预警时间 15 分钟的飞机，包括 271 架 B－52 轰炸机和 340 架 B－47 轰炸机，携带着 1634 枚核武器，136 枚“大力神”和“宇宙神”洲际弹道导弹也待命发射。在海上，7 艘“北极星”潜艇处于 15 分钟戒备状态。27 日上午，战略空军司令指示 804 架飞机和 44 枚导弹处于待命状态，并且在 24 小时之内，战略空军司令部希望可以使 172 枚导弹、1200 架飞机携带 2858 件核武器处于最高戒备状态。[①] 此外，500 万张向古巴散发的传单印制完毕，并已装箱，随时准备空投。[②] 陆军参谋长惠勒在视察预定发起第一次进攻的部队后，满意地认为，在其 30 年的服役期间，“我们从来没有如此充分的准备”。[③]

后来被称为“黑色星期六”的 10 月 27 日，是整个危机期间最高潮、最紧张、最危险、最关键一天。肯尼迪总统的特别顾问西奥多·索伦森后来回忆说，执委会的成员都认为，“这一天（10 月 27

---

① Lawrence Chang and Peter Kornbluh, *The Cuban Missile Crisis* [Z], New York: The New Press, 1998, pp. 201－202.

② Lawrence Chang and Peter Kornbluh, *The Cuban Missile Crisis* [Z], New York: The New Press, 1998, p. 391.

③ Aleksandr Fursenko and Timothy Naftali, *One hell of a Gamble* [M], New York: Norton, 1997, p. 299.

日），核战争的爆发比核时代的任何时候都更为接近”。[①] 先是肯尼迪收到赫鲁晓夫与前一天内容矛盾的更多要求的信，明确提出以美国撤出土耳其导弹为条件撤除苏联在古巴的导弹设施。紧接着，早上，美国两架 U－2 高空侦察机中的一架被苏联一枚萨姆导弹击中，机毁人亡，美国军方强烈要求大规模军事报复与打击。肯尼迪的神经高度紧张，一方面，他摸不清赫鲁晓夫的真正意图是什么，因为此时的危险性确实很大，古巴境内已有 5 个导弹发射场完全可供作战使用，第六个也将竣工。这些导弹发射场可在 6 到 8 小时内发射 24 枚射程为 1100 英里的地地弹道导弹，且在几小时后再发射第二批；另一方面，按照原定计划，当美国飞机遭到射击时，美国就开始对古巴进行空中打击和进军古巴，国防部长麦克纳马拉代表愤怒的美国军方甚至已经提出了具体的时间表，即在次日（28 日）轰炸击落美机的萨姆导弹发射场，并要求在 29 日实施 312 作战计划——对古巴进行大规模轰炸，7 天后实施 316 作战计划——入侵古巴。下午，居然又发生一起意外事件，一架美国高空侦察机在北极地区飞行时，在苏联领空迷航，遭到苏联一群战斗机的拦截，虽然这架飞机被美国战斗机找回，但却在事实上可能已被苏联认为是带有核武器的作战飞机。晚上，苏联的一艘货运船“布加勒斯特”驶进隔离线，军方强烈要求截击并检查，肯尼迪通过反复酝酿思考，决定予以放行。形势已经十分危急，几近失控，战争如箭在弦，一触即发。肯尼迪面临巨大压力，决定做最后一次努力，他回信赫鲁晓夫，要求苏联在联合国的监督下撤除部署在古巴的导弹，并在以后不再部署，美国承诺结束隔离政策，并口头承诺撤除在土耳其的导弹。信件由他弟弟罗伯特·肯尼迪亲自转交苏联驻美国大使多勃雷宁，说明事态已经十分严重，并且要求第二天（28 日）必须给予明确答复。

---

① 于江欣：“古巴导弹危机及其影响”，载《战争史研究》，2004 年第 4 期，第 38 页。

“这天（27日）晚上白宫处于悲观、沮丧的气氛中，他们不知道，第二天迎接他们的是战争还是赫鲁晓夫的和平响应。同一天，莫斯科的克里姆林宫也笼罩在美国可能对古巴进行军事打击的‘巨大忧虑’之中”。这一天，赫鲁晓夫和其他重要高级官员在他的别墅一直讨论到28日，他们在讨论过程中，上午收到了卡斯特罗说美国将在24—72小时内可能对古巴进行空中打击和入侵的急信，还从其他渠道得到美国29日将发起对古巴打击的情报，下午又收到美国一架高空侦察机在北极地区进入苏联领空的情报，在收到肯尼迪的书面信件及口信后，赫鲁晓夫也感到情况已经万分紧急，他当即告诉他们的同僚：“同志们，现在我们必须找到一种体面的方式来摆脱这场对抗。”[①] 苏联出于整体实力不及美国，[②] 而且在地缘上，苏联与古巴相距遥远，而古巴却近在美国眼前等因素的考虑，“10月28日的会议上大部分中央主席团成员认识到，面对苏联海军和战略火箭军无法有效远程作战的事实，可供苏联选择的军事方案不仅非常有限，而且势必导致冲突升级和扩大，美国甚至有可能直接大规模报复性的打击苏联本土，而苏联还没有同样的能力，因而决不能做任何刺激其发动进攻的事情。苏联领导人认识到，肯尼迪已经做出了最后的让步，除非苏联做出妥协，否则美军对古巴的进攻不可避免”。[③]

赫鲁晓夫及其高级官员们集体讨论对肯尼迪的回信，当时紧张到，回信的最后部分还未校阅完，赫鲁晓夫就开始通过口述广播信

---

① 柳植：“一场惊心动魄的核对抗——美苏解密档案展示的古巴导弹危机”，载《百年潮》，2000年第3期，第67页。

② 1962年，苏联的洲际战略核力量在数量上仅占美国的1/3，整体军事力量也没美国强大。在军事实力背后的综合国力对比上，苏联显然不能与美国相提并论，苏联此时的国民收入只占美国的60%左右，工业生产也大约占百分之六十左右。参见：徐伟：“冲突域克制——论古巴导弹危机”，载《贵阳学院学报》（社会科学版），2007年第3期，第104页。

③ 蔺陆洲：“苏联国内政治斗争与古巴导弹危机决策”，载《法制与社会》，2011年第5期（下），第293页。

件的内容了。赫鲁晓夫表示接受肯尼迪的建议后声明："苏联已给自己的军官下达了指示，中止在古巴的导弹工程建设，将设备拆卸运回苏联。"①

28日上午9时，肯尼迪正式收到了赫鲁晓夫发来确认撤除古巴导弹的复信。肯尼迪立即复信，称赞赫鲁晓夫的决定是"具有政治家风度的决定"。

持续13日的危机终于结束。第二天（10月29日），美国国防部长麦克纳马拉下令：在1963年4月1日前撤销在土耳其的导弹基地。危机终于得到较好解决。

在整个古巴导弹危机中，是苏联挑起的对美国"刺激"的"动作电位"，在危机过程中，双方的刺激—反应互动既有兴奋又有抑制，使整个反应活动得以"协调进行"。美国获知并确认苏联在古巴部署核导弹后，面对可能的强度超过8000万美国人死亡的灾难性后果，② 美国产生了激烈"反应"。在军方看来，彻底解决"古巴问题"的时间和机会已经到来，现在需要的是抓住时机，美国军事行动的"目标应是消除对美国的威胁，同时解放古巴"。③ 危机的最后

---

① 柳植："一场惊心动魄的核对抗——美苏解密档案展示的古巴导弹危机"，载《百年潮》，2000年第3期，第67页。

② 根据美国情报部门的估计，苏联部署在古巴的导弹核武器的威力相当于苏联当时拥有的洲际弹道导弹总量的一半，在发射后的几分钟之内，将会死掉8000万美国人。参见：柳植："一场惊心动魄的核对抗——美苏解密档案展示的古巴导弹危机"，载《百年潮》，2000年第3期，第68页。

③ 参见：Anatoli Gribkov and William Smith, *Operation Anadyr: US and Soviet Generals Recount the Cuban Missile Crisis*, Chicago, 1994, pp. 125 - 126. 军方要求对凡是影响到美国及其军队行动的所有重大军事目标进行强有力的空中打击，一天出动700—1000架次的飞机，连续轰炸5天，然后实施入侵，推翻卡斯特罗政权。打击目标包括所有的导弹基地、战斗机、可疑的核武器储藏地、坦克、登陆艇等。参谋长联席会议主席泰勒曾向肯尼迪汇报了准备实施入侵的两个方案，计划在5天之内通过空投和两栖登陆向古巴运送9万人的部队。参见：赵学功："肯尼迪政府对古巴导弹危机的军事反应"，载《历史教学》，2011年第20期，第9页。

几天，参谋长联席会议向肯尼迪报告说，美军不仅已经做好了空袭或入侵古巴的一切准备，而且还可以在全球范围内遏制苏联的军事反应。军方的意见很明确，“希望能一劳永逸地解决问题，将苏联的力量和影响从西半球彻底赶出去”。[①] 但是，因为核大战的双向毁灭性后果，美国和苏联都不得不谨慎行事，美国从民间到军方到肯尼迪总统，都表现出了较强的理智态度与必要的谨慎。根据10月17日盖洛普的民意测验表明，60%的美国公众反对入侵古巴，担心这会引发一场更大的战争。到了22日，即肯尼迪就苏联在古巴部署导弹而发表讲话的当天，《新闻周刊》的调查显示，高达90%的受访者反对入侵行动。[②] 肯尼迪的特别顾问索伦森认为：“入侵比其他任何一种方案都更易冒一场世界大战的风险、冒苏联在柏林和其他地方进行报复的风险，以及冒在历史上被控进行侵略的风险”。财政部长道格拉斯·狄龙[③]则担心，“入侵会使美国深陷古巴泥潭，并对拉美国家造成不良影响”。[④] 肯尼迪认识到，“必须采取某种行动，现在的问题是，采取什么样的行动才会减少核交锋的几率，而核交锋显然意味着最终失败。”[⑤] 虽然美国军方做好了完全的军事准备，肯尼迪也认识到苏联在古巴部署导弹给了美国进攻古巴颠覆卡斯特罗政权的一个难得的良机，但这种行动风险实在太大，难以预料何种可怕的后果，而且在政治上也难以有效。“实际上，由于受到诸多国

---

① Lawrence Chang and Peter Kornbluh, *The Cuban Missile Crisis*, New York: The New Press, 1998, pp. 290 – 292.

② Marcus Pohlmann, *Constraining Presidents at the Brink: The Cuban Missile Crisis* [*J*], *Presidential Studies Quarterly*, Vol. 19, Spring 1989, pp. 340 – 341.

③ 肯尼迪胞弟约翰·肯尼迪在撰写的《古巴导弹危机教训》一文中，明确地说肯尼迪总统对狄龙十分欣赏，他写道：“总统十分崇敬他的智慧”。参见：罗伯特·肯尼迪：《古巴导弹危机教训》（该文选自罗伯特·肯尼迪《十三天：古巴导弹危机回忆录》最后两章，题目是选者加的），载《战略与管理》，2001年第5期，第108页。

④ Theodore Sorensen, *Kennedy*, New York: Harper and Row, 1965, p. 683.

⑤ 赵学功：“肯尼迪政府对古巴导弹危机的军事反应”，载《历史教学》，2011年第20期，第11页。

内和国际因素的制约，肯尼迪并不真的希望动武，而是以此来威慑苏联，促其妥协。"① 肯尼迪曾明确地告诫说："我认为我们应该牢记英国人在布尔战争、苏联人在苏芬战争以及我们自己在朝鲜的教训"，② "我们应该提醒自己，我们正在走上一条极其危险的道路"。③ 他强调，入侵古巴将是一个错误，是"错误地使用了我们的力量"。④ 他事后在一次谈话中也说："我并不准备把俄国人逼到超过必要的境地"。⑤ 1963 年 6 月肯尼迪在美利坚大学演讲时谈到古巴导弹危机，他表示，"最重要的是，在保卫我们自己的切身利益的同时，核大国必须避免发生那种会使对手不是选择屈辱性的失败就是选择发动一场核战争的对抗。"⑥ 肯尼迪总统的胞弟、时任肯尼迪总

---

① 这些因素主要包括五个方面：其一，军事行动代价高。根据军方估计，在行动第一天美军就将伤亡 4462 人，前 10 天伤亡人数将达到 18500 人。其二，军事资源的转移使用。美国必须调动全球军力资源来进行这场注定将是大规模的战争，在欧洲的柏林应急行动计划将不得不延迟或者限于停滞，其他如中国沿海、朝鲜半岛、中东等地方的军事力量也将受到极大影响。其三，行动后果难以预料。美国军方并不能确保大规模空袭就能彻底摧毁苏联在古巴的导弹，也不能保证美国免遭报复。而入侵带来的问题则更多。古巴民众将对占领军实施游击战，从而使得大量美军旷日持久地陷在古巴泥潭。其四，不论是空袭还是入侵古巴这样一个小国都会在全世界引发一场反美浪潮，甚至整个西半球国家都可能因此对美国持公开的敌视态度，并使美国与那些一直主张谈判解决问题的英国、加拿大等盟友的关系变得更为复杂。其五，担心空袭或入侵古巴会导致一场同苏联的战争，甚至引发两国之间的核大战。参见：Robert Dennison，CINCLANT Historical Account of Cuban Crisis，29 April 1963，DNSA. pp. 55 – 56. 赵学功："肯尼迪政府对古巴导弹危机的军事反应"，载《历史教学》，2011 年第 20 期，第 14 页。

② Lawrence Freedman，*Kennedy's Wars*，New York：Oxford University press，2000，p. 176.

③ [美] 威廉·曼彻斯特：《光荣与梦想》（第四册），北京：商务印书馆，1980 年版，第 1361 页。

④ Robert Dallek，*JFK's Second Term*，The Atlantic Monthly，June 2003，p. 61.

⑤ 罗伯特·肯尼迪：《古巴导弹危机教训》（该文选自罗伯特·肯尼迪《十三天：古巴导弹危机回忆录》最后两章，题目是选者加的），载《战略与管理》，2001 年第 5 期，第 111 页。

⑥ 同上书，第 110 页。

统任职时的司法部长、在古巴导弹危机中发挥重要作用的罗伯特·肯尼迪，后来在撰写的回忆录中，也提供有力的佐证，他写道："古巴导弹危机所得出的最后一条教训就是，设身处地为别国着想是很重要的。在危机期间，肯尼迪总统在试图制定某项行动方针并估计其将对赫鲁晓夫或俄国人产生何种影响上所花的时间，要比他在其他方面作的事情上所花的时间更多。"[①]

"纵观美苏在加勒比海上的危机事件可以看到，美苏双方一直在战争的边缘上滑动，却始终未能脱离一条既定的轨迹。原因在于在这个不断变动的轨迹上有一个边界，这个边界便是核时代塑造的"。[②] 法国历史学家让·巴迪斯特·蒂罗塞尔也评论道："从今以后，不论是美国参加越南战争，还是小国之间发生冲突，包括中东冲突，再也不会使两个超级大国的关系达到真正紧张的程度了"。[③] 苏联也通过在古巴部署导弹这一动作达到了一定的目的，美洲的第一个社会主义国家古巴的生存与安全得到了保证，[④] 美国在土耳其部署威慑苏联的导弹也得以撤除，与美国关系实现了相对缓和，苏联与美国"和平共处"及"合作主宰世界"的部分战略目标得到了实现，而且苏联也可腾出手来在导弹能力、军事科技、国内经济发展、与社会主义国家关系及其他国际事务上有所发展与行动。古巴导弹危机后，肯尼迪后来间接地阐释了美国的对苏、对古政策及行

---

① 罗伯特·肯尼迪：《古巴导弹危机教训》（该文选自罗伯特·肯尼迪《十三天：古巴导弹危机回忆录》最后两章，题目是选者加的），载《战略与管理》，2001 年第 5 期，第 110 页。

② 张红、刘会宝："肯尼迪在美苏古巴导弹危机中的'战争边缘策略'"，载《中南大学学报》（社会科学版），2010 年 8 月，第 16 卷第 4 期，第 38 页。

③ ［法］让·巴蒂斯特·迪罗塞尔著：《外交史》（下册），上海：上海译文出版社，第 283 页。

④ 在冷战时期，美国虽然在世界各地与苏联争霸，但美国历届政府始终信守肯尼迪政府关于"不入侵古巴"的国际承诺；冷战后，美国在伊拉克、科索沃、巴拿马、南斯拉夫、阿富汗、利比亚等多个国家也实行了军事打击与政治干预，但却仍始终没有对古巴"动刀子"。

动底线，肯尼迪总统认识到，“世界和平并不要求每个人都爱他的邻国……只不过要让他们在相互宽容的情况下共同生存”。[①] 他在1963年6月发表的“世界和平”演说中也说到，美苏两国“有着共同的深切的利益。……如果我们现在不能结束我们所有的一切分歧，那么，我们至少能够协力使世界在分歧之中保持安全。因为，归根结底，我们最基本的共同纽带是，我们全都生活在这个小小的星球之上。……我们可以在不放松警惕的情况下谋求紧张局势的缓和。”[②]

本章小结

本章引入神经生理学的刺激—反应机制来说明国际关系中的刺激—反应机制，看似有点不伦不类，实际上，都是相通的，并以希特勒进军莱茵非军事区和古巴导弹危机为例加以阐释，尽管可能不是那么完全贴切，但确实也能说明刺激—反应机制不止存在于自然界的初级反应中，也存在于人类社会的高级、复杂的反应中，并且所有的刺激—反应都具有一定的相通性。

现实中的国际关系，有时候是非常简单的，有时候却又是异常复杂的。只有跳出国际关系本身，不带有个人偏见，不带有经验喜好，不带有价值倾向，才能看到国际关系的本质，才能看到本质的相通性。

为什么20世纪70年代毛泽东在中美关系中“小球转动了大球”？为什么中国对日本在钓鱼岛所谓的“国有化”之后，对日

---

① ［美］西奥多·索伦森：《肯尼迪》，复旦大学世界经济研究所译，上海：上海译文出版社，1981年版，第349页。

② ［美］小阿瑟·施莱辛格：《一千天》，北京：三联书店，1981年版，第641—642页。

本通过各种途径欲谋求首脑会晤视而不见？从各种事件中，我们可以看出，刺激—反应机制是国际关系进化/退化的一个序幕，它存在于一切国际关系的宏观对外政策与微观外交细节之中，有些被忽略了，有些被利用了，有些产生了作用，有些没有效果。

第七章

国家的身份属性与国际关系退化机制

第一节　国家是有身份属性的

关于国家身份属性的说法，在建构主义理论兴起之前，尽管在现实主义、自由主义和马克思主义的有关著述中，都或多或少地从不同方面有提及或论述。例如现实主义提及最多的国家在国际体系中的主权、权利与利益，就是国家身份属性的一种物化；自由主义提出的民主国家之于专制国家；马克思主义则在相对的立场上，提出了身份属性的众多描述，比如奴隶之于奴隶主，资本家之于工人，封建主义之于资本主义，帝国主义国家之于民族国家等。在建构主义理论中，国家的身份属性被当作一种分析国际关系理论建构的关键性术语，尤其是温特的建构主义理论中，把国际关系理论中国家的身份问题提高了一个前所未有的高度，并且认为，国际社会主要是一种观念结构，物质因此只有通过观念结构才具有意义，体系结构塑造了行为体的身份，身份界定利益，利益决定行动。

国家是人的集合，因此在某种程度上说，“国家也是人”，理解这一点，就比较容易解释为何说国家也是有身份属性的。当我们试图回答“我”是谁、“他”是谁、“我们”是谁、“他们”是谁时，我们就可能会试图寻找“我们国家”与“他们国家”之间的区别及相互关系的答案，这样，国家的身份属性问题便会越来越清晰地浮现在我们的眼前。

尽管国家的身份有国内建构的一面，但建构国家身份和利益的观念在很大程度上是由国际体系层次无法还原的整体规范结构造就的。国际体系一般来说是相对固定的，即使有秩序的调整，也不会改变国际体系的无政府状态，所以，在把国际体系结构当所一种给定的状态条件时，国家总是与国家利益联系在一起的，但由于利益是由身份界定的，所以重要的问题先是探讨国家的身份属性。身份理论是社会建构主义的主要标志性概念之一，“身份理论是根据自我和社会之间的交互关系来解释社会行为的，它和美国微观社会学中的符号互动论传统有着密切的传承关系，是将符号互动论的基本观点运用到社会学经验研究中产生的理论成果。”①

温特是建构主义身份理论研究的集大成者，身份理论的主要论述见诸于其名著《国际政治的社会理论》。温特把身份作为有意图行为体的属性，它可以产生动机和行为特征，赋予身份成为国际关系研究中“连接环境结构和国家利益的一个关键点”②。这意味着，“身份从根本上说是一种主体或单元层次的特征，根植于行为体的自我领悟。但是，这种自我领悟的内容常常依赖于其他行为体对一个行为体的再现与这个行为体自我领悟的两者之间的一致性，所以，身份也会有一种主体间或体系特征。”他认为，两种观念可以进入身份，一种是自我持有的观念，一种是他者持有的观念。身份是由内

① Michael A. Hogg, Deborah J. Terry and Katherine M. White, “*A Tale of Two Theories: A Critical Comparison of Identity Theory with Social Identity Theory*”, Social Psychology Quarterly, Vol. 58, No. 4, 1995, p. 256.

② 罗纳德·杰普森、亚历山大·温特、彼得·卡赞斯坦：《规范、认同和国家安全文化》，载彼得·卡赞斯坦主编，宋伟、刘铁娃译：《国家安全的文化：世界政治中的规范与认同》，北京：北京大学出版社，2009 年版，第 61 页。

在和外在结构建构而成的，即身份是由结构塑造的。他分析了四种身份：1. 个人或团体；2. 类属；3. 角色；4. 集体。个人或团体身份是指行为体成为独立实体的因素，对于他者来说是外生的；类属身份是指具有社会内容或意义的相同特征，具有内在的文化向度；角色身份不是基于内在属性，而是存在于和他者的关系之中；集体身份是角色身份和类属身份的独特结合，它具有因果力量，诱使行为体把他者的利益定义为自我利益的一部分。温特同时指出，除了第一种身份之外，其他三种身份都可以在同一行为体身上同时表现出多种形式。所有四种身份都包含利益成分，但又不能还原到利益。由于身份具有不同程度的文化内容，所以利益也有不同程度的文化内容。[1] 实际上，个体或团体身份是该国家成为国家的基本因素，即对有组织暴力的垄断权。后三种身份，我们可以统一归之于（国际）体系身份，这对于分析国家利益、国际关系、国家外交政策、对外行动、战争与和平具有重要意义。

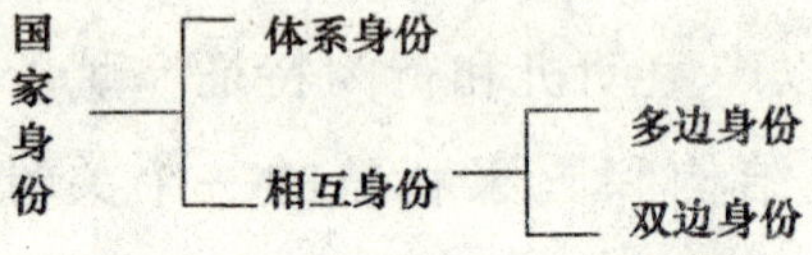

图 7—1　国家身份的分类

建构主义确实给我们分析国际关系带来了革命性的新思维方式，有许多重大借鉴和利用之处，但我认为，理论上，建构主义更多的是一种方法论，而不是传统意义上的国际关系理论，它关注过程重于关注结果，明显有点形而上学的味道，而且建构主义本身确实对于国际政治的现实的变化缺乏有效的、令人信服的解释。鲁杰曾指出，“建构主义缺乏新功利主义（主要指新现实主义和新自由主义）

① ［美］亚历山大·温特著，秦亚青译：《国际政治的社会理论》，上海：上海人民出版社，2000 年版，第 282—289 页。

的简约严谨和清楚明晰”。[①] 库芭科娃、奥努弗和科维特也认为，“建构主义不是一种具体的理论，它并不想解释事物何以按自身方式运转的原因。建构主义仅仅是一种可供选择的本体论，以及一种对世界的重新描述”。[②] 当然，温特自己也明确地说，他的理论体系最好被称为“关于国际体系的建构主义方法”。[③] 我在这里并不想讨论建构主义或其他主义的理论优势与局限性，而是因为建构主义较多、较系统地对身份进行了分析，可以进行参考、借鉴。

国家不仅是有身份的，国家身份包含了国家的硬身份和软身份。硬身份由硬实力构成，软身份由软实力构成，但硬身份和软身份都镶嵌在国家的体系身份和相互身份之中，即国家的体系身份和相互身份各自均包含了国家的硬身份和软身份。国家的身份还具有继承性和变革性。国家身份的继承性，首先表现在地缘身份与主权身份上，无论国家的国体政体、政策取向和发展层次是否改变，国家的身份一般都会被既有的国际体系所顺延性地认可。东方的印度在英国殖民统治结束后成为古印度的继承国、欧亚的俄罗斯在前苏联解体后成为前苏联的继承国，萨达姆倒台后的伊拉克、卡扎菲倒台后的利比亚，选举产生新一任总统后的法国、美国，都是一种地缘主权身份与国际体系身份上的继承。国际社会仍然把马利基任总统的伊拉克视为伊拉克这个国家，把奥巴马就任总统后的美国当成美国这个国家。国家身份属性的继承性还表现在新旧当权者改变之后的国家特性上，我们知道美国每四年就选举总统，但美国总统的更换，没有改变美国身份，美国仍然是一个全球霸权的、资本主义的、发

---

① ［美］彼得·卡赞斯坦、罗伯特·基欧汉、斯蒂芬·克拉斯纳编，秦亚青等译：《世界政治理论的探索与争鸣》，上海：上海人民出版社，2006年版，第286页。

② ［美］温都尔卡·库芭科娃、尼古拉斯·奥努弗、保罗·科维特主编，肖锋译：《建构世界中的国际关系》，北京：北京大学出版社，2006年版，前言。

③ ［美］亚历山大·温特著，秦亚青译：《国际政治的社会理论》，上海：上海人民出版社，2000年版，第39页。

达的、民主的、基督的政治、经济、军事、文化大国。

国家身份在具有继承性的同时，也有变革性。国家身份的变革性主要体现在国体、政体、政策以及由于经济军事实力发展而引起的全球地位的变化。日本明治维新后，由封建的、东方的、落后的国家逐渐变为资本主义的、“西方”的、发达的国家；1949 年新中国成立后，国家的身份由国民党执政的、三民主义的、落后的国家逐渐变为共产党执政的、社会主义的、强大的国家。

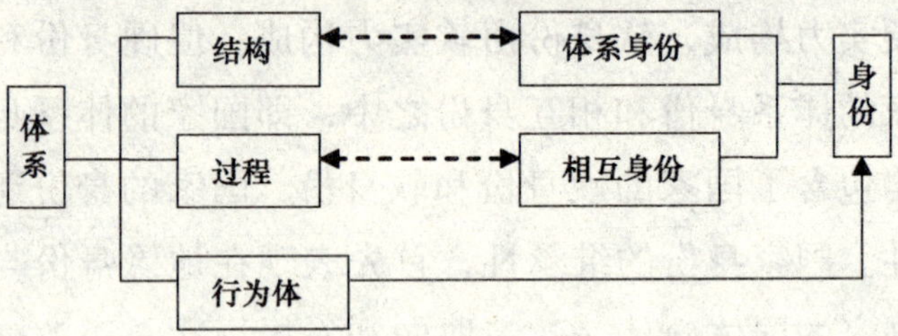

图 7—2　体系、行为体与身份的对应关系图示

国际关系的基本存在方式是国际体系，当行为体之间的互动形成共同利益和共同价值观时，国际体系会进一步演变成国际社会。国际体系包括结构和过程两个维度。

第二节　国家的双重身份：体系身份与相互身份

在这里讨论的国家体系身份，是指一个国家在全球意义上的国际体系里面的身份，包括实力大小、国体特征、政体属性、价值信仰、文化传统、发展状况等，其中最重要的是实力大小，这个实力包括人口多少、国土面积、拥有资源、军事力量、政治经济实力，有时候也包括文化、制度等软实力。体系身份整体上包含了温特的国家四类身份的后三类身份，即类属身份、角色身份和体系身份，如下图 7—2：

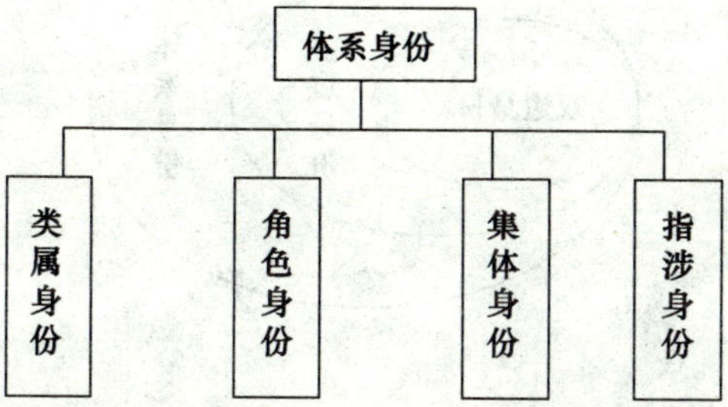

图 7—3　国家体系身份包含其他身份的图示

例如：美国是资本主义国家（类属身份）、国际体系的霸权国（角色身份）、全球意义上的西方国家（集体身份），美国曾经是伊朗的盟友（指涉身份），但用体系身份作为概括性表述更简单、更现实、更有针对性。国家的体系身份不只反映了国家的国家特性、社会特性、政策导向，也反映了国家的文化特性。我们可以利用国家的体系身份对美国的体系身份作进一步分解：美国是西方的、资本主义的、总统制的、民主的、发达的、文明程度高的、强大的、基督的国际体系中的霸权国。

国家的体系身份在分析、描述、解释和预测国际关系及国际秩序时，是远远不够的，事实上，国家的身份是双重的，除了体系身份之外，还有国家之间的相互身份，包括多边相互身份与双边相互身份。多边身份是指国家在地缘、全球意义上与其他国家之间的相互关系身份，包括多边机制或组织中的身份，双边身份是指两个特定国家之间的相互关系身份。一个非常有意思的现象（也许是本质）是，在国际政治及国际秩序中，尤其是在重大的、决定性的和平与战争的历史时刻中，从某种相对意义来说，国家的相互身份比国家的体系身份对局势的发展更具有决定性，而在进一步的多边相互身份与双边相互身份中，国家的双边身份比多边身份对局势的发展更具有决定性意义。

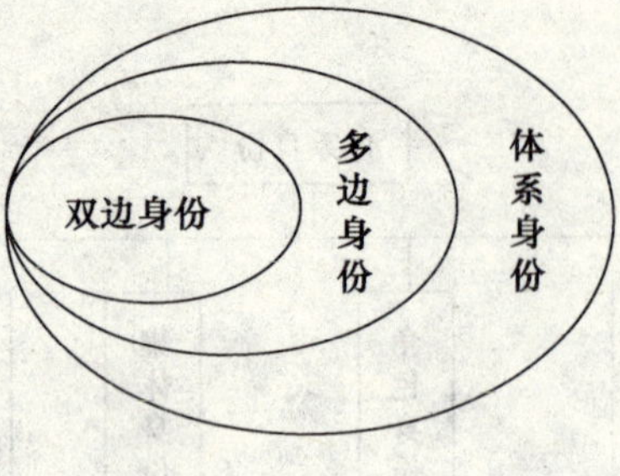

图 7—4 国家的体系身份与相互身份关系及功能区别图示

上图有两层含义，一是包含关系，即体系身份包含多边身份，多边身份包含双边身份（我在上文中把多边身份与双边身份合称为相互身份，而体系身份与相互身份合称为国家身份）；二是影响关系，即在多数国际和平与冲突的决定性重要时刻，多边身份比体系身份更有决定性意义，而双边身份又比多边身份更有决定性意义，也就是说，国家间的双边相互身份是和平与冲突的关键性身份要素，相互身份的改变往往直接导致国家间的冲突与战争。

国家在任何时候都具有体系身份与相互身份的双重身份属性。体系身份与双重身份既具有建构性，也具有解构性，体系身份的建构与解构同一国的国力及国内的繁荣与发展密切相关，而相互身份的建构与解构则主要与他国间的价值观及政策取向有关。英国在18世纪中叶至20世纪初的体系身份，主要是国际体系的霸主身份。在这期间，英国通过科技革新、经济发展、资本扩张和殖民统治，逐渐赢得了国际体系的霸权身份。据统计，在联合国现今193个会员国中，“全球仅22国未被英国占领过”。[①] 但随着资本掠夺的残暴、殖民统治的不义、民族国家的觉醒和其他大国的发展，英国的体系

① 英国历史学家新书称“全球仅22国未被英国占领过”，载《参考消息》，2012年11月8日，第12版。

霸权轰然倒塌，美国逐渐取代英国发展成为国际体系的霸权国。而且美国当前的体系身份（霸权国）远比英国体系身份（霸权国）更强势、更牢固，美国在全世界具有强大的政治、经济、金融、科技、文化、军事实力，在全球各地有数百个军事基地和数十个安全伙伴或盟国，拥有无可匹敌的全球影响力与支配力。美国“不仅垄断全世界大部分原材料来源，而且垄断着全球的主要产业、各方面的科技人员和熟练劳动力，霸占交通要冲和各种生产工具，并通过银行和各种金融衍生品以及种种股份制，支配和占有更多的资本进而掌控全球的各种秩序。从一定意义上讲，现在的世界就是一个巨大的以美国为首的西方世界控股的全球股份公司。”① 美国当前的体系身份（霸权国）虽然受到了一定程度的挑战，但离美国体系身份的解构却还言之过早，这与美国当前本身国力及制度性繁荣密切相关，也同美国与其安全伙伴相互身份的牢固关系和有力支撑密切关联。

国家的体系身份与相互身份既有排斥之处也有互益之处。体系身份几乎没有情感性因素，而相互身份则浑身上下都显示着社会认知与情感因素，其中情感是相互身份形成和转变的一种驱动型力量。以泰费尔为代表的早期社会身份理论家非常重视情感性因素的作用：不但社会身份本身就包含着对自我所属群体的情感意义，更重要的是，自尊等情感需求还是社会身份形成的主要动力。② 在体系身份与相互身份之间，如果体系身份在国际体系中居于主导国地位，则相互身份往往服从于体系身份的需要，但体系身份明显能有效地增益于相互身份的建构、生成、维护与巩固。当然，无论是体系身份还是相互身份，本身都包含利己身份的成分，它们并不冲

① 李慎明：“美国靠四大霸权‘控股’世界”，载《环球时报》，2012年11月8日，第14版。

② 季玲：“重新思考体系建构主义身份理论的概念与逻辑”，载《世界经济与政治》，2012年第6期，第84页。

突。相互身份的建构本身也有自己的逻辑准则，并非总是与体系身份保持一致性，在特定时候相互身份甚至反过来挑战体系身份的价值。

从现实主义的角度来看，体系身份如果处在体系的最高位，维护体系身份的代价则是最大的。但一个值得注意的现象是，在无政府状态中，体系身份如果不是处于最高位，即如果不是体系霸权国或主导国，维护体系身份的代价则显著减少，维护体系身份的代价几乎都流向了相互身份的塑造，因为非体系霸权国所具有的体系身份，主要依赖各种相互身份的构成。全球治理与国际规范能适当地减轻体系身份与相互身份的塑造及维护代价的压力，也能有效地促进国际合作与全球正义，但在相互身份尤其是双边相互身份的改变中则显得苍白乏力。

如果根据建构主义的观点，“他者在互动中的身份取决于自我对他者的定位”，[①] 国家的体系身份与相互身份在得到国际社会中他者的确认后才具有意义，即身份本身只有处于社会关系中才具有意义。这意味着国家身份是把国家利益本身置为目的，因而国家具有何种体系身份及相互身份，虽然并不常常是以国家利益为出发点的，但国家身份的改变则肯定是以国家利益为出发点的，并且与具体问题和具体威胁直接相关。

因此，把身份作为给定因素，可能更有利于国际关系的理解与分析，但不利于国家的政治行动分析，因为国家利益不是固定不变的，国家的体系身份与相互身份在不断地发生着微妙的变化和量变累积。国际体系实际上是一个进程，一个由于被内在和外在结构相对稳定之后似乎是给定因素的进程，但这显然只是一个假象，否则我们所应用的方法论就变成了本体论，反过来使我们的分析与研究

---

① ［美］亚历山大·温特著，秦亚青译：《国际政治的社会理论》，上海：上海人民出版社，2000年版，第421页。

失去了意义与价值。

身份改变，权利、义务与责任也相应改变。体系主导国身份的改变，主要在于自身实力的保持和制度性繁荣，其体系身份在很大程度上决定相互身份的构建、强弱、解构和改变。非体系主导国的体系身份变化，在很大程度上是附着于相互身份变化的。不管是体系主导国还是非主导国，其体系身份和相互身份的改变，都导致权利、义务与责任的改变。无政府状态是导致身份改变的根本外围原因，但无政府状态同时也具有内在制约性，使身份的改变具有滞后性，也是权利、义务和责任不具有绝对性意义的重要原因。这解释了即使中国未来超过美国成为世界第一大经济体，由于美国控制了国际体系七成以上的霸权资源，中国的体系身份也不会马上得到根本改变，但在国际组织、多边国际机构、与他国相互关系中的各种相互身份会改变很多，权利、义务与责任也相应改变。国际社会对中国的视角的日趋多样化，从“中国威胁论”到“中国责任论”、“中国机遇论”、“中国不确定论”，表明中国体系身份变化带来影响的多样性；中日围绕钓鱼岛的争端，中国官方和民间都一再强调中国不是清朝末年至新中国成立前的中国了，不会听任日本为所欲为地挑战、蚕食、侵犯中国领土主权的行径，表明体系身份的改变对于相互身份的改变有着支撑性作用，甚至是决定性作用。

受到文化、文明、制度、意识形态、价值观等内生性因素的影响，身份认知与身份忠诚度通常会有很大的惯性。体系身份的改变，国内民众可能会较快适应，但并不代表他者能及时对自我身份改变的认知和对身份忠诚度的适应性改变，抗拒心态、逆反心态、打压心态、围堵心态、遏制心态和颠覆心态比认可心态、顺应心态和合作心态要更常见，但如果由于外力介入而改变身份，则容易获得区域性甚或全球性的适应性认知和观念更新，如温特所总结的，“这一切取决于他者对以前的身份有多大的留恋程度，取决于双方有多大的权力。”[1] 自我及他者任何一方所确认的国家体系身份与相互身份一旦改变，各种新的相互博弈及游戏规则也会随之到来，而和平、正义、公平、进步、道德和理性仍然是价值判断的最佳天然尺度。

第三节 国家身份的总和即国家形象

如果让一些人闭上眼睛想一个问题，“美国的国家形象是什么?”一般都会在脑海中出现很多不同的镜像（Imagination），想象到的具体形象可能是：

- 美国的二维或三维地图
- 美国星条状的国旗
- 美国的白宫和国会山
- 美元钞票
- 美国弯弯曲曲的线性英文
- 美国的航天飞机、航天员、空间站
- 美国街上胖胖瘦瘦的白人和黑人
- 美国的高楼大厦和公路上的车子
- 美国无处不在的军队、航空母舰和导弹
- 美国总统
- 曼哈顿的自由女神像
- 纽约证券交易所
- 苹果、微软、硅谷等
- 教堂、圣经、唱诗班
- NBA 球队比赛

---

① ［美］亚历山大·温特著，秦亚青译：《国际政治的社会理论》，上海：上海人民出版社，2000 年版，第 429 页。

- 好莱坞电影
- 迪斯尼乐园

……

相对于具体的形象，抽象的美国形象可能是：

- 美国好
- 美国不好
- 美国历史短
- 美国很大
- 美国很发达
- 美国是世界上唯一超级大国
- 美国的军事实力独步天下
- 美国霸道
- 美国喜欢单边主义
- 美国人讲规则
- 美国有钱
- 美国欠钱
- 美国人好
- 美国人坏
- 美国的大学很多很好
- 美国科学技术很发达
- 美国是个体育强国
- 美国大片好看
- 美国和英国关系好
- 美国干涉别国事务
- 美国和中国过不去
- 美国和伊朗有恩怨情仇
- 美国总是支持以色列、日本、韩国等国
- 美国有救世主情结

- 美国人在全球常受攻击
- 美国反恐
- 美国是安理会常任理事国
- 美国人信基督教
- 美国是个民主国家
- 美国两党轮流执政
- 美国是个移民国家
- 美国是个自由国家
- 美国是个资本主义国家
- 美国和西方国家是一伙的

……

上述每一个具体或者是抽象的美国形象描述，都是美国真实存在的一个身份，某个形象代表了美国在某个方面的身份。然而，美国的形象到底是什么形象呢？我们的确无法确定出哪个形象才是美国的真正形象，哪个身份才是美国的真正身份，因为这些形象或身份几乎都是真实的。这个问题也正是这里要探讨的问题：身份的总和即国家形象。

在分析国家形象之前，有必要先了解一下“形象”的涵义。

《现代汉语词典》对形象的解释是“能引起人的思想和感情活动的具体形状或姿态”。《朗文当代英文词典》的解释是“某人或某事在他人脑海里所留下的图像；多数人对某人、某组织或某一事物所持有的普遍判断和看法”。[①] 科特勒（Philip Kotler）对形象的看法是“形象指人们所持有的关于某一对象的信念、观念与印象”。[②] 徐

---

① Longman Dictionary of Contemporary English（English Version），北京：外语教学研究出版社，1999 年版，第 709 页。

② Philip Kotler, *Marketing Management*, *Analysis*, *Planning*, *Implementation and Control*, 9th ed.（Upper Saddle River, NJ: Prentice Hall International, inc., 1997）, p. 607.

国定认为，"形象是具体事物的主观映像"。[①] 姜源对形象的观点是，"形象是人脑对所观察事物的再现"。[②]

对于"国家形象"的涵义，很多学者也形成了诸多看法：

管文虎认为，"国家形象是一个综合体，它是国家的外部公众和内部公众对国家本身、国家行为、国家的各项活动及其成果所给予的总的评价和认定。国家形象具有极大的影响力、凝聚力，是一个国家整体实力的体现"。[③]

汤光鸿的观点是，"国家形象是外部和内部公众对某国的总体判断和社会评价"。[④]

方伯华等认为，"国家形象是一个国家在国际间的政治、经济、文化、军事、科技等诸方面相互交往过程中给其他国家及其公众留下的一种综合印象"。[⑤]

傅新的看法是，"国家形象是一国政体、外交、内政、领导人、官员、人民、文化、历史等诸方面的综合形象"。

杨伟芬认为，"国家形象是国际社会公众对一国相对稳定的总体评价"。[⑥]

张昆、徐琼的定义是，"国家形象是国家物质力量和精神力量的综合表现；国家形象是国家实在的主观反映"。[⑦]

---

① 徐国定：《形象学》，香港：香港国际海洋出版社，1998 年版，第 26 页。

② 姜源："异国形象研究中的文化意义"，载《社会科学研究》，2005 年第 2 期，第 89 页。

③ 管文虎主编：《国家形象论》，四川：电子科技大学出版社，1999 年版，第 23 页。

④ 汤光鸿："论国家形象"，载《国际问题研究》，2004 年第 4 期，第 19 页。

⑤ 李正国著：《国家形象构建》，北京：中国传媒大学出版社，2006 年版，第 23 页。

⑥ 杨伟芬等编著：《渗透与互动——广播电视与国际关系》，北京：北京广播学院出版社，2000 年版，第 25 页。

⑦ 张昆、徐琼："国家形象刍议"，《国际新闻界》，2007 年第 3 期，第 11—12 页。

约瑟夫·奈的观点是，“国家形象是一种国格魅力，它不是一种基于物质性实力威压对方屈服的强制力，而是一种诱导性的、向内吸纳式的吸引力”。①

然而从经验层面来说，国家形象也是一个国家在国际社会的制度、政治、经济、军事、科技、社会、文化、卫生、体育、生态等诸方面相互交往过程中给其他国家及其公众留下的大体印象，这种印象具有多样性、多维性、多层性、多面性。董青岭对国家的二元形象分析与定义作了深刻批判，他认为，这种主客体二元分立的定义充分体现了国际关系中物质主义的研究路径，它深刻揭示了国家形象赖以承载的物质基础，但也存在着两个明显不足：一方面，它隐喻国家形象就是国家客观现状的真实反映，国家形象概念与国家现实之间是一种真实的一一对应的指涉关系；另一方面，它隐喻国家形象主要是对一国军事、经济、科技等物质性实力的反映和评价，认为国家形象的意义主要体现在这些方面的进步程度上，在逻辑上陷入了这样一种假象：国家的物质性实力越强，国家形象就越高大；如果国家的客观现实本身是好的，那么，作为其反映物的国家形象也应是好的。② 由于身份具有自我定位与他者评价的双重属性，所以国家的任何一个合理身份都是国家形象的一个方面，国家实力强，不见得国家形象好，国家弱小，不见得国家形象差。“只有通过共享的知识结构，物质资源才被赋予含义”。③ 从这一意义上来说，我的结论是，国家身份的总和即国家形象。所有的身份都可以视为形象，但不是所有的身份都可以合适地上升为国家形象，而且，国家身份

① Joseph Nye, *Soft Power*, Foreign Policy, Fall, 1990, p. 166.

② 董青岭：“国家形象与国际交往刍议”，载《国际政治研究》，2006 年第 3 期，第 55 页。

③ Alexander Wendt, *Constructing International Politics*, International Security, vo. 120, no. 1, 1995, p. 73. 转引自：倪世雄等：《当代西方国际关系理论》，上海：复旦大学出版社，2001 年版，第 224 页。

被视为一种具体，国家形象则被视为一种抽象，抽象虽然是来源于具体的主观反映，但这种反映经过了自我价值观的洗刷而形成的，带有浓厚的价值偏好和情感色彩。

个人可能有很多的身份，例如：男人、女人、丈夫、妻子、旅客、顾客、教师、医生、警察、学生、总统、部长、经理、富翁、乞丐、罪犯，等等，但在社会上人们主要看重三类身份，一是社会职务，二是从事职业，三是拥有财富的多寡，其他身份一般属于基本身份或附带身份或临时身份。国家身份不同于个人身份，国家身份有自身的特质，国家身份的表象在被解读为国家形象时也与个人形象有别。“在国际社会中，国际行为体间保持互动关系，每一个行为体的行为及特征都在其他行为体的观察之中。众多观察者对某行为体的行为进行评判，国家形象便产生了。”① 综合来看，国家形象的基本要素可以概括为物质要素、制度要素和精神要素三个层面。② 从建构主义的角度来看，“社会体系最终只有一种结构，它同时包含了物质和观念两种内容”，③ 因此为了便于分析，制度要素和精神要素可以归之于建构主义分析意义上的观念要素。

物质要素是指支撑国家生存和发展的自然物质基础和各种物质要素的总和，其中既包括疆域、人口、自然资源，也包括在此基础上形成的国家的经济、科技、军事实力、体育等综合实力要素；制度要素是指国家的各类制度系统以国家权力为中心凝结为一个整体，共同规范着整个社会的运行和人们的各项活动，从而成为构成国家形象的重要元素；精神要素集中体现在国家的民族精神或民族性格

---

① 汤光鸿：“论国家形象”，载《国际问题研究》，2004 年第 4 期，第 19 页。

② 参考管文虎主编：《国家形象论》，四川：电子科技大学出版社，1999 年版，第 25—31 页。在不那么严格的情况下，一定场合时，国家身份是可以被视为国家形象，因而国家身份也可以分为国家的物质身份、制度身份和精神身份，但由于国家的体系身份和相互身份中均包含这三类身份，而且国家形象不可避免地带有较多的主观性视域因素，所以我在分析中仍然把国家身份分为体系身份和相互身份。

③ Alexander Wendt, *Social Theory of International Politics*, p. 190.

上。国家形象的三大特性是：系统性和多维性、动态性和相对稳定性、对内对外的差异性。[①] 系统性和多维性是指尽管国家形象诸要素的地位和作用不同，但共同构成了国家形象的完整、统一的系统，并从不同侧面向公众发出不同的信息；动态性和相对稳定性是指国家形象并不是一成不变的，但国家形象一旦形成，就会对国内外公众产生影响，并对具体的国家形象保持惯性认知，只要国家的各要素大体保持相对稳定，国家形象也保持相对稳定；对内对外的差异性是指每个国家的“自我期待形象”与国际社会的“实际评介形象”或多或少有差异，很少有一致的时候。

国家形象的三大要素和三大特性比较客观地反映了国家形象的本质，这三大要素和三大特性也都分别交叉包含在国家的体系身份和相互身份之中。国家形象和国家身份既可以单一化，也可以集合化，某种单一定义的国家身份和单一定义的国家形象可以相互指涉。例如美国的霸权国身份和美国的霸权国形象可以相互指涉，但集合的国家身份和国家形象则不能相互指涉，即国家身份的总和是国家形象，但不能反过来说国家形象的总和就是国家身份，原因就在于国家形象可以是客观的、偏执的、正面的、负面的、夸大的、贬低的、丑化的、美化的，它包含较多的随意性、主观性、情感性、价值观性甚至意识形态性因素，而国家身份具有严格意义上的客观性和可证性，几乎不存在可论争性空间。例如，美国利用其话语权优势，给伊朗的国家形象贴上“邪恶国家”的标签，但伊朗的国家身份却不能被随意化，伊朗的体系身份是一个历史悠久的、有一定经济和军事实力的、伊斯兰的、石油资源丰富的、扼守霍尔姆斯海峡的、国土面积较大的、人口较多的中东国家，伊朗的多边相互身份有不结盟运动成员国家、上海合作组织的观察员国等，伊朗与美国

① 参考张昆、徐琼：“国家形象刍议”，载《国际新闻界》，2007 年第 3 期，第 14—15 页。

的双边相互身份在19世纪初到1979年及之后，经历了“从陌生人到朋友、对手、敌人的持续转型”。[①] 可以看出，伊朗的体系身份和相互身份具有严格的客观性特点，而伊朗头上“邪恶国家”的国家形象“帽子”只是美国在一定历史时期以自己眼光标准来看的，可能对美国具有某种意义，但并不具有普遍性、客观性、可证性价值。

无论在和平时期还是非和平时期，国家形象的物质要素都是基本的。首先，没有国家的存在就没有国家形象；其次，国家的物质要素实在太低太少，那么其国家形象很可能也不起眼，缺乏价值可言；再次，国家的物质性要素是撑起国家形象的支柱，国家形象虽然是多面且相异的，但都不同程度地依托物质性要素作为建构的基本支柱。事实上，国家形象的物质要素与精神要素也佐证了物质主义与理念主义的一体性。国际关系本体论的物质主义和理念主义都是高度理想化的状态，物质主义与理念主义之争的核心是物质因素和观念因素在社会生活中的相对重要性，不在于一方对另一方的否定。正如温特指出的，“物质主义和理念主义是一个单一的连续体，国际关系的现实存在可以是它上面的任何一点。两种本体论都承认观念的作用，区别只在于观念的作用到底有多大”。[②] 物质要素只有在观念的分配中才有社会意义，制度要素和精神要素（观念因素）也显然只有依附于物质因素才具有现实意义。

在和平时期，国家的物质要素在相对稳定之后，就成为国家形象的金字塔中下层的实力奠基，制度性要素或精神性要素成为国家形象的金字塔中上层甚至顶尖的地位。俄罗斯是一个全世界国土面积最大的国家，其历史与文化传统造就了俄罗斯人直率、友好却也刚强、不畏强权的硬汉形象。俄罗斯民间有句谚语“利益所致，铁棍横扫，如遇阻挡，铁棍加粗”，比较中肯地反映了俄罗斯人的形象

---

① 赵广成：《从合作到冲突：国际关系的退化机制分析》，北京：世界知识出版社，2011年版，第163页。

② Alexander Wendt, *Social Theory of International Politics*, p. 27.

以及俄罗斯的国家形象。无论从国土面积、人口、经济、军事实力来看，新加坡的体系身份都只能算是一个小国，但新加坡因为地缘、制度、政策、繁荣、政府清廉高效等因素，在国际上成功地塑造了区域“重要国家”的国际形象。就地理和人口来说，以色列在中东和全世界的体系身份都是一个“小国”，但以色列却在世界上塑造了一个经济发达、科技先进、军力强悍、恩怨分明、有仇必报、坚决捍卫国家利益的“大国”形象。①

在非和平时期，国家形象的物质要素发挥着决定性的作用，制度性要素和精神性要素发挥辅助性作用，个别情况下，制度性要素和精神性要素也极其重要。在朝鲜战争中，就物质因素来说，中国人民志愿军的装备无论从任何一个方面来说，都远不及美国，但志愿军在凭借强大精神性要素的基础上，仍然把美国为首的十六国军队赶到了“三八线”以南并迫使美国签订停战协定。二战前期，英国坚韧不屈地抵抗法西斯德国攻击的国家形象不仅鼓舞了英国人民和全世界人民，也为英国树立了英勇顽强的、与法西斯斗争到底的、正义的国家形象；二战后，英国在国际社会的国家形象主要是白人的、君主立宪制的、西方阵营的、发达的、与欧盟（前身是欧共体）关系若即若离的、与美国对外政策保持高度一致的大国。②

国家形象在国家的对外决策中非常重要，正确评介与判断一个

---

① 国家形象在不同对象国里是不同的，以色列在巴勒斯坦人中的国家形象难免是非道义的、负面的、不利的、丑化的、甚至是邪恶的、魔鬼的。

② 国家形象很难简单地用一种或几种说法来加以表述，百人有百人的看法，千人有千人的观点。据载，英国的一家广告公司 BMP DDB 分别于 1994 年和 1997 年在 30 个国家对英国形象进行了深入调查。该调查要求被调查者从所提供的 40 个形容词中挑选 5 个最能表现和 5 个最不能表现英国特征的词。两次调查的结果令人惊讶地相似，英国被认为是一个骄傲、文明和冷漠的国家；它最不具备的特征是热情、急躁、进取和冒险。唯一的区别的是 1994 年的“傲慢”让位于 1997 年的“聪明”。转引自：孙有中：“国家形象的内涵及其功能”，载《国际论坛》，2002 年 5 月，第 4 卷第 3 期，第 20 页。参见：Eugene D. Jaffe & Israel D. Nebenzahl, National Image and Competitive Advantage (Copenhagen: Copenhagen Business School Press, 2001), pp. 125 – 127.

国家的国家形象也非常重要。国家形象不仅本身就是一种国家利益所在，而且可能帮助赢得更大的国家利益和国家声望。约翰·米尔斯海默认为，“构建良好的国家形象”就是“赢得民心”，“是相互依赖时代重要的国家利益所在”。[①] 然而国家形象的正确评介必须顾及形象的多维性，但不能眉毛胡子一把抓，必须看到，国家形象首先在于国家的物质性要素，即国家综合实力，然后要适当地、正确地评估国家的制度性要素和精神性要素，这要求正确看到和评估他国的体系身份。同时，还必须考虑他者对自我国家形象的评介和判断，即必须考虑自我与他者之间相互形象背后的相互身份。诚如汉斯·摩根索指出的，“别人对我们的看法同我们的实际情形一样重要。正是我们在他人‘心境’中的形象，而不是我们本来的样子，决定了我们社会中的身份和地位。”[②] 罗伯特·杰维斯也精辟地指出，“如果不考虑决策者对世界的看法以及他们对别人持有的形象，那常常是无法解释至关重要的决定和决策的”。[③]

国家形象与国家特性密切相关，国家特性与国家身份也密切相关[④]。某些国家特性会形成某类国家身份，某类国家身份会形成某种国家形象。单一性国家特征构成类聚性国家特征，类聚性国家特征形成国家特性，国家特性形成国家身份，国家身份的总和就是综合的国家形象。某些单一性特征也能直接构成国家身份属性和国家形象。例如美国是民主党和共和党轮流执政的国家，这种单一性特征，

① John J. Mearsheimer, "*The Future of the American Pacifier*", Foreign Affairs, vol. l80, no. 5, 2001, pp. 46 - 61.

② Hans J. Morgenthau, *Politic among Nations*: *The Struggle for Power and Peace*, The McGraw-Hill Companies Inc., 1985, pp. 86 - 97.

③ ［美］罗伯特·杰维斯著，秦亚青译：《国际政治中的知觉与错误知觉》，北京：世界知识出版社，2003 年版，第 18 页。

④ 在英语中，特性与身份的单词都是 identity，在上海译文出版社出版的《英汉大辞典》中 identity 的翻译的中文释义多达七种，其中包括特性、身份、同一性、认同等含义。但在中文里，特征、特性、特色、特质、身份等都有明显不同的含义指涉。

既可以直接构成国家特性（两党轮流执政），也能直接构成国家身份（现代资本主义民主体制国家）和国家形象（自由、平等、民主）。国家特性的类聚性特征有五类，分别是状态性特征、政策性特征、行动性特征、物化性特征和行为性特征。它们都能形成某种特定的国家身份属性，进而构成综合性的国家形象，也可直接形成某种国家形象。如下图7—4：

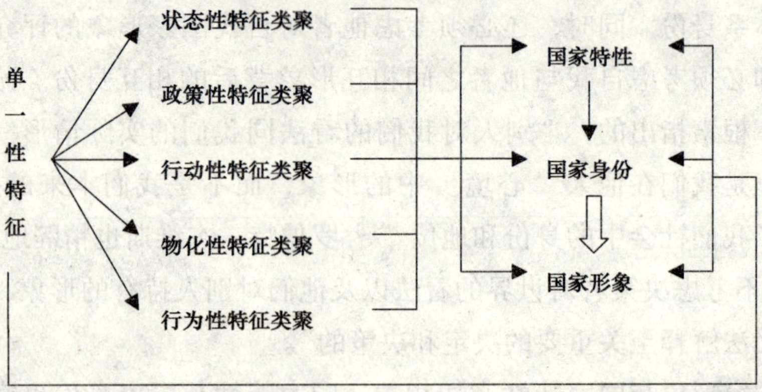

图7—4　国家形象的形成图示

下面以中国为例来说明这五种类聚特征形成国家特性、国家身份和国家形象的关系：

- 中国人口多、底子薄、工农业发展相对落后、城乡差距较大、人均国民生产总值远低于发达国家和许多发展中国家等众多状态性特征类聚的国家特性，形成了中国是一个发展中国家的国家身份，进而形成了中国是发展中国家的国家形象；
- 共产党领导、社会主义制度、人民民主专政、和平共处、改革开放、科学发展等一系列政策性特征类聚的国家特性，凝成了中国不称霸、不结盟、不信邪、公平正义的第三世界社会主义国家身份，并经过反复的实践检验，中国逐步确立了在对外关系上独立自主、和谐发展的国家形象；

- 通过朝鲜战争、黄岩岛事件、钓鱼岛争端等一系列行动性特征类聚的国家特性，中国作为一个国际社会中正常主权国家的国家身份，确立了在任何时候都坚决捍卫国家主权和领土完整的国家形象；
- 天安门、长城、布达拉宫、少林寺、鸟巢、水立方等标志性建筑，北京、香港、上海、广州、西安、武汉、沈阳和乌鲁木齐等著名城市，辍学的小学生、童工、留守老人等农村人物特写，新疆的哈密瓜、广西的甘蔗、海南的芒果、湖南的湘菜、广东的粤菜、西藏的喜马拉雅山、内蒙古的草原、哈尔滨的冰雕、四川的乐山大佛等，这些不一样的林林总总物化性特征类聚的国家特性，形成了中国极具多样性的大国国家身份，也形成了中国悠久历史的、广袤的、复杂的、发展不平衡的、极具多样性的泱泱大国国家形象；
- 中国人勤劳、聪明、低调、中庸，中国游人大把花钱购物、喜欢拍照、大声喧嚷、随地吐痰、随手扔垃圾，中国式过马路、中国式排队、中国式移民留学等，这些行为性特征类聚的国人特性上升为国家特性，也含蓄地成为了一种国家身份的标签，直至上升为正面的或负面的国家形象。

在日益平等化、民主化、透明化、信息化的国际关系实践中，国家实力政治在部分地向形象政治转移，并且转移速度在加快。在这种转移中，如同强势身份可以覆盖弱势身份一样，某些强势国家形象可以覆盖某些弱势国家形象，这一方面取决于国家综合国力的发展，另一方面也取决于国际舆论舆情的发展。国际关系中从来就没有绝对性的事情和绝对性的理论，所以从经验而言，国家形象的判定标准是国际社会的主流舆论，但也针对不同地域、不同对象国而有区别，国家形象是一种国家间各自身份基础上相互建构的文化产物。虽然历史传统、制度、文化、价值观、宗教信仰以及相互关系等不同，各行为体所采用的判断标准和结论不尽相同，但价值和道德底线基本一致，国际社会的共有知识和共有规范累积是评判国家形象共同的相对固定的价值基础。“全人类认同的价值观，将随着各国交往的普遍化而通行，如和平、稳定、发展、合作、民主、人权等，已经成为国际舆论的公共标准。”①

尽管国家身份的总和是国家形象，但国家身份主要偏向于国家硬实力或硬性条件方面，而国家形象则偏向于软实力或软性条件方面，国家形象的塑造也偏向于国家威望、国家声望、国际影响力或国际声誉。托马斯·谢林指出，“声誉是国家值得为之而战的为数不多的因素之一。”② 国家形象的定位同时包含反映现实状况与确立发展目标的双重含义，而且国家形象在不同对象国有较大区别，相互友好国家彼此的国家形象趋于丰满和正面，相互敌对的国家很难感悟彼此国家形象的好，他们首先会着眼于国家身份的竞争和硬实力的竞争。在竞争的过程中，对于身份的界定和形象的塑造，话语权显得非常重要，“人们必须借助话语建构自己的身份，并在特定的话语系统里把自我表达出来，为他人所理解。而人们所言说的话语、所书写的文本中无不蕴含着某种权力关系，因而，掌握话语言说权和文本书写权的人把世界描述、解释和规范成什么样子，世界就是什么样子。也就是说，掌握了话语权就掌握了世界。”③ 在国家基本体系身份和相互身份不变的情况下，国家形象日益多元化、正面性，国家形象的功能除了传统的政治与外交以外，其商业功能在全球化、信息化的现代社会中也日益重要，各国也日趋重视国家形象的竞争，通过对内改革、对外开放，竞相树立平等、民主、法治、开明、进步、和谐、友好、合作、透明、独立、公正等正面的国家形象。“现

---

① 汤光鸿：“论国家形象”，载《国际问题研究》，2004 年第 4 期，第 19 页。

② Jonathan Mercer, *Reputation and International Politics*, Ithaca and London: Cornell University Press, 1996, p. 2.

③ Michel Foucault, *Discipline and Punish: The Birth of The Prison*, p. 27.

代意义上的国家形象，被认为应闪耀国家力量和民族精神的光芒，并应与社会道义相吻合。……对于升至‘主要国际政治力量’层面的不同制度国家而言，‘形象竞争’现象尤为明显。它们竞相对世界展示自身形象，旨在让更多的国家对本国产生好感，吸引更多外资、人才和技术交流，提升产业水平，壮大硬实力，并希冀在参与世界政治事务中将更多的国家团结在本国周围。”① 国家形象的可塑性推手主要在于政府的认知与意志，国家制度的重大转向、外交战略与政策的重要调整、经济社会的变革性改革、领导人的更换等，都有可能作用于国家形象的再造。

塑造国家形象的途径，首先应立足于国家身份的强化，不仅要努力发展以经济、科技、军事为主的硬实力，解决自身社会中发展中的一系列民生、民主、民治问题，也要发展以文化、制度、生态为主的软实力，加强自身吸引力建设；其次，应持续提高政府办事效率和透明度，加强法治和民主建设，提高公民素质，坚持道义标准，不断培育和开展公共外交，充分利用自身传媒和世界传媒力量，争取话语权；再次，要认真分析和查找国家形象不利的和负面的方面及原因，提出具体的有针对性的解决方案并落实，尽管不一定有立竿见影的效果，但长久坚持必然显效；然后，要意识到国家形象是多方面的，评判国家形象也是多方面的，没有绝对的好与不好，要以国家利益为底线，量力而行，客观而实在，正视差距性和差异性，有方向但不设过高目标，有对比但不搞刻意逢迎；最后，要在国家形象的建构与解构上做好“破”与“立”两种相辅相成、有退有进的战略，通过发展、沟通、认同、克制等各个方面的努力，积极主动地建构正面、有利的国家形象，同时提倡对文本进行第二次阅读和提供多样化的文本，前瞻性地、应然性地解构负面的、不利的、片面的国家形象。

---

① 汤光鸿：“论国家形象”，载《国际问题研究》，2004年第4期，第21页。

第四节　国家身份的退化

国际体系结构一旦形成，便具有强大的稳定性。即使体系中有国家对自己的体系身份提出质疑，试图挑战既有的体系秩序，国际体系本身自有的特定的张力将会最大限度地阻止这种调整。其原因在于国家利益不只是建立在单个国家的基础上，也建立在整个体系结构的基础上，为单个国家的利己利益挑战整个国际体系的集体利益无疑具有极大的难度。此外，体系内的国家对于安全的本体性需求，也从根本上制约着国家无限扩展体系身份的可能。这种长期形成的共有知识和本质上理性的自我约束，注定体系结构的改变不是惯常现象，而是特殊现象，不是突然的、单向性的变更，而是渐进的、交互式的过程。为了便于分析，在这里只分析身份的退化，因为身份进化的分析大体上就是身份退化的反向现象，不再一一赘述。

在社会生活经验中，当资本家变成了工人、将军变成了士兵、警察变成了犯人或富人变成穷人等，人们的观念里通常都把这种现象视为身份的退化。国家身份的退化也与之类似，国家身份的相对稳定性，不代表国家身份的不变性，国家统一变成分裂、强国变成弱国、富国变成穷国、繁荣变成凋敝、开明变成保守或民主变成专权等，国际社会也认为这是国家身份的退化。

国家的体系身份与相互身份的变化，尽管不会在一段时间内表现得那么显著，但历史性地来看，必然会随着国家实力升降及影响力大小的变化而变化。确实，“身份总是在发展，总是受到挑战，也总是实践活动的结果，这仍然是实际情况。”[1] 问题是，身份为什么

---

① ［美］亚历山大·温特著，秦亚青译：《国际政治的社会理论》，上海：上海人民出版社，2000 年版，第 427 页。

会变化，是有利的还是不利的，是进化式的还是退化式的？又该如何因应身份的变化？我们知道，在租来的车上，乘客的身份有可能变成司机身份，但没有驾驶能力的人是不能胜任司机的，即使有幸坐在了司机位置上，因为不能正常驾驶也必须从司机身份退化成乘客身份。如果当上了司机并有能力驾驶车子，司机也不能一直驾驶，若透支自己的精力或遇上意外情况或不情愿地让出司机身份，乘客中就会有其他合适的蓄精养锐的人来开车，无论如何，如果车子在特殊情况下抛锚了，就必须另启用新的车子。

国际关系作为国家间互动形成的一个体系，包括体系结构、行为体（国家）和过程三个基本要素。行为体之间持续的互动就是过程，过程具有突出的历时性和流动性，互动构建了体系结构，体系结构塑造了观念分配上的行为体及其相应的体系身份与相互身份。体系结构有三大特性：一是无政府性，二是共时性，三是相对稳定性，这三大特性既促进了国家间以国家利益为核心的互动，也制约了国家间非理性追求的互动。建构主义者认为，任何社会体系的结构都包含三个因素：物质条件、利益和观念。由于物质条件通过观念赋予的意义发挥作用，而利益是由观念建构的。[①] 体系结构变迁的动力主要有两种方式：一种是在国家的能力分布和身份属性没有发生明显变化的情况下，体系结构变迁的动力主要来自于国家间互动方式的改变；另一种是在国家的能力分布和身份属性明显转移的情况下，体系结构变迁的动力主要来自于国家间规范变更和观念分配的改变。这里的国家能力分布和身份属性本质上是一体性的，但又有因果之分，即国家身份变化的原因就是国家能力分布的改变，然后才是规则的适应性调整和观念分配的跟进到位。

体系身份的调整或改变源于国家能力分布的调整或改变，在一

① Alexander Wendt, *Social Theory of International Politics*, p. 190.

定程度上也依赖于相互身份的调整，即行为体的互动。身份退化的两层含义是体系身份的退化与相互身份的退化，体系身份退化的关键原因是国家在能力分布上的下降，相互身份退化的关键原因有三个：分别是国家利益的冲突、国家能力分布的下降、规范的调整或改变。概括来说就是一个吻合度的原因，即身份是否退化与国家利益、国家能力和规范是否相吻合。一旦国家能力分布的改变造成了体系身份的改变，就可以把体系身份的改变作为给定条件来分析相互身份的变化。当然，相互身份的改变并不完全依赖于体系身份的改变，甚至在更大程度上是由国家利益来界定的。

相互身份的建构与退化，在于国家实力（国家能力分布）、国家利益与体系身份是否吻合，在于国家间相互身份是否吻合，在于自我是否对他者的核心利益甚至根本利益有决定性的牵制能力和手段。美国在二战中对日作战以及在日本本土投掷了两颗原子弹，日本不是对美国没有成见，而是日本弱势的、负面的体系身份，无力对抗美国和周边大国，只能依附于与美国的同盟关系，在体系结构中站稳脚跟，建构好自己的体系身份，才能反过来塑造与其他国家的相互关系，并在这个过程中构建出新的相互身份关系。二战后，美苏共同的敌人消失，两者各自的体系身份有了显著改进，相互身份发生根本性变化，由合作同盟关系发展成冲突敌对的相互关系，并逐步退化成冷战状态，直到 1991 年 12 月，苏联轰然解体，由一国变成了十五国，苏联的体系身份随之急剧退化并消失，美苏双边相互身份关系不复存在，美国的体系身份才在真正意义上变成全球体系中的唯一超级大国（霸权国）。但美国体系身份的相对退化也并不是不可避免的，有人已经在谈论后美国时代的到来了。[①]

由于行为体（国家）是国际关系中最活跃的因素，因此也是过

① 2008 年，美国著名学者法里德·扎卡利亚出版了《后美国世界》一书，赵广成、林明旺翻译的中文版于 2009 年 7 月由中信出版社出版。

程中呈现的状况特征和体系结构是否稳定的决定性因素。显然，相互竞争性强或利益关系强的行为体（国家），对自己在体系结构中的体系身份及国家间相互身份的退化始终保持很强的敏感性，敏感的主要原因来自于自我在某些领域难以抗压的脆弱性。身份的退化在绝大多数情况下对绝大多数国家来说，除了在政策上的努力，其他几乎是无能为力的，甚至是体系霸权国也无法避免在所有领域都始终保持决定性的强势。

国家身份的退化，有诸多原因，概括起来，主要有以下因素：

- 国家的统一或分裂
- 国家能力分布的调整
- 威胁增强或减弱
- 安全困境无法摆脱
- 潜在的冲突加剧
- 利益增进或减少
- 观念分配的变化
- 一体化的持续发展
- 国内制度或政策变革
- 国际规范的强化或弱化
- 体系结构动荡

对单个国家来说，国家身份的退化，有正面的也有负面的，有自愿的也有不得已的，有临时的也有长久性的，有战略性的也有战术性的，有突发性的也有谋划性的，有历时性的也有共时性的，有有利的也有不利的，等等。身份退化的结果，有时是有单独目标指向性的，有时是相互影响性的，大体上有三类结果：

- 一是促进行为体间相互关系的进化（和平、合作、发展、一体化）；
- 二是引发行为体间相互关系的退化（摩擦、冲突、对抗、战争）；

● 三是推动体系结构的调整或转换（格局、秩序、规范、治理机制）。

必须指出的是，身份的退化与行为体间相互关系的进化或退化、体系结构的调整或转换是互构的、相互影响的。

身份的退化主要相对于现状而言，其中体系身份的退化主要是由于内部分裂、政策转向、他者崛起、战争打击、制度约束、体系转型等因素，相互身份的退化主要是由于利益冲突、政策调整、他者崛起、体系转型、规范制约、自我意志等因素。身份的退化有相对退化绝对退化之分。身份的相对退化，主要是相对于横向对比而言，其中体系身份的相对退化，指由较高等次的体系身份退化为相对较低等次的体系身份，而相互身份的相对退化，指从原来关系状态退化为相对弱化的关系状态。身份的绝对退化，主要相对于纵向对比而言，其中体系身份的绝对退化，指由较高等次的体系身份退化为较低等次的体系身份甚至不再享有原来的体系身份，而相互身份的绝对退化主要指从盟友、伙伴、朋友的关系退化为对手、敌手、敌人的关系。全球化的发展与他国的群体性崛起，动摇了美国在体系结构中的绝对优势地位，美国体系霸权国身份的相对退化，极易导致美国对外政策上的保守与退化，使美国的对外行动更大程度地向利己的国家利益回归，进而引发美国与潜在超级大国之间相互身份关系的退化（当然，美国为了达到战略目标，与另外一些非挑战性国家的相互身份关系存在进化的可能与需要）。

随着全球化的持续发展、国际经济一体化的深入进行、各国相互依赖的继续加深，一些国际组织要求域内国家的国家主权进一步让渡，以适应区域一体化和全球化的持续深入发展，因而国家主权身份退化的迹象也日趋明显。从某种意义上来看，国家主权的有限让渡，确实可以被视为国家主权的退化，但如果超越国家主权本身的传统含义，发现这种国家主权的让渡可以被视为国际体系结构进化阶段上的一种必然过程，或者换句话说，某些主权的退化（让渡）

使国家获得了更多的进化（一体化）。

国家身份退化的边界是米尔斯海默所说的“大国政治的悲剧”还是全球治理或者世界国家呢？迄今为止，国家身份退化大体上一直与大国政治的悲剧相连，但在五百年、一千年或更长远的时间后，国家的体系身份是否会真正退化为失去主权意义的组织身份？而国家的相互身份退化为这种组织间的相互关系？自由制度主义者声称，超国家的治理是局部的，因为它是国家在一个相互依赖的世界里通过其政策与行动的战略协调能够获得的现实利益发展起来的，它们强化了国内目标，缓冲了强权政治，局部的超国家治理最终会扩展为民主国家的“和平联邦”；现实主义者认为，超国家的治理总体上仍然依据最强大国家的政策和利益而定，国际机构大体上只是工具而已，民族国家就是终极状态，战争也不会消失，即使在全球化时代的任何一种可信的全球治理的解释，都无法否认各国权力之间的不平等在日益加剧的事实，历史上霸权国体系身份的退化并没有防止其他霸权国的崛起；马克思主义和新葛兰西主义在很大程度上偏向于现实主义的观点，但其认为全球治理组织和机构不完全只是管制和管理的作用，它们也是斗争的场所，斗争的结构有可能改变世界的秩序。[①] 建构主义者认为，微观层次上争取承认的斗争，加上军事技术发展的推动，同时受到宏观层次上无政府性的引导，终将导致世界国家经过五个阶段而诞生。“简而言之，通过争取承认，无政府逻辑导致了无政府状态自身的消亡。”[②]

国际关系学是一门有趣的学科，如果从一个主义的给定假设和所持的观点及立场出发，要么是沿着某类理论路径一路狂奔，旁若

---

① ［英］戴维·赫尔德、安东尼·麦克格鲁编，曹湘荣、龙虎等译：《治理全球化：权力、权威与全球治理》（Governing Globalization：Power，Authority and Global Governance），北京：社会科学文献出版社，2004 年版，第 18 页。

② Alexander Wendt，“*Why a World State is Inevitable*，” European Journal of International Relations，9：4（2003），p. 494.

无他而不能自拔，要么是被诸多理论弄得头晕脑转，陷入困惑而无所作为，极少有能彻底反省并找到真正理论出路的，以致著名国际关系学者马丁·怀特（M. Wight）认为根本没有国际关系理论可言①。笔者认为，国际关系不在于没有真相，而且真相显然也不是唯一的，解释真相的方法与范式也不是独一无二的。国家身份的退化不代表国家的过时性，也不代表国家的正当性和功能作用受到了毁灭性的质疑。在无政府文化中，国家身份的退化在本质上只是换了另一种身份，不涉及国家的消亡和世界国家的诞生。即使在遥远的将来，自由、平等、人权、法治、公民社会和全球治理的发展真的进化到了可以让国家消亡的阶段，那也不是我在这里讨论的国家身份的退化问题，而是国家任何身份都不复存在的问题了。这个阶段真的很遥远，遥远到我们尚没有相应的、足够的知识累积来理性地进行合情合理的、有充分说服力的逻辑推理。

第五节　国际关系的退化

有他者的存在就有相互关系的存在，有相互关系的存在就有关系的好坏之分。在自助的国际体系中，行为体能力分布不均衡是一种客观事实，实力升降也是一种客观事实，任何一种存在的国际关系都不是一种永远确定的国际关系，尽管人们总是带有一种“好秩序”的偏好性心态来对待行为体关系的变迁，然而由于人性的多面性、利益的分占性、竞争的恒常性、体系的自助性和他者的不确定性，国际关系也经常由合作向冲突退化。

---

① 1966年，马丁·怀特发表著名论文：《为什么没有国际理论?》，参见：H. Butterfield and M. Wight（eds），Diplomatic Investigations（London：George Allen & Unwin），pp. 17－34.

（一）退化始自观念

许多国际关系学者把国际关系退化的原因归于“威斯特伐利亚之盾”的副作用。“‘威斯特伐利亚之盾’可以让所有国家对来自国际体系的任何要求置之不理，并把这些为了保障人类更长期生存而提出的要求，视为干涉其内部和民族事务。这种主权挡箭牌难以刺穿。”① 事实上，国际关系退化原因远比“威斯特伐利亚之盾”这个解释要复杂得多，具有相当大的复杂性，涉及到的不只是领土、领海、领空的问题，还有安全、经济、军事、制度、历史、文化、传统、科技、价值观、信仰、种族、体系结构、道义和资源等诸多干预变量及因素。具体在某一时期，对国际关系退化起作用的可能是单一性变量，有时也可能有多种变量。如果一种直接性变量牵扯到其他一直存在但搁置未发的尖锐性变量时，就会使国际关系的退化更为直接，也更为严重，而任何后退或恢复原来的国际关系都面临来自国内外巨大的有效压力，从而使退化的国际关系长期化、僵持化。无论何种原因，都会转化到认知上。当一方观念上的退化认知一旦形成，就会在行为体的对外政策和行动上有所反映，他者也会很快感知，彼此关系的观念退化使行为体的关系认知向敌对观念转化，国际关系的退化从而成为可能。

国际关系退化的始作俑者，概括起来有三类。一是利益变量成为直接成为制衡的理由，二是行为体能力分布不平衡的加剧，三是行为体观念的改变。温特指出，在体系的进程与行为体的互动中也包含了结构变革的潜能，世界政治理论不但包括单位（微观）层次

---

① 帕斯卡尔·拉米（世贸组织总干事）：“应对危机需刺穿‘主权挡箭牌’”，原题：刺穿“威斯特伐利亚之盾”，《参考消息》，2012 年 10 月 10 日第 10 版，引自美国《全球主义者》杂志 9 月 27 日文章。

和体系（宏观）层次，还包括第三个层次，即互动层次。[①] 尽管体系结构的无政府文化与主权之盾无时不刻地制约着国家无限扩张的欲望，并且历史经验也一再验证了国家无限冲动的前方注定是无底深渊，但结构也具有二元性。即结构一方面限制行为体的互动，又使行为体的行动成为可能，行为体与结构统一在人与国家的社会实践中，当利益变量成为制衡的理由、行为体能力分布不平衡的加剧及相随而来的观念的改变，行为体互动无疑会造成国际关系的退化，也会造成体系的动荡。如果原有力量均势结构被破坏，又会以某种方式建立新的平衡。换言之，当原有体系结构无法满足或无法制约行为体的冲动时，新的体系结构和国际秩序将会应运而生，这也比较合理地解释了即使没有共时性外部“他者”的支持或限制，国家也有可能生成或消亡[②]、国际关系也会有进化或退化，即使没有战争的洗礼，区域一体化及国际新秩序的出现也会成为可能。

观念在利益变量引起的制衡及行为体能力分布不平衡加剧的情况下十分重要，直接导致行为体原有互动方式的改变和体系秩序的变化，也就是说，在某种程度上来看，国际关系退化是观念的直接产物。建构主义在解释体系变化时认为，国际体系包括结构和过程两个维度，最终利益的确定主要基于行为体的身份界定，而身份的确定主要基于行为体的观念界定。但建构主义理论相对于现实主义来说明显过于超脱，对国际政治和国际秩序的发展明显缺乏令人着迷的预测力，也明显忽视了观念所具有的时代性、时空性、时局性

---

① 李开盛、白云真著：《国际关系理论流派概论》，浙江：浙江人民出版社，2009 年版，第 246 页。

② 在本书的第二章中，对国家的生成和消亡有专门的论述，国家生成或消亡的基本观点是因为与他者的冲突，即使没有外部他者间的冲突，也有内部他者间的冲突，即国家会在冲突中产生，也会在冲突中消亡。在现代国家死亡率极低的状况下，国家因为外部或内部他者的冲突而消亡也变得极不可能，或许只有两种可能：一是无政府状态的消失与世界国家的诞生；二是国际社会的进化使得所有国家的国家身份属性彻底消失。

与预期性的作用，对利益的正当性和身份的或然性也缺乏令人信服的论述。

（1）观念的时代性。国际体系不是一开始就是世界性的，仅仅从文明史的角度来看，就经历了数千年，而真正国际体系的界定、传播与相对定型，也只是数百年的时间。现代国际体系普遍被认为是从近代威斯特伐利亚体系开始的，从威斯特伐利亚体系到维尔纳体系、凡尔赛—华盛顿体系到雅尔塔体系，从封建王朝体系发展到现代民族国家体系、分散的区域小体系发展到全球化大体系，同时国家的国内组织管理属性也经历了从专制到民主的过渡。建构主义是典型的理念主义，但是理念主义不是空中楼阁，理念主义的基础始终是物质性的，只不过理念主义可以在给定的假设和条件中相对自成一种分析框架，体系变化必然促使观念的变化，换言之，观念的时代性伴随着结构的变化而对行为体身份属性随时加以界定。丘吉尔在 1938 年 10 月 5 日发表演说时说："我们未经战争就遭到了一次可耻的失败（指不久前 9 月 29 日刚签署不久的《慕尼黑协定》），其后果将对我们有着深远的影响……不要以为这种事情会从此结束，这不过是算账的第一步，只不过是以后几年还要递给我们苦酒的第一口，第一次尝尝味罢了。"① 待希特勒在完成其他准备并与苏联签订了《苏德互不侵犯条约》，他向他的军事将领宣布："我已经完成了政治上的准备，以后的路要由军人来走了。"② 终于，不到一年，1939 年 9 月 1 日，希特勒德国悍然出动 58 个师、2500 辆坦克、2000 多架飞机，突袭波兰，第二次世界大战由此不可避免地爆发了。在那个战争与和平的年代，任何不坚定的妥协或让步都将对自己的利益与发展形成重大影响。

---

① 特尔福德·泰勒：《慕尼黑：和平的代价》，北京：新华出版社，1984 年版，第 1518 页。

② 李巨廉、王斯德：《第二次世界大战起源历史文件资料集》，上海：华东师范大学出版社，1985 年版，第 544 页。

（2）观念的时空性。不同行为体在相似条件下，在互动中因为观念不同采取的政策也不一致，同一行为体在不同条件下，观念也是相异的。地缘政治、地缘文化传统、能力分布、实力升降、体系格局、时代进化等都是观念的时空性变化因素。谋求权力、维持均势、搭便车、安全共同体、一体化是观念时空性的五种基本模式，在社会连带主义兴起后，观念的时空性又出现了第六种基本模式，即“拯救陌生人”。[①] 在国际关系的实践中，这六种基本模式每一种都既可以是目的，又可以是达到目的的手段，因此都包含了国际关系变化的某些退化基因。美国在二战后，在拯救陌生人的问题上，先后进行了多次行动。例如，1990 年 8 月 2 日，伊拉克入侵科威特并占领全境，宣布科威特为其第 19 个省，虽然美国与科威特并无特殊历史关系，但美国在联合国决议的旗帜下，集结了多国部队的几十万兵力，于 1991 年 1 月 17 日发动了“沙漠风暴”行动，目的就是“拯救科威特”。在强大攻势下，26 日，伊拉克宣布从科威特全部撤军。此后，美国在 2003 年又发动了“拯救伊拉克人民”的伊拉克战争。[②]

---

① 多元主义思想在早期英国学派学者那里根深蒂固。赫德利·布尔（Hedley Bull）后期思想为多元主义打开了通向社会连带主义的小口子，在他之后，从约翰·文森特（R. J. Vincent）到尼古拉斯·惠勒（Nicholas Wheeler），社会连带主义的倾向更加突出了。文森特从 20 世纪 70 年代开始转向社会连带主义，他在 1984 年出版的《人权与国际关系》一书中，反驳了文化人类学对于人权观念的多样化解释，主张最低限度的普遍人权。惠勒在此基础上，提出了人道主义干涉的理论观点：“拯救陌生人”。参见：［英］R. J. 文森特：《人权与国际关系》，凌迪等译，北京：世界知识出版社，1998 年版；［英］Nicholas J. Wheeler，Saving Strangers：Humanitarian Intervention in International Social，Oxford：Oxford University Press，2000.

② 美国出兵进行伊拉克战争的理由有三：一是所谓的伊拉克拥有大规模杀伤性武器，美国要“解除伊拉克武装”；二是要“解放伊拉克人民”；三是伊拉克是支持恐怖主义国家，美国要“先发制人”。这三点理由显然都是站不住脚的。参见：刘青建：《当代国际关系新论——发展中国家与国际关系》，北京：清华大学出版社，2004 年版，第 232—235 页。

（3）观念的时局性。相对于某一具体行为体来说，观念的时局性尤其具有重要意义。时局总是在不断变化中，行为体自身能力在体系身份和行为体间互动的相互身份中跟着时局的变化而变化，身份属性应当与观念的时局性同步。在当下国际秩序、体系特点、区域结构、自身发展、互动方式的约束较大时，观念本身是一种实实在在的体系文化、结构文化、秩序文化、发展文化，在此情形下，观念须内化于政策，须为行为体的可能不当政策负责，而不能转化成某种有效支持率几乎为零的理想化的政策。在国际关系的实践中，观念的时局性经常带有理想主义的色彩，但也始终打上了现实主义的烙印。1946 年，美国研究中国的开山鼻祖费正清（John King Fairbank）实地考察了中国共产党控制下的张家口后，在美国重要的外交刊物《大西洋月刊》上发表《1946：我们在中国的机会》一文。他预言，不了解中国情况的华盛顿如果一意孤行，继续支持蒋介石政权的话，美国将会被中国老百姓从中国赶出去。[①] 历史证明了他的正确判断，美国对华观念没有跟上中国国内局势特征及发展趋势，直接导致了日后与共产党新中国政权关系的退化乃至成为敌对国家。

（4）观念的退化性。约瑟夫·奈指出，“如果你把他看作一个敌人，他就可能变成一个真正的敌人”。[②] 这种退化性质的“自我证实的预言”在国际关系中屡屡上演，悲观的是，伴随这种观念退化的背后，通常紧跟不信任政策与保守性行动。“当一种国际规范或集

---

① 费正清从 20 世纪 40 年代末开始先后撰写了《认识中国》等多篇有关公众形象与中美关系的文章，作为打破中美关系研究旧框架的突破口。他在 20 世纪 70 年代以前，曾为许多有关中国的著作作序，表露其观点，这些著作包括乔治·凯兹的《昔日丰年：传统中国的最后时光》、埃德加·斯诺的《红星照耀中国》、格拉姆·派克的《两种时光》、保尔·弗里尔曼和格拉姆·派克的《中国：难忘的生活》等。参见：李正国：“当前国内学术界对国家形象的研究现状”，载《宁夏党校学报》，2006 年 1 月，第 8 卷第 1 期，第 75 页。

② 转引自：刘靖华：《霸权的兴衰》，北京：中国经济出版社，1997 年版，第 288 页。

体记忆被假定、预言将呈现何种状态、将向何种方向发展时，由于有关国家有可能按照‘预言的逻辑’进行相似的话语实践和外交互动，结果被预言的东西往往变成为现实”。[①] 从某种意义上说，国际关系的退化首先是行为体对体系及对他者关系观念的退化。美国前副总统华莱士曾认为，战后初期的美苏对抗之所以发生，一个重要的原因就是，美国没有把和平的真实意图告诉斯大林，斯大林误解了美国一系列行动的意图，并采取了针锋相对的措施，美苏两国在各自的话语体系中建构了对方的“邪恶帝国形象”，结果恶性反复，以致酿成冷战。[②] 这从侧面说明，当共同的敌人威胁不再是盟友的主要纽带时，相互观念的退化就有可能激发出来，美苏由反法西斯盟友关系向敌对的冷战关系退化，与双方在彼此镜像认知上的观念退化直接相关。

（二）退化的四种经典类型

行为体的互动形成体系结构。行为体互动是体系结构变化的内生动力，具有历时性与非先验性；结构的变化依附于行为体互动方式及结果，具有共时性与反复性。肯尼思·沃尔兹（Kenneth N. Waltz）[③] 的结构现实主义着重研究了结构对行为体的影响与约束力，认为结构决定着体系各部分的安排或排序，也决定着国家间的关系，他指出，“结构的概念建立在这样一个事实基础上：以不同方

---

① Daya Krishna, “*The Self Fulfilling Prophecy and the Nature of Society*”, American Sociological Review, vol. 36, 1977, pp. 1104 – 1107.

② 郭树勇：《建构主义与国际政治》，北京：长征出版社，2001 年版，第 191 页。

③ 肯尼思·华尔兹 1971 年以后直到 1994 年退休，一直在美国加州伯克利大学担任福特头衔的政治科学教授。华尔兹的主要著作有《人、国家与战争》、《国际政治理论》。他的理论以分析体系结构著称，因而被称为结构现实主义，或被称为新现实主义。新现实主义者还有罗伯特·吉尔平（Robert Gilpin）、戴维·鲍德温（David Baldwin）、斯蒂芬·克拉斯纳（Stephen Krasner）、罗伯特·利珀（Robert Lieber）等人。

式排列组合的单元有不同的行为方式，并会在互动中产生不同的结果。”[①]“国际关系是一种动态的存在，在行为体之间互动的作用下，‘结构’每时每刻都在‘过程’中发生着变化，任何两个时间点上的结构都不可能完全相同。……国际关系的真实存在方式是‘过程中的结构间关系’：在行为体之间社会化互动的作用下，过程对结构施加影响，结构反过来对过程进行制约”。[②]在建构主义的观点中，任何社会体系的结构都包含三个因素：物质条件、利益和观念，国际体系结构有国际共有观念分配决定，观念的变化和规范的变更是体系转型的主要动力。[③]从建构主义的这一视域出发，可以推断，观念的变化通常不限于既有利益的限制，并且一般先于身份的变化，但身份的变化却受限于利益范畴的限制，且往往滞后于利益的变化。

体系结构与体系秩序一旦定型，就具有相当大的稳定性，这种相对稳定性可以视为一种给定的状态，在这种假定给定状态下，分析国际关系的退化具有重要意义。当行为体在谋求权力、利益、优势和进一步构建体系的目标身份过程中，会对其他行为体的利益及既有国际秩序构成挑战，进而招致体系结构性张力的反弹，各种制衡性变量也因此浮出水面。当来自体系内及行为体内部的有效支持度与有效压力的平衡度趋向不稳定状态时，身份退化与国际关系退化都会因此成为一种必然。国际关系的退化通常有四类：

---

① Kenneth N. Waltz，Theory of International Politics，p. 81.

② 作为对比，建构主义者认为：国际关系作为国家之间互动形成的一个体系，包括行为体、结构和过程三个要素。有意识的行为体有目的地参加互动，在互动过程中形成本质上是一种规范的结构，过程则是行为体之间以及行为体与结构之间的互动。国际关系的变化来自这三个方面，并且可以细分为三种形式，体系内部的变化、体系之间的变化和体系（即结构）的变化。体系之间的变化是结构现实主义要解释的对象，它根源于体系结构发生的变迁。国际关系的进化和退化显然属于结构性变化。参见：赵广成：《从合作到冲突：国际关系的退化机制分析》，北京：世界知识出版社，2011年版，第86—88页。

③ 参见：Alexander Wendt，*Social Theory of International Politics*，pp. 139 – 205.

(1) 参与主义退化为孤立主义。参与是国际合作的首要条件，孤立是封闭保守的代名词。国家动荡、政策保守、实力下降、观念变化、利益受损、离岸制衡等，都可能使国家的体系身份相对退化，不仅对多边合作的参与热情锐减，也对双边关系的退化构成直接影响，从而可能使国家从与体系的相融相合转为相离相悖，不利于一体化的发展与全球治理的进步。20世纪30年代，美国的孤立主义和《中立法》曾经是德国法西斯肆意发动二战的重要因素之一，“罗斯福在第一次总统就职演说时，甚至都没有提到国际事务”。①

(2) 互利主义退化为利己主义。除了特定交易，国家对于互动中利益收益的分配兴趣，从注重相对收益转向注重绝对收益，或者强调一般利益服从于根本利益的需要，观念的变化导致政策更加转向利己主义；在互动中的任何条件性互惠都以自己利益为前提和归宿，不会主动地明显背叛或放弃自己的利益，有时甚至不惜牺牲第三者利益建构自己利益。政治、经济、文化、军事等交流合作需要共同利益或者是特定利益的支撑，一旦互利主义向利己主义过分退化，争端将更加突出，问题也将更加尖锐。“在当代国际政治中，国

---

① 在整个20世纪的20年代，因威尔逊在国联和欧洲事务上的挫折，之后几任总统哈定、柯立芝、胡佛产生了“照顾孤立主义者情绪的向内收缩效应”，1929—1933年的空前严重经济危机，更使美国的注意力几乎完全集中到国内经济复兴和就业问题上，而且美国公众还有一种“受骗”心理，认为美国将大量金钱投入欧洲，而欧洲人却赖账不还。和平主义者也相信，凭借美国优越的地理位置，只要不主动介入欧洲旧大陆的国际政治，就不会使美国被拖入战火，“为了和平，付出什么代价都值得”。在此背景下，1935年8月31日，美国出台了《中立法》。美国总统罗斯福对孤立主义的危害性不是没有认识，但他起初孤掌难鸣，无能为力，他1937年10月5日在发表著名的“检疫隔离”演说后，舆论对他进行了猛烈抨击。罗斯福后来暗地里告诉一个朋友，“你一心想领导人民前进，回头一看，跟着的却一个也没有，真可怕啊!”直到1941年3月，国际形势已经极度紧张，美国才在罗斯福的努力下，通过了《租借法案》，结束了孤立主义，成为美国走向参战道路的最有决定性意义的步骤。参见：唐贤兴：《近现代国际关系史》，上海：复旦大学出版社，2002年版，第325—364页；［美］威廉·曼彻斯特：《光荣与梦想——1932—1972年美国实录》，北京：商务印书馆，1978年版，第250页。

际体系中行为体之间互动越来越趋向制度化，而且经济上的相互依赖已成为当下国际体系中最重要的特征之一”。[①]

（3）开放主义退化为保守主义。支持体系、结构、秩序、互动、规范等的进化需要观念的支持，也需要有利益诱因，出于体系动荡、秩序混乱、规范失效、共识残破、利益相悖或他者背叛等原因，国家对体系结构、国际组织、一体化进程、多边合作、双边互惠的开放态度会向保守主义退化，退化的主要危害是损害公共利益和规范，引起他者的对抗性应对，导致彼此利益受损。这在国际金融领域和国家自由贸易领域的表现尤为突出，开放的自由贸易主义是全球繁荣的重要保证，贸易保守主义只会适得其反。2008 年国际金融危机爆发后，美国在一定程度上转向了贸易保守主义，对中国等国实行更多的贸易诉讼和限制，在人民币汇率和知识产权问题上也一度对中国加大了指责语气，保守气氛趋浓，使两国关系一度滑向退化。

（4）防御主义退化为进攻主义。稳定和谐的秩序需要相互信任，信任的基本条件是相互采取克制的态度与政策，在观念上彼此互视为“朋友”。防御性政策及行动不是目的，而应是手段，当进攻性态度与政策居于互动中的首要考虑因素时，国际关系的退化通常已经处于不同程度的摩擦与冲突状态了。完全意义上的防御主义和完全意义上的进攻主义都不常出现，要么是实力不济，要么是核心利益受损，否则，防御主义可以视为和谐，进攻主义可视为战争。

（三）退化的十大特征

围绕利益、权力、秩序、制度和道义等，国际关系总是呈现出多方面、多层次的状态与特征，对于国际关系的分析也有诸多描述、解释与预测。在此，仅以进攻性现实主义作为国际关系退化研究的

---

① 白云真、李开盛：《国际关系理论流派概论》，浙江：浙江人民出版社，2009 年版，第 143 页。

一个脚注性分析。进攻性现实主义[1]的代表人物主要有约翰·米尔斯海默（John Mearsheimer）、克里斯托弗·莱恩（Christopher Layne）和埃里克·拉布斯（Eric J. Labs）等学者。[2] 米尔斯海默于2001年出版了《大国政治的悲剧》，正式推出了进攻性现实主义。米尔斯海默等学者接受了结构现实主义的多数假设，并在结构现实主义的基础上发展出来较系统的进攻性现实主义理论。该理论认为国际政治中几乎不存在维持现状的国家（尤其是大国），大国的终极目标是成为所处国际体系中的霸权国。米尔斯海默认为国际体系的三个特征导致了国家间相互提防：缺乏一个凌驾于国家之上并能保护彼此不受侵犯的中央权威；国家总是具有用来进攻的军事能力；国家永远无法得知其他国家的意图。[3]

米尔斯海默的进攻性现实主义对于研究国际关系退化机制分析具有重要意义，因为进攻性现实主义是国际关系理论中具有极性倾向的理论，而且该理论属于霍布斯式自然体系状态的分析范式，因而对于认识与研究国际关系退化机制具有重要意义，也让我们比较容易理解国际关系为何退化、如何退化，尽管严谨地分析起来总是

---

① 与进攻性现实主义相对应的是防御性现实主义。“防御性现实主义与进攻性现实主义的主要分歧在于无政府状态的具体意义、国家对此所作的反应以及国家如何才能获取安全等问题上。”“尽管进攻性现实主义和防御性现实主义都认为‘在国际无政府状态下，安全是国家最强大的驱动力，但是他们对于获取安全是最有效途径持相反的观点。’对此，进攻性现实主义认为国家通过最大化地占有世界权力的份额而获取安全；防御性现实主义却认为国家可以通过维系和保护好现有的均势而获得安全。”（参见：白云真、李开盛著：《国际关系理论流派概论》，浙江：浙江人民出版社，2009年5月版，第152—153页。）因此可以看出，本质上，进攻性现实主义强调威胁、权力与突破现状，防御性现实主义强调均势、稳定与安于现状。此外，需要了解的是，进攻性现实主义并非等同于先发制人战略，一国攻守平衡的意义也不等同于体系的攻守平衡，即使是冷战时期美苏两国之间的攻守也不能说就是国际体系两大阵营的攻守。

② Eric J. Labs, “Offensive Realism and Why States Expand Their War Aims,” *Security Studies*, 6: 4 (1997), pp. 1 – 49.

③ ［美］约翰·米尔斯海默著，王义桅等译：《大国政治的悲剧》，上海：上海世纪集团，2003年版，第3页。

具有这样那样的纰漏与不妥之处。清华大学学者赵可金认为，从科学研究纲领的角度来看，米尔斯海默的进攻性现实主义是一种“退化的现实主义纲领”，他总结出进攻性现实主义表现的五大特征①：

1. 对国际行为体的定位从国家退化到大国；
2. 国家追求权力退化为国家追求权力最大化；
3. 在无政府状态的判断上从安全困境发展为生存困境；
4. 在权力的理解上从综合实力退化到军事实力；
5. 在国际政治的悲观认识方面走上了极端的悲观。

可以看出，国际关系退化的简化路径图就是：一旦国家认识到自己所处体系内确实存在较大的主权利益困扰和安全威胁时，并且当预期利益超过成本时，国家就会抓住这一机会，进行权力寻租或直接谋求权力，此时国际关系的双边退化或多边退化就成为一种现实，甚至直接走向军事对抗与冲突。这也就是国家的国内外有效支持与有效压力的相对稳定出现了失衡性因素，攻守平衡中出现了不稳定的结构性变量，从而逐步形成退化的国际关系。有效支持与有效压力具有顽强的持续性，一般不会在短期内消退或者改变，从而使国际关系的退化过程中产生了某种必然的“惯性”，使持续性退化关系在所难免，甚至可能因为偶发性原因而更加恶化、崩溃。

当出现难以调和的爆发性矛盾时，国际关系便有可能急剧恶化，双边彼此认知就可能倾向最坏镜像。尤其是互动中的结构性矛盾突出时，一方施动者原有潜在性的固化观念短时间内迅速发酵，在国际有效支持与有效压力相对不变的情况下，来自国内的有效支持极易转化为强大的有效压力，一国政府将必然会对对象国采取强硬政策，甚至使两国关系退化到直接的军事对决。针对他者的政策与行动不一定与进攻性现实主义等同，但却具有进攻性现实主义的烙印。

---

① 赵可金：《进攻性现实主义的理论逻辑及其批判》，载《复旦学报（社科版）》，2004 年第 5 期，第 136—137 页。

在国际关系中，双边关系的退化比多边关系的退化要更经常、更频繁，对行为体与结构秩序的影响也要大得多，事实上，多边关系的退化往往都是因为双边关系的退化为条件的。国际关系退化的十大机制性特征是：

1. 身份上的退化：由盟友、伙伴、朋友，退化为对手、敌手、敌人；

2. 观念上的退化：由友好、互信、合作，退化为互疑、互防、互斗；

3. 情感上的退化：由推崇、欣赏、喜欢，退化为敌视、厌恶、贬损；

4. 安全上的退化：由同盟国、安全共同体，退化为互视威胁、安全困境；

5. 战略上的退化：由互通有无、合作共赢，退化为追求实力、谋求优势；

6. 机制上的退化：由规范、制度上的建构，退化为规范、制度上的解构；

7. 民意上的退化：由有效支持、友好合作，退化为舆论攻击、激烈反对；

8. 外交上的退化：由相互支持、友好往来，退化为彼此攻防、拒不退让；

9. 政策上的退化：由淡化矛盾、搁置争议，退化为强硬因应、针锋相对；

10. 行动上的退化：由政治、经济等全面合作，退化为政治围堵、经济封锁、舆论打压，甚至武力威胁、军事攻击。

古典现实主义者是行为主义者，关注国家的行为与选择，认为国际结果是由行为单元（国家）决定的，因果关系也是单向度的，注重通过研究行为单位特征上的变化，来解释国家行为。新现实主义（结构现实主义）则恰恰相反，认为结果不仅取决于国家的性质，而且取决于国家行为发生于其间的结构的变化。上述退化的十大机制性特征，表面上看几乎完全是属于传统现实主义（古典现实主义）的理念范畴，但并非体系结构在国际关系的退化中没有产生作用。相反，体系结构对退化的程度与范围有着巨大的限制性作用，没有体系结构规范性制约，国际关系的退化就处于完全的无政府状态，退化程度和方式都更难预测，换言之，如果不是国际体系的规范性存在，国际关系的退化将完全处于无序状态。

大多数时候，多边国际关系的退化主要是因为权力、利益而非威胁，而双边国际关系的退化，多数时候主要是因为威胁、利益而非权力，无论哪类退化，观念始终都是关系退化的先锋。从政治的角度来说，国际关系退化中的行为体类型主要有：霸权国与潜在挑战国；霸权国与大国；霸权国与中小国家；大国与大国；大国与中小国家；中小国家与中小国家。

这六类退化关系因行为主体不同，退化的机制性特征也有较大区别。在现实政治中，国际关系比任何理论上的描述都要复杂得多，一些偶然性因素也对国际关系的变化发挥着重要影响。原政策与现政策、原政权与现政权、原领导人与现领导人等，都可能导致一国的观念与行动改变，但他国适应性观念的改变要么过于前瞻、要么过于滞后，对国际关系的变化也构成了影响。

（四）退化的机制分析

任何变量制衡都会导致攻守平衡度变化，攻守平衡度在现实主义政治中具有重要的现实意义。但正如所有的国际关系理论一样，攻守平衡度也有例外情况。主要例外是不适用于相对最强国与相对最弱国之间的对抗，这种极端性现实主义的例外情况，实际就是米尔斯海默的进攻性现实主义，偏向于单向制衡。其中，相对强国往往带有特定的权力追求、利益争夺或者意识形态、宗教及价值观偏激等主观倾向。

在分析国际关系退化中的攻守平衡时，似乎撇开了道德、民主、平等、合作、规范与制度，趋向于霍布斯式国际体系分析范围，而甚少考虑到洛克式与康德式的国际体系，实则并非如此。这样分析对于大国关系以及国家利益仍是国家行动的导向时具有决定性的重要意义，显然也主要属于现实主义理论的范畴，但实际上并不是刻意要追求这种分析框架。

我们不难发现，战争在改变国际秩序与国际关系时往往在短期内就可完成，而且由战争导致的战后国际格局与国际秩序也具有较长时期的稳定性。相比之下，在国际总体和平的状况下，由国际制度、规范、民主、合作及经济发展等软性因素博弈后的国际格局与国际秩序，往往需要较长一段时期，并且在某种程度上依然离不开战争的催化作用，尤其是当国家处于安全困境、面临现实的威胁性敌人时，必须要做的事情是实行赤裸裸的权力政治。在国家为中心行为体及无政府状态条件下的国际体系中，中小国家或者实力不强的“弱”国家，显然不具有决定国际秩序的实力。这些国家以自我为中心的外交政策与对外行动，通常也不会对国际制度、国际体系、国际格局与国际秩序构成质变性影响与威胁，但一国的攻守平衡及攻守平衡度仍在其双边及多边国际关系中具有重要意义。

理论上，来自体系内外的有效压力与有效支持总是同时存在的，只是在非常特定的攻守绝对失衡情况下，[①] 可能会出现有效支持为零或有效压力为零的状况，[②] 否则，攻守平衡度总是在有效支持或有效压力双面作用的情况下摇摆，并导致国际关系的相应变化。如下图7—5所示：

---

① 极端的说法是战争决定人类史。

② 例如：2011年利比亚内战后期的卡扎菲政权，其有效支持率可以被认为是零，因为所受的来自国内外的有效支持不足以保证其政权的延续性；而美、法、英等西方国家的有效压力可以被认为是零，因为所受到的国内外有效压力，不足以改变他们颠覆卡扎菲政权的意图与行动。

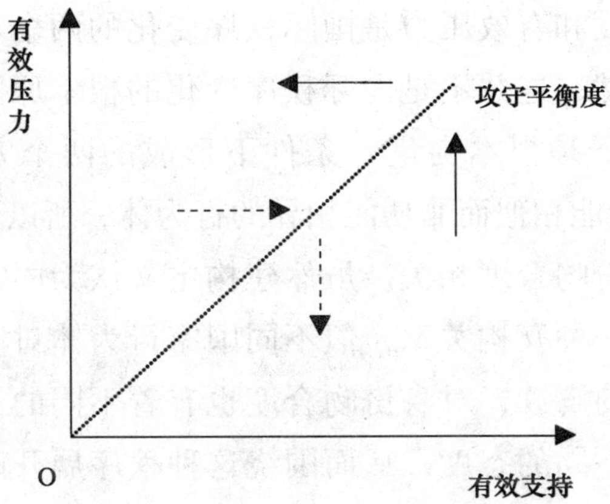

图 7—5　体系的有效压力或有效支持度与攻守平衡的关系图

上图说明：在现实国际政治中，有效压力和有效支持时常会出现拉锯现象，并且直接对攻守平衡产生作用和影响。在国际关系与国际结构稳定性的变化限度之内，从主观角度来说，有效支持具有增大趋势，有效压力具有减少趋势；从客观角度来说，有效压力却具有加大趋势，而有效支持则具有减少趋势。

国际关系中，在一定情况下，来自国内有效压力可以直接转化为有效支持，有效支持也可以直接转化为有效压力。例如，当一国与他国产生领土主权纠纷时，国内的民族主义既是有效支持力量，即支持国家采取强硬行动，同时也是有效压力力量，即对国家任何妥协退让保持强大压力。国际上的有效支持与有效压力，则相对分明得多，有效支持的主要意义，是对我方的支持而形成了对对方施加压力的情势，有效压力的主要意义，是对我方的压力而形成了对对方的支持情势。“任何国家在制定战略时，通常要考虑到两个方面的影响或压力：一是国内各种较显要的‘压力集团’和舆论的要求，这种状况有时对执政者的决心可以产生很大的影响；二是来自国际政治方面的影响。战争与和平的交替转折、一个新格局的形成、一个突发的国际事件都会迫使一个国家改变其战略思路。”①

有效支持度和有效压力是国际秩序变化的两个对立统一的动力或者因素，当然，这并不是国际秩序变化的根本原因，而是根本原因（多数情况下是根本变量）条件下形成的两个方面的表现性推力。② 国家是功能相似而非功能相异的行为体，所以国家的单位分异原则直接与身份吻合度相关。虽然建构主义认为国家身份与国际结构之间存在着一种互构关系，但不同国家行为体对安全与利益在不同时期有不同的解读，对身份吻合度也有着不同的认识，并对新的国际秩序采取不同的态度，从而围绕这种秩序展开政治斗争，在这场斗争中，国家行为体获取的有效支持度或有效压力，决定着国际关系的退化和进化，也因此直接或间接支配着国际结构的命运和国际秩序的重构。

在一个时期内，在敌对或存在安全威胁情况下，如果国家面临他国的有效压力高以及（或者）来自他国之外的有效支持低，通常两国关系会退化，退化的程度与有效压力及有效支持的程度与范围有关；如果国家面临他国的有效压力低以及（或者）来自他国之外的有效支持高，通常两国关系会进化，进化的程度同样与有效压力及有效支持的程度与范围有关。

几乎没有例外的情况是，有效支持与有效压力是同时存在的，国际关系进化与国际关系退化也是同时存在的。需要注意的是，有效支持与有效压力，实际上有两个方面，一方面是指国际上的有效支持与有效压力，国际上某国、某些国家或国际组织对冲突中一方

---

① 陈乐民主编：《西方外交思想史》，北京：中国社会科学出版社，1995 年版，第 4 页。转引自：门洪华：“压力、认知与国际形象”，载《世界经济与政治》，2005 年第 4 期，第 17 页。

② 由于第一章已经讨论了国际关系的退化与进化，所以在这一节里着重分析的是国际关系退化的机制。要分析退化机制并不是一件容易的事，牵涉的因素太多，各种不同的观点也难以调和统一起来，好在观点只是观点，可以千差万别，理论也并不是特定的和唯一的，完全可以见仁见智。

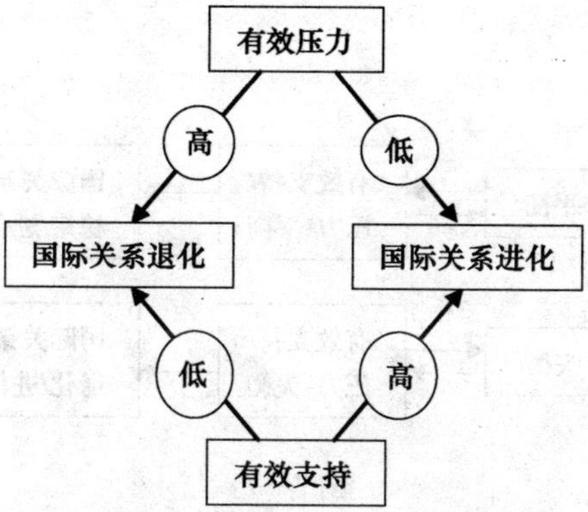

图 7—6　有效支持度或有效压力与
国际关系的进化/退化关系

说明：有效压力和有效支持在各自高低度不同的情况下，国际关系的进化或退化得以实现。此处的有效支持与有效压力是一国的国内、国外两方面有效支持与有效压力的结合。

的有效支持，同时就是对另一方的有效压力；另一方面是指来自本国国内的有效支持与有效压力，来自国内对本国政府外交行动的有效支持同时就是本国政府的有效压力。例如，当韩国和日本就独岛（日本称竹岛）问题产生突发性纠纷时，韩日各自国家内的民族主义，既是对本国政府外交行动的有效支持，同时也确实是对本国政府外交行动的有效压力，既有力地支持政府适当强硬的对应行动，也对政府不那么强硬的行动形成强大的反对性压力。

对于相对稳定的国际格局中的对象国来说，在有效压力与有效支持的共同作用下，如果攻守平衡，受到的综合有效支持趋向于最大，而受到的有效压力则趋向于最小。这样，国际关系就相对稳定，国际体系的结构状态也相对稳定，国家所得的相对利益和绝对利益都相对最大；相反，如果攻守失衡，受到的综合有效支持趋向于最小，而受到的综合有效压力则趋向于最大，国际关系退化（或者进化到另一种性质完全不同的关系），国家可能不得不被迫采取不情愿的让步与行动，国家所受损的或者付出的相对利益和绝对利益都趋于最大。

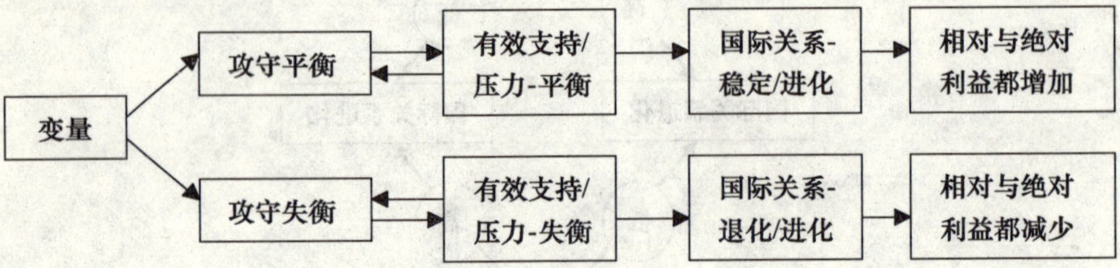

图 7—7

变量引起攻守平衡或失衡后，产生了有效支持或有效压力不同，进而引起国际关系进化或退化，并最终增进或损害到国家利益。

综合性有效支持与综合性有效压力的平衡，在另一说法上就是攻守平衡，而攻与守，则是博弈的最原始成分。“在自助体系中，与意识形态偏好或者来自内部的政治压力相比，竞争的压力所占分量要重得多。”① 任何竞争都是一种博弈的真实写照，博弈在本质上是攻与守中谋取利益，无论是自由主义、现实主义、马克思主义、建构主义，还是英国学派或规范理论，其理论中都多少包含博弈理论成分。博弈的效能与意义主要见之于现实主义，它是一种理论上的对策分析与行为，本身属于国际关系内容。例如从利益偏向来说，双赢或多赢性博弈是一种进化型国际关系，而零和博弈则是一种不折不扣的退化型国际关系。博弈论对于分析不同时期复杂的国际关系具有一定作用，但本文为了便于研究的需要，不以博弈作为分析国际关系进化或退化的变换切入点，而以攻守平衡度作为国际关系进化与退化的临界点。

① ［美］罗伯特·基欧汉编，郭树勇译：《新现实主义及其批判》，北京：北京大学出版社，2002 年版，第 300 页。

本章小结

国际关系的退化始自观念。观念改变有许多因素，政权更迭、政府换届、外围影响、国内民意等因素，都是观念改变的诱因。也就是说身份的变更影响观念的改变，观念的改变促使国际关系的改变。

国际关系退化本质上没有善、恶、好、坏之分，但对于具体国家而言，相对收益与绝对收益、相对损失与绝对损失、短期利好与长远利好都有可能。一般来说，处于有重要利益纠纷的国家之间，外交上的攻守平衡度是国际关系退化的晴雨表。

第八章

国际秩序的重构

第一节　和平与冲突的悖论①

“悖论”原是一个哲学概念，通常指违反常理的思想观点，它的意义比较丰富，包括一切与人的直觉和日常经验相矛盾的结论。在西方，悖论（paradox）一词最初源于希腊语“para + dokein”，意思是“多想一想”。在中国春秋时期，就有悖论这一名词的出现，只是在古代，一般以单独的“悖”字作为简括，意思是自相矛盾的说法或结论，意为荒谬之事或谬论。

公元前六世纪，哲学家克利特人艾皮米尼地斯（Epimenides）说：“所有克利特人都说谎，他们中间的一个诗人这么说。”《圣经》（《提多书》第一章）里也曾经提到：“有克利特人中的一个本地中先知说，‘克利特人常说谎话，乃是恶兽，又馋又懒’”。这就是著名悖论“我在说谎”的来源，即如果他在说谎，那么“我在说谎”就是一个谎，因此他说的是实话；但是如果这是实话，他又在说谎。古代中国也有一个类似的例子：《庄子·齐物论》里庄子说“言尽

① 以往多数情况下，人们提到和平，就会提及战争，在这儿，以广义的“和平与冲突”替代窄义的“和平与战争”（冲突包含战争），来描述国际社会中两种截然相反的国际秩序状态。

悖”，后期墨家反驳道，如果“言尽悖”，庄子的这个言难道就不悖吗？类似的还有“世界上没有绝对的真理”，我们不知道这句话本身是不是“绝对的真理”。总结起来，悖论有三种主要形式：1. 某一命题看起来似乎肯定错了，但事实上却是对的（似非而是）；2. 某一命题看起来似乎肯定对了，但事实上却是错了（似是而非）；3. 一系列推理看起来无懈可击，最终却发现逻辑上自相矛盾（谬论）。

和平不是因为和平而和平，而是因为冲突而和平；如果没有冲突，那是因为当时冲突的代价过大。我们先分析有关战争的悖论。当前一些普遍的战争悖论的观点有，战争是手段还是目的？战争主要是暴力冲突还是和平竞争？战争是破坏行为还是创造行为？战争重在打击敌人的手段还是打击敌人的观念？战争是硬件驱动还是软件驱动？战争是短兵相接还是非线性非对称战场进行？战争的目的是取得胜利及维护国家利益还是避免失败及维护正义人道准则？

战争的重要性自不必多言。我们再想一想，战争难道只是悲剧、一无是处吗？战争代表的总是破坏和死亡吗？古代堪称伟大的军事著作《孙子兵法》开宗明义地说：“兵者，国之大事，死生之地，存亡之道，不可不察也。”确实，历史上数不清的大大小小战争，毁灭了无数生灵，破坏了无数家庭的幸福，吞噬了无数辛苦积累的财富。但是，战争也促成了新阶段和平，焕发了人的本性力量，促进了生产关系发展，推动了历史前进，缔造了人类与文明。如果没有战争，社会就会显得过于简单，历史就会显得过于平静，人类就会显得过于木讷，文明的色泽就会显得过于黯淡。

比战争更广义的是冲突，冲突的极限是战争。冲突是指某一可确认的人或群体，有意识地反对一个或几个可以确认的人或群体，原因是它们各自在谋求不同的目标。无论什么样的社会形态，什么样的社会内部结构与管理体制，也无论国际体系如何，国家与国家之间的关系如何，冲突都是存在的。冲突归根结蒂的原因是他者的存在，而他者的存在是永恒的客观现实，即使消灭了冲突中的某一特定他者，其他的他者很快就会填补空出来的冲突一方的他者位置，因此人们不能指望消灭冲突，同时也不能没有冲突。

冲突的形式有观念冲突和利益冲突，有文明冲突和身份冲突，有暴力和非暴力的冲突，有显性和隐性的冲突，有可控和不可控的冲突，有可解决的和不可解决的冲突。最显而易见的冲突种类，从个人层次上来看，包括吵架斗殴、意见分歧、法律争执以及犯罪杀人等。从国家层面上来看，包括国际摩擦、制裁、纠纷、战争与国内战争、革命、政变、恐怖活动、暴乱等。值得注意的是，冷战也应该是冲突的一种重要表现形式。[①] 在此，无论人还是国家，与自然的冲突都没有列入通常所说的社会性的冲突之列。《吕氏春秋·荡兵》总结了八种个人的或群体的或国家的争斗形式。“察兵之微：在心而未发，兵也；疾视，兵也；作色，兵也；傲言，兵也；援推，兵也；连反，兵也；侈斗，兵也；三军攻战，兵也。此八者皆兵也，微巨之争也”。至于国际冲突的类型，大多数学者倾向于分为五类：即一般冲突、国际危机、恐怖活动、内战与革命、国际战争（局部和世界战争）。1965 年美国军事战略理论家赫尔曼·康恩针对朝鲜战争和越南战争失利的教训，在《逐步升级战略》一书中将冲突的

① 在核武器出现之前，国际争端不是通过和平就是通过战争来解决的。但是在二战后，这种情况发生变化，出现了冷战这一特殊形式，冷战即是“不太可能的和平”和“不太可能的战争”两个特殊因素的产物。国际关系中所谓的冷战是相对于热战而言的，它是指敌对双方形成对立，但是，又以不触发直接武装冲突为限的敌对状态。国际关系中的“冷战”一词是由美国政论家赫伯特·斯奥普于 1946 年初在为美国参议员伯内德·巴鲁克起草的一篇演说中首先提出的，但在外交政策上，冷战的开始是以丘吉尔在 1946 年 3 月 5 日在美国的富尔顿演说为信号，以 1947 年 3 月 12 日杜鲁门总统发表的国情咨文为起点，之后，“冷战”的概念就开始得到广泛应用。一般所说的冷战，就是特指美国和苏联之间的冷战。但实际上，对于冲突的本质而言，冷战不止出现在某一特定国家间的状态，在人与人之间、国家与国家之间的某些时候，都可能出现冷战的特征。比如夫妻两人吵架后在一段时期内互不说话的状态，国家与国家之间因为利益争执所形成的某种僵持状态，都可以视为冷战，都可以被视为是冲突的继续，或者直接被视为一种冲突状态。

过程分为7个门槛（分歧产生、不要翻船、核武器是不可想象的、不使用核武器、中心避难、核战争、城市目标）和7个阶段（潜伏的危机、传统的危机、紧张的危机、离奇的危机、威慑性攻击、攻击军事目标的战争、攻击民用目标的战争）以及从相互报复、禁运封锁到武力威胁、战争讹诈、常规战争到核大战的44个阶段。[①] 罗伯特·利伯（Robert Lieber）认为，康恩的分析虽无多少新的东西，又充斥着“想象”，但是却把国际冲突的变化“加以简化”，仍有重要参考价值。[②] 考虑到国际关系的现实与发展，在此列出了六种面上的冲突：

1. 人与人的冲突；
2. 人与社会的冲突；
3. 国家与国家的冲突；
4. 分配与欲望的冲突；
5. 生产力与生产关系的冲突；
6. 理想秩序与现实状态的冲突。

对于冲突的理解，《吕氏春秋·荡兵》同样指出了其作用的两面性：“夫兵不可偃也，譬之若水火然，善用之则为福，不能用之则为祸；若用药者然，得良药则活人，得恶药则杀人。”意思是冲突与战争不可消灭，正如水与火等自然物质一样，善于运用就会创造福祉，不能善用则会成为祸害；比如用药治病，得到良药就可救活病人，

---

① 倪世雄等：《当代西方国际关系理论》，上海：复旦大学出版社，2001年版，第275页。

② Robert Lieber, Theory and World Polities, Winthrop Publishers, 1972, pp. 112–113. 转引自：倪世雄等著：《当代西方国际关系理论》，上海：复旦大学出版社，2001年版，第275–277页。学者们还论及了国际冲突的解决三类途径：（1）政治解决途径，包括国家之间的谈判、协商、斡旋、调停；（2）法律途径解决，以国际法庭为主进行的调解、仲裁和裁定等；（3）行政途径解决，指联合国等国际组织所作的各种努力。实际上，战争仍然是国际冲突解决的一个重要途径，2008年俄罗斯和格鲁吉亚的战争、2011年美国和法国等多国参与的利比亚战争即是例证。

得到毒药就可杀人。对于人类社会和国际关系中的冲突，我的理解则是：冲突刺激了本能，启迪了智慧，促进了革新，产生了规范，形成了机制，造就了国家，调整了秩序，缔造了和平。

生，以死为对比，有生有死才延续永恒；秩序，以混乱为参考，有序无序才见规范的重要；和平，以冲突为尺度，道义在利益中更显存在之价值。然而，关于和平与冲突，是和平酿就冲突还是冲突造就了和平？是和平导致冲突还是冲突就是和平的前戏？和平是否总是高于战争？理想的战争是否总是大于现实的和平？是和平还是战争在建构权力、利益与身份？民主国家是否是战争的安全屏障？以和平的名义发动战争是否就是正义的战争？人权高于主权是否可成为战争的理由？抑或，战争与和平本来就是人类天性与社会秩序的两个孪生弟兄？

《吕氏春秋·荡兵》卷七说，“兵之所自来者上矣，与始有民俱。凡兵也者，威也；威也者，力也。民之有威力，性也。……争斗之所自来者久矣，不可禁，不可止。”意思是：战争的由来相当久远了，它是和人类一起产生的。大凡战争，靠的是威势，而威势是力量的体现。具有威势和力量是人的天性。……冲突斗争的由来相当远久了，不可禁止，也不可平息。那么人的天性又是什么？人是具有生的智慧、生的创造、生的感情、生的意志、生的社群、生的斗争的“万物灵长”，是创造自我、实践自我、突出自我、保全自我、挑战自我、完善自我的“社会的人”。

如果人的天性中具有争斗的本性，那么和平与冲突在本质上是构成秩序天平的两个端口，也就没有所谓的悖论可言了，任何悖论都是可以理解的。可悲的是，这个悖论是可以验证的，几千年来世界各地绵延不绝的战争与冲突便是最好的说明与注脚，而世界各地人们也早就对战争有着深刻的认识。中国古代有“故古之贤王有义兵而无有偃兵（《吕氏春秋·荡兵》卷七）”；公元4世纪的古罗马军事学家韦格蒂乌斯曾说：“如果你想要和平，就请准备战争”；非洲自古也有一句类似的谚语："手里握着大棒，然后再微笑看着对方"。

国家没有滥用武力的绝对权力，没有独享和平的绝对权利，同时也没有维护和平的绝对义务。因此，重要的问题不是战争该不该有，而是战争是否正义。冲突必然天生就存在，尤其是广义上的冲突，有暴行就会有反抗，有纷争就会有冲突，有侵犯就会有战争。尽管战争免不了暴力与以暴制暴，但战争依然有正义和非正义之分，而且正义的战争既是和平的前提，又是秩序的良药。商末周初的伯夷和叔齐亲眼看到周灭商后隐居起来并在《山居笔记》中说："以暴易暴兮，不知其非矣。神农、虞、夏忽焉没兮，我安适归矣?"《礼记·檀弓下》有言："杀人之中，又有礼焉"。《吕氏春秋·荡兵》卷七中也说："夫兵不可偃也，譬之若水火然，善用之则为福，不能用之则为祸；若用药者然，得良药则活人，得恶药则杀人。……兵诚义，以诛暴君而振苦民，民之说也。"二战后，全世界都对战争进行了深刻反思，包括制度、机制、规范和国际法等方面，都有相应反省及行为。《联合国宪章》第2条第3款明确规定："各会员国应以和平方法解决其国际争端，避免危及国际和平、安全及正义"。①

美国著名的政治理论家迈克尔·沃尔泽（Michael Walzer）对战争的正义性与非正义性有过深入的研究。在他的代表作《正义战争与非正义战争》（1977）中，沃尔泽认为，正义战争理论是一种探讨战争与道德关系的理论。归纳起来，其关于战争与道德关系的看法可分为四类：一是现实主义（Realism），认为战争本质上与道德无关；二是神圣战争论（Holy war theory），认为战争是道德工具，可以通过战争手段消灭那些被认为是不符合道德的人或集团；三是

---

① 梁西著：《国际组织法（总论）》，武汉：武汉大学出版社，2001年版，第75页。

和平主义（Pacificism），认为所有战争在本质上都是邪恶的、不道德的；四是正义战争论（Just war theory），认为战争在一定情况下是可以被证明是正当的。这四类战争中，前三类过于偏激，已经基本不被提及，相对而言，第四类正义战争的看法比较流行，它持一种相对折中的立场，“它并不认为战争是一种善（Good），但又主张使用武力在一定环境下是正当的”。[①] 沃尔泽的正义战争理论部分基于限制战争这一基本思想，承袭了古代思想家的许多正义战争的思想，即正义战争分为发动战争的开战正义与战争中行为正义的交战正义。但沃尔泽也失望地意识到，“太多的国家被证明是不可信赖的施动者”，[②] 而且沃尔泽本人也显然带有比较突出的意识形态思维，他在后来对正义战争修正中，把是否有权拒绝干涉与国家政体性质联系起来，认为“只有自由或民主国家才有权反对外部干涉”。[③] 然而从某种立场来说，战争本身是一种客观存在的现象，与人类的存在一样久远，只是人类社会发展到了今天，对于战争的反思及对战争认知的规范性累积，使人类对于国家间大规模战争有了更多理性的认识。战争固然不可避免，但国家也不会随意轻言开战，战争的理由正越来越靠向正义原则的旗帜下。正如汤姆逊·奥克罗认为的，“正义战争的第一条规则就是战争必须在正义的理由下进行”。[④] 国际法专家路易斯·亨金（Louis Henkin）则更进一步具体指出，“将来，唯一的‘正义战争’将是抗击侵略者的战争——由受害国自卫、由

---

① Chris Brown, *Sovereignty, Rights and Justice: International Political Theory Today*, Cambridge: Polity Press, 2002, p. 103.

② Michael Walzer, *Just and Unjust Wars*, New York: Basic Book, 1992, p. xxiii.

③ Michael Walzer, "The Moral Standing of States: A Response to Four Critics", *Philosophy and Public Affairs*, 9: 3 (1980), p. 224.

④ D. Thomas O' Connor, "*A Reappraisal of the War Tradition*", Ethics, 84: 2 (1974), p. 168.

受害国之外的其他国家或所有国家进行集体自卫。”①

和平与冲突基本不遵循能量守恒定律，它主要是国家政策选择的结果。很难说，国家有和平愿望与政策，就可以避免战争或者永享和平。同样也很难说，国家准备或进行战争，就可以藐视战争责任或者忽视和平红利。和平与冲突无疑是人类最为重大的问题，因为人类对自我存在与安全总是首要关注的。国家战争的发起者最初总有通过战争达到某种目的的愿望，也就是说战争的首要功能被视为特定手段。那么和平是不是目的呢？显然，和平至少不是战争的最初目的，战争的发起者最初都是想通过战争谋取某种特定利益，或者通过战争来建构新的秩序结构及优势身份。

在“9·11”事件之后，和平与战争的概念外延十分明显，和平不再局限稳定的格局，战争不再局限于武力攻击，和平的含义进一步向和谐、共存、合作、发展扩展，冲突的含义除了武力与战争之外，也进一步向政治制度、经济、金融、文化、文明、价值观扩展。使用武力也不局限于领土争端、争夺霸权、谋取利益，而是进一步扩展到人道干预、先发制人、反恐、反海盗、反极端势力、反分裂等方面。但是，基本的问题仍然是，所有的冲突及使用武力仍然都与和平相悖，战争仍是现实政治中一个实实在在的选项。

概而言之，对于和平与冲突悖论的理解应该是：

● 和平与冲突本相悖，它们是不兼容的、对立的两种人类存在的秩序状态；

● 和平与冲突不相悖，它们是相互转化、互补的一体两式的人类秩序状态；

● 和平与冲突的悖论，本质是他者存在，人性、利益与权力

---

① 李效东、李瑞景：“西方战争伦理的理论体系及当代论争”，载《世界经济与政治》，2011 年第 7 期，第 6 页。转引自：路易斯·亨金等：《真理与强权——国际法与武力的使用》，第 37 页。

是诱发因素；

● 国际体系内和平与冲突悖论，本质是无政府状态及国家功能的相似性；

● 国际体系中每一次和平与冲突的转换，都是国际体系进化与国际秩序重构过程中的量变累积。

第二节 国际关系悖论：相互防范与相互依赖[①]

在上一节中，我们讨论了人类社会中的冲突与和平悖论，在这一节中将进一步缩小分析范围，分析国际关系中相互防范与相互依赖的悖论。

相互防范与相互依赖是一对直接对立性概念，在国际关系现实中，也是一种典型的悖论。一方面，相互防范和相互依赖互相排斥，另一方面，相互依赖理论本身又含有依赖与防范的分歧。“自由主义认为，相互依赖有助于减少和缓解国家间的冲突，增进国际和平，其代表性的观点是‘贸易和平论’；而现实主义和依附论认为，相互依赖与国家间的战争与和平问题毫不相干，甚至会增加冲突的几率”。[②] 在分析相互依赖与相互防范之前，我们来分析一

① 在相互依存与相互依赖的翻译问题上，有很多争议。很多人把相互依存与相互依赖对等起来，将“相互依赖”（interdependence）翻译为“相互依赖”，将“相互依赖理论（Theory of interdependence）”翻译为“相互依赖理论”。学者门洪华认为，相互依存与相互依赖有“度”上的区别，“相互依赖”的译法更能反映该理论的准确含义。参见：门洪华：“相互依赖与国际机制：理论的比较”，载《中共天津市委党校学报》，2001 年第 4 期，第 31 页。笔者认为，相互依赖与相互依存不仅有“度”的区别，实际上还是一种相互存在状态与相互关系状态的区别，相互依赖对国际关系的影响是全面的、深远的。上海国际问题研究所研究员夏立平认为，interdependence 译成相互依赖比相互依存更为贴切。参见：夏立平：“21 世纪初的中美关系——非对称性相互依赖”，载《当代亚太》，2005 年第 12 期，第 3 页。

② 余万里：“相互依赖研究评述”，载《欧洲研究》，2003 年第 4 期，第 52 页。

下相互关系。

他者的存在，在“落后”、“封闭”或“隔离”以及地缘“遥远”的状态下，尽管他者的存在具有对立性，也具有可助性，然而自我和他者既难以发生相互冲突，也难以发生相互依赖关系，相互冲突与相互依赖的现象只发生在地缘局部区域。自从15世纪地理大发现以来，随着资本主义的发展，西方用资本和商品把全世界联系起来了，一方面扩大了全世界经济社会联系的广度与深度，另一方面也拓展了全世界相互关系的内涵，全球性的相互依赖与相互冲突就成了国际体系发展中的伴生因素而非偶生因素。国家之间的相互冲突与相互依赖，推动着国际体系的螺旋式进化性发展，也推动着世界秩序的间隔式经常性重构。

（一）相互防范

相互防范源于对他者意图无法确定的恐惧。他者实力的大小不是恐惧来源的决定性因素，意图才是决定性因素，当然，实力在意图的配合下，更具有恐惧性。加拿大对强大的美国并不存在多少恐惧，因为美国没有显示出对加拿大的攻击意图，也没有对加拿大发出过挑衅性信号。朝鲜与韩国之间的相互对峙一方面来自对方不确定意图的恐惧，另一方面也由于经常性的言语、政策以及行动上的挑衅。

相互防范的主要手段是保持相互威慑。威慑是通过威胁使对手屈从于自己的意愿，旨在防止出现某种情况（如战争或侵略）的一种防御性战略，而不是一种威逼他人服从于自己意愿的战略。威慑作为一种社会实践，伴随在人类社会和平与冲突的整个历史长河中。中国古代的很多思想家都有类似论述，吕不韦在《吕氏春秋·论威》中有言，“举凶器必杀，杀，所以生之也；行凶德必威，威，所以慑之也”。张衡《西京赋》中说，“威慑兕虎，莫之敢伉”。曹植在

《七启》中称，“威慑万乘，华夏称雄”[①]。中国古代著名军事思想家孙武在《孙子兵法》中也指出，“百战百胜，非善之善者也；不战而屈人兵，善之善者也。故上兵伐谋，其次伐交，其次伐兵，其下攻城”。[②] 意大利政治思想家马基雅维里则强调指出，“武力显示”以及其他类似的策略是使敌人相信其侵略行动的代价和风险也许过高的一种较为合算的方式。[③] 国际政治中，在适当的时机通过一定方式，充分展示自己的战略战术力量和不惜一战的决心，有助于维护、争取和实现自己的利益，并有助于地区的稳定和促进世界的和平与发展。通常情况下，成功的威慑须具备三个条件：一支报复性力量、一个确实有效的威胁和一条传递这个威胁的可靠途径。但在实践中并不容易实现，因为无法预知意外情况的发生，也无法确定威慑的有效与遭到攻击后报复的可靠，更无法在危机的情况下保持“理智”来从容地寻找准确的平衡。国际关系中的威慑理论，是伴随核恐怖形成的。二战后产生的核威慑理论的中心议题就是核威慑，根据各自的国力和战略意图，美、苏（俄）、英、法四个有核大国所奉行的核威慑理论可分为三类：美苏两个核大国奉行最大限度的核威慑理论、法国则倡导有限核威慑理论、英国奉行的是最低限度的核威慑理论。[④] 伯纳德·布罗迪（Bernard Brodie）、威廉·考夫曼（William W. Kaufmann）、阿尔伯特·沃尔斯泰特（Albert Wohlstetter）、赫尔曼·卡恩（Herman Kahn）等是冷战时期著名的研究威

---

① 参见：李国亭：“军事战略新命题——信息威慑”，载《国际技术经济研究》，第9卷第3期，2006年7月，第12页。

② 孙武：《孙子兵法》，太原：山西古籍出版社，1999年版，第35页。

③ Alexander L. George and Richard Smoke, *Deterrence in American Foreign Policy: Theory and Practice*, New York: Columbia University Press, 1974, p. 12.

④ 钱春泰：“国际政治中武力的潜在运用”，载《欧洲研究》，2005年第4期，第55页。

慑的战略理论家[1]。在实践中，核威慑有两个基本矛盾。一个是在"摊牌"后实施威胁将是非理性的，一个是它的武器几乎没有什么实战价值。在核垄断被打破之后，尤其是美苏在古巴导弹危机中展示出的接近真正核对决态势，使人们很快意识到，将核武器用于实战是荒谬的，任何人都无法想象出现"痉挛战"时，当事方在最后关头把剩余的核武器全部向对方投出去的结果，也无法想象这样的战争究竟还能实现什么战略目的。因此，在某种意义上，核战略已自成一派：它一方面仍然可以被视为一种有效的威慑手段，另一方面它也确实在很大程度上被从日常的国家安全决策中分离出来，按其自身的、往往是与直觉相悖的逻辑发展。笔者比较赞同美国学者斯蒂芬·沃尔特（Stephen M. Walt）的一个观点。他认为，国家制衡的是威胁，而非权力——因为权力本身并不等同于威胁。他在20世纪80年代的《联盟的起源》一书中，就新现实主义（结构现实主义）代表学者肯尼思·华尔兹的均势理论做了更进一步的批判与发展，即威胁制衡理论。他指出，"威胁"的概念包含四个要素：1. 综合实力；2. 地缘的相近性；3. 进攻实力；4. 进攻意图。[2] 实际

---

① 参见：钱春泰，"国际政治中武力的潜在运用"，载《欧洲研究》，2005年第4期，第55页。冷战期间威慑理论研究的代表作有：Bernard Brodie，The Absolute Weapon：Atomic Power and World Order，New York：Harcourt Brace，1946；William W. Kaufmann，"The Requirements of Deterrence"，in W. W. Kaufmanned，Military Policy and National Security，Princeton，N J：Princeton University Press，1956；Albert Wohlstetter，"The Delicate Balance of Terror"，Foreign Affairs，Vol. 37，January 1959；Herman Kahn，On Thermonuclear War，New York：Free Press，1960；Thomas Schelling，The Strategy of Conflict，Cambridge，MA：Harvard University Press，1960；Alexander L. George and Richard Smoke，Deterrence in American Foreign Policy：Theory and Practice；Patrick Morgan，Deterrence：A Conceptual Analysis，Beverly Hills，CA：Sage，1977；Robert Jervis，Psychology and Deterrence，Baltimore，MD：Johns Hopkins University Press，1985.

② Stephen M. Walt，The Origins of Alliances［M］，p. 17. 转引自：江海洋："从'霸权均势'到'相互依赖均势'——试析当代东亚国际秩序的现状"，载《高等函授学报》（哲学社会科学版），2009年8月，第22卷第8期，第16页。

上，沃尔特的威胁制衡理论就是相互防范的重要内容，不管是独自制衡、结盟制衡、均势制衡，还是追随制衡、权力制衡或其他曲线制衡手段，都是防范的一种方式，只不过，防范的范围要广泛得多，不仅防范直接的威胁，防范利益的被侵犯，也防范文化与价值的消融，更防范权力的损失。

在全球化、信息化发展的当前时代，各国相互依赖进一步加深，由于核威慑已经在某种程度上从国家安全决策中剥离出来，硬实力与软实力的灵巧运用和灵巧威慑已经逐步显示出来，把防卫而不是威慑作为战略目标，相互防范的手段逐渐转向了一种多边的灵巧防范。这种灵巧防范针对不同的目标国家实行不同的策略，既含有预防性的策略，又含有进攻性的策略，总之是为了让对手知难而退，实现自己的利益与战略目标。灵巧防范是分等级层次的，以美国为例：针对非盟友核大国和潜在挑战国，奉行的是一种积极防御的威慑政策，综合运用政治、经济、军事、外交、文化等方面的实力及影响力，通过政治围堵、预防性外交、经济制裁、军事展示等手段，来维护自己的国家利益并实现自己的战略目标；对有一定实力、有一定地区影响力、不那么“听话”的国家，运用强制外交等方式，通过军事打击、扶植新政权、改变政治制度等威逼手段，来维护所谓的“国际秩序”；对自己的盟友或伙伴，利用潜在对手的威胁，通过提供安全保障、政治同盟、经济互通、利益共享的捆绑战略，达到既利用又压制的战略目的；对既无多大实力、又无地区影响力，或者有一定实力与影响力，但却自觉“融入”国际秩序且不惹事生非的“好国家”，则通常是按其国家实力及影响力大小来分配注意力。

（二）相互防范三类型

在国际体系生成之前，也就是说国家军事力量在全球有效投射之前，相互防范的范畴一般局限于地缘区域内的自我与他者之间。

在1648年《威斯特伐利亚条约》签署为标志的国际体系形成之后，国家之间的相互防范对象扩展到了全世界，欧洲列强在全世界拓疆殖民，相互防范成了一个全球的问题。当然，防范的基本方式、手段和目的仍然具有同质性，主要是为了维护国家主权和领土完整、促进国家利益和战略目标的实现、推动本国经济建设与社会发展，实现国家的稳定与繁荣，赢得国际社会的尊重。防范的对手不同，适用于防范的原则也不一样，换言之，防范的原则通常根据受威胁程度而有区别。在下文中，将就针对受威胁情况下来分析相互防范的类型及对应的惩罚原则。仔细分析来看，强者对于弱者的防范也包含在此类相互防范的内容之中，只不过防范的意识与方式有别，强者显然也有着更多的手段、更大的威慑力和更强的惩罚力。事实上，所有的相互防范与相互依赖都是不对称的，不只是相互依赖有层次性、敏感性和脆弱性，相互防范也是有层次性、敏感性与脆弱性的。基欧汉和奈已经对敏感性与脆弱性有了经典型的深入探讨，在此也不再赘述，主要就相互防范的层次（类型）性和相互依赖的层次性进行分析。

依据受威胁程度的不同，相互防范分为三种类型，分别是战略性防范、适度性防范和选择性防范，与之相对应的三类惩罚原则分别是：最大惩罚原则、对等惩罚原则和最小惩罚原则。

战略性防范。战略性防范也称最大防范，对应的是最大惩罚原则。在需要防范的他者范围中，如果有敌对者及可能的敌人、领土领海权益纷争者、战略竞争对手、潜在权力挑战者、国际秩序破坏者和“人权公敌”的独裁国家，显然对自我的威慑程度最大或者不能容忍他者的政策与行为，对类属他者适用战略防范原则。意即一旦受到攻击、挑衅以及他者采取破坏国际秩序的重大行动，须实行最大惩罚原则，调集可能的全部政治、经济、军事、外交、舆论等资源予以回应或打击。比如1953年朝鲜战争后的韩国之于朝鲜、1979年美国驻伊朗大使馆人质事件后的伊朗之于美国、1991年伊拉克入侵科威特后的美国之于伊拉克。战略防范原则不只是完全针对全面防范，有时也针对特定领域的战略防范。韩国对于独岛（日本称竹岛）可以理解为应用了战略防范原则，即韩日在和平交往时期，韩国在独岛问题上实行的是战略防范原则；当前日本在钓鱼岛（日本称尖阁列岛）问题上对中国的防范也是处于战略防范状态，而且随着中国收回钓鱼岛主权的要求日益强烈，日本战略防范的等级越来越高；以色列对于来自巴勒斯坦、黎巴嫩等地的火箭弹等形式的袭击也应用了战略防范原则，并通常应用了对等的最大惩罚原则。

适度性防范。适度性防范也称重点防范，对应的是对等惩罚原则。国家的主要任务与目标是保护国家利益、增进国民福祉，因此国家的对外功能必须服从于对内功能的需要。如果不是受到明显的威胁，国家最适当的防范方式是采取适度性防范，意即如果在未来一段时期中没有受到毁灭性攻击的预设中，对所遇到的一般性摩擦，或者对于对手性质的他者，或者在某一事件或某一领域的纠纷，采取有重点的防范即可。换言之，在低烈度的摩擦或纠纷中，采取对等的适度惩罚原则即可，一方面可避免不必要的国力消耗，另一方面可以集中更多资源促进国家的稳定、发展、繁荣以及与他国的合作。比如2003年后的伊朗与伊拉克、冷战结束后相互依赖程度深化的中国与美国。[①]

选择性防范。选择性防范也称最小防范，对应的是最小惩罚原则。国家的敌对者或潜在敌对者必然只是少数，对其他遥远的、实力弱小的或者完全没有敌意威胁的国家，通常适用选择防范原则。这类原则依照一般的价值规则和秩序法则发展正常关系即可。二战后，殖民体系与殖民文化彻底瓦解、崩溃，国际秩序日益规范化、平等化和民主化，国际体系中的大多数国家如果力量太弱小或者虽

① 当前美国可能已经对中国采取战略性防范的初级状态，但中国对美国仍处于适度性防范，重点仍是国内事务，特别是经济发展、民生福利与社会稳定方面的事务。

然国力较强却并不预谋侵犯他国，都可奉行选择性防范政策。在与无敌意也无恶意的他者发生了某一特定事件时采用最小惩罚原则，以及按照现有国际制度、规则、规范、惯例来发展与他者之间的关系及交流往来，既不扩大事态也不采取不了了之的态度。选择性防范不只应用于小国及利益关系不大的国家，也应用于大国之间。在当前，中国与俄罗斯之间、法国与德国之间、英国与美国之间、中国与英国之间等，都可以最小防范原则作为国际关系的指导原则，意即即使出现一些非故意的偶发事件，也应该低调妥善处理，必要时按照对等原则或司法原则采用最小惩罚原则即可。必须指出的是，最大与最小是相对的，例如在黄岩岛问题上，中国可能对菲律宾采取最小防范原则，但菲律宾却可能对中国采取战略防范政策，而中国即使对菲律宾奉行选择性防范政策，却可能在被动卷入冲突的情况下，对菲律宾的首先挑衅施予适当惩罚原则，这对菲律宾来说可能意味着最大惩罚。

（三）相互防范六结论

需要指出的是，在国际体系中，防范谁、依赖谁，威胁的来源与强度，相互依赖的敏感性及脆弱性如何，惩罚的确定性与严厉性两者中何者更具有效力，这些问题都很重要。

因此，在实践中应该注意到有关相互防范的六个结论：

1. 并非所有的对抗都可归结到威慑模式中；
2. 并非所有的防范都适用惩罚原则；
3. 并非奉行最大防范原则就必然赢得安全保障；
4. 并非奉行最小防范原则就必然获得安全保障；
5. 并非相互防范就导致国际关系退化；
6. 并非相互防范就意味着不遵从国际规范；

（四）相互依赖

长期以来，国家之间的相互冲突被视为国际政治的一个核心问题。一方面因为冲突往往会带来不稳定和利益损失，另一方面也因为人类始终无法摆脱冲突的魔咒。相互依赖的动力可追溯到 15 世纪的地理大发现、18 世纪的工业革命和科学技术的广泛应用、18 至 19 世纪商业资本、市场经济在世界范围的扩张运动以及殖民地盘争夺与掌握利益分配权的驱动。在 19 世纪中期，马克思和恩格斯注意到了全球的相互依赖现象，他们在《共产党宣言》中指出，“过去那种地方的和民族的自给自足和闭关自守状态，被各民族的各方面的相互依赖所代替了。物质的生产是如此，精神的生产也是如此”[①]。肯尼思·华尔兹也指出，“由于各国的紧密依赖，任何一国如不遵循成功的惯例，就会陷入不利境地。这样，各国之间的相同点便增加了。这种相同点是系统作用的结果。人们正是把这种相同点归因于各国对所谓国家行为规则的接受”，“在公认的观点看来，相互依赖的增长已经使地球缩小，并且创造了对世界事务进行集中管理的可能性”。[②]

二战后，核武器的出现又在一定程度上限制了世界大战爆发，人类社会发展过程中的国际体系日益全球化，国家之间相互关联日益增多，利益联系也日益彼此相关，相互依赖的深化也导致危机的国际化，以致出现一荣俱荣、一损俱损的局面，人们普遍认识到当代国家间相互依赖程度不断加深。理查德·库珀（Richard N. Cooper）、罗伯特·基欧汉（Robert O. Keohane）、约瑟夫·奈（Joseph S. Nye Jr.）、理查德·罗森克兰斯（Richard Rosencrance）、肯尼思·沃尔兹（Kenneth N. Waltz）、阿尔伯特·赫胥曼（Albert Hirschman）、大卫·鲍德温（David A. Baldwin）、珍娜·高娃（Joanne Gowa）、爱德华·曼斯菲尔德（Edward D. Mansfield）、詹姆

① 马克思、恩格斯：《马克思恩格斯选集》，北京：人民出版社，1995 年版，第 276 页。

② 肯尼斯·沃尔兹：《国际政治理论》，北京：中国人民公安大学出版社，1992 年版，第 155、254 页。

斯·莫罗（James D. Morrow）、彼得·沃勒斯丁（Peter Wallensteen）、马克·高索洛斯基（Mark Gasiorowski）、凯瑟琳·芭比埃丽（Katherine Barbieri）等人都著书立说，对国家间的相互依赖进行了深入分析，其中以罗伯特·基欧汉（Robert O. Keohane）和约瑟夫·奈（Joseph S. Nye Jr.）合作撰写的名著《权力与相互依赖》（1977 年）最具有代表性，他们为相互依赖建立了“一个清晰的理论框架”。该书开篇的第一句话就写道：“我们生活在一个相互依赖的时代”。[①] 倪世雄在2001 年版的《当代西方国际关系理论》中对相互依赖的内容概括为十个方面：1. 强调国家之间的相互易摧性和敏感性；2. 国家所面临的许多问题趋于全球化；3. “高级政治”逐步向“低级政治”过渡；4. 各国再不能闭关锁国；5. 国际合作趋势逐步超过国际冲突趋势；6. 武力在解决国际争端上的作用日益减弱；7. 谈判逐步取代冷战，均势逐步取遏制；8. 研究对象多元化；9. 主张在国际关系中以平等关系取代等级制；10. 相互依赖的趋势将对国家主权和民族利益起溶解作用，推动全人类利益的形成，最终将成为通向未来没有国界的世界国家的“中途站”。[②]

---

① Robert Keohane and Joseph Nye, Power and Interdependence (3rd Edition), New York: Addison Wesley, Longman, 2001, p. 1. 中文版参见：［美］罗伯特·基欧汉、约瑟夫·奈：《权力与相互依赖》，北京：北京大学出版社，2002 年版，第 3 页。该书把相互依赖定义为“彼此之间的依赖”，并认为相互依赖意指“敏感性（sensitivity）”和“脆弱性（Vulnerability）”，并借这两个概念来解释权力是如何产生于不对称相互依赖的。他们从理论上及时总结了相互依赖的两个明显发展趋势：一是从单一型发展到复合型，即从研究经济上的单一相互依赖到研究包括政治、经济、军事和外交在内的复合相互依赖；二是从区域型到全球型，即从研究仅限于发达资本主义国家范围内的相互依赖到研究包括发展中国家在内的全球范围内的相互依赖。基欧汉和奈还总结出相互依赖不只是相互交往、相互依赖不只是互利、相互依赖不一定导致合作三大结论。

② 参见：倪世雄：《当代西方国际关系理论》，上海：复旦大学出版社，2001 年版，第 337—338 页。该书在 339 页至 340 中还罗列出了西方学者对相互依赖理论研究的四个流派：（1）以相互依赖为其安身立命之所的全球主义或制度主义学派；（2）对相互依赖改变国际秩序的能力持保留态度的修正学派；（3）以肯尼兹·华尔兹为代表的新现实主义或结构主义学派；（4）新马克思主义的依附论。

在研究相互依赖的实践中我们可以发现：首先，相互依赖主要指的是全球性问题和国家经济发展上的彼此合作性依赖，而政治上和文化上则没有那么必然且密切的相互依赖关系；其次，相互依赖并不是一种对等、平衡的相互依赖，仍然讲究实力与均势关系原则，事实上存在依赖关系在很大程度的一种依附关系；再次，相互依赖关系不寻求打破既有体系秩序，一旦相互依赖超出某种范围，依赖程度便会有降低的趋势。

（五）相互依赖三层次

●第一层次是有限依赖：主要是指经济上的相互依赖，这种相互依赖可以理解为在发展上的互为互利、合作共赢。

●第二层次是对等依赖：主要是指政治上的相互依赖，这种相互依赖可以理解为在利益上的相互借重、相互利用。

●第三层次是高阶依赖：主要是指文化上的相互依赖，这种相互依赖可以理解为在价值上的文化认同、制度认可。

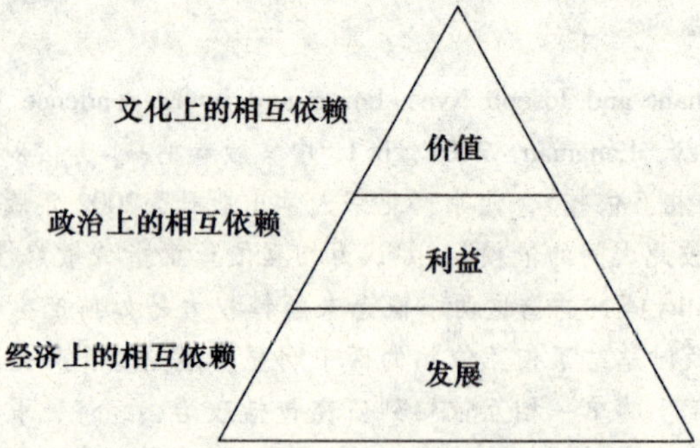

图 8—1　内涵上逐步升级的相互依赖三层次

由上图可知：这三个层次是从低级到高级逐步升级的，高层级的相互依赖包含低层级相互依赖所包含的内容。这里的金字塔式相互依赖三层级，其前提假定包括国际体系是在无政府状态，国家是唯一核心行为体，并且始终是理性的行为体。与大多数国际关系理论预置的前提假定不同的是，这三个层次的相互依赖不需考虑国际秩序是否处于相对稳定时期还是处于动荡过渡时期。事实上，在国际关系历史上的任何时期，相互依赖总是在不同范围、不同程度、不同层次中存在的。第一层次中经济方面的相互依赖，是基于以需要为基础、以平等为原则、以贸易为途径、以发展为目标的低层次相互依赖，在理论上这种依赖可大可小、可强可弱，它显然极大地受制于行为体之间在政治上与文化上的相互关系，这种依赖是人类社会低层次的相互依赖。第二层次中政治方面的相互依赖，其所涉利益范围是一个广义概念，涉及到人性本质、安全生存、资源分配、权力利益、独立自主、历史传统、地缘条件、尊严声望等方面的内容，行为体在这些方面彼此之间的相互借助与利用，虽然只能算是人类社会的中间层次依赖，但却是最复杂、最易变、最难掌控的相互依赖。第三层次中文化方面的相互依赖，其对象不以国家作为唯一核心行为体，也不只是专指狭义上的文化，而是指涉广义上的价值，包括文化属性、政治制度、市场模式、教育体制、契约精神、法治程度、科技进步、价值观念等，这方面的相互依赖是推动人类社会进步的真正力量源泉，是人类社会最高层次的、也是最高级的相互依赖。

相互依赖能带来实际利益，也能在实践中改变人们的观念。一旦观念有变，不论是经济上的、政治上的还是文化上的观念变化，尤其是涉及到巨大利益的情况，会直接作用于相互依赖的范围与程度。国际规范显然对相互依赖产生了持续性规制作用，随着复合相互依赖的加深，国际规范的作用日益重要，其效能也日趋加大，不过，即使相互依赖达到了文化上的相互依赖层次，也难以使国家最终同质化。现实主义学者指出，随着相互依赖程度的加强，行为体的脆弱性提高，反而更加有可能加剧国家的不安全感，从而决心采取措施减少对他国的依赖。[①] 他们认为，在恐惧的心理状态下，防御性的行动也会被解读为进攻性行为，因此，恐惧才是安全困境产生的真正原因。[②] 如果安全困境无法排除，完全的、纯粹的、一体化的相互依赖就不可能存在，尽管国际规范在相互依赖中扮演了重要作用，仍然存在对他者观念与行为的不确定性认识。诚如玛莎·费力莫所指出的，“国际规范对国家之间的同构（isomorphism）带来了压力，但国际规范决不会导致国家最终完全一致”。[③]

（六）相互依赖六结论

在相对稳定的、带有某种对立性质的、均势基础上的相互防范，相互依赖的层次性、脆弱性、敏感性都最为明显。一方面相互依赖在等级上很难发展到政治上甚至文化上的相互依赖，在图 8—1 中，大体只是处于金字塔底层的经济活动有不同程度的相互依赖。另一方面，如果无法排除政治对立与安全困境，均势仍具有顽固的内生力，相互依赖的敏感性与脆弱性又促使相关国家无法在政治上与文化上发展到相互依赖的层次与水平。这方面例子从欧盟与东亚可以看出，两者正好具有鲜明的对比性。尽管欧盟在一些时期中因为各种原因而在内部产生不和谐的声音，但欧盟内部各国的政策协调性、经济与政治的相互依赖性、文化与价值的认同性在全世界都是最高的，相互依赖的内容占据图 8—1 中金字塔的全部三层，而且相互依赖的水平和牢固性也是最好的。相比之下，尽管东亚在经济相互依赖方面非常明显，但由于政治上的错综复杂和各有特色的文化价值

---

① Joseph Grieco, “*Anarchy and the Limits of Cooperation: A Realist Critique of the Newest Liberal Institutionalism*” International Organization, Vol. 42, No. 3, 1988, pp. 485 - 508.

② Neta C. Crawford, “The Passion of World Politics: Propositions on Emotions and Emotional Relationships”, International Security, Vol. 24, No. 4, 2000, p. 116.

③ ［美］玛莎·费力莫著，袁正清译：《国际社会中的国家利益》，浙江：浙江人民出版社，2001 年版，第 79 页。

认同观，无法在政治上与文化上形成与欧盟类似的相互依赖关系，即使将来在某一形式上产生了政治与文化层次上的相互依赖组织，其相互依赖的水平与层次仍将远不及欧盟。

通过上述分析，在国际关系实践中应该注意到相互依赖的六个结论：

（1）未必所有的合作都可归结于相互依赖；

（2）未必所有的依赖都出于自愿；

（3）未必平等往来就既无冲突也无依赖；

（4）未必依赖会消蚀国家的自主性而促进国家同质化；

（5）未必相互依赖程度低就导致冲突；

（6）未必相互依赖程度高就没有惩罚。

国际关系中的相互防范与相互依赖明显是悖论，相互依赖大体上能促进国际关系的进化，而相互防范大体上会导致国际关系的退化，尽管两者往往同时存在，但并不妨碍国际关系的发展和国际秩序的稳定。在国际关系的实践中，一个比较突出现象是，非对称的相互防范与相互依赖，因为其非对称性的存在，防范难以做到真正有效防范，依赖也难以真正做到有效依赖。就发达国家与发展中国家的总体情况而言，发展中国家防范发达国家的意义重于发达国家防范发展中国家，同时，发展中国家依赖发达国家的意义也重于发达国家依赖发展中国家。“发达国家处于中心位置，发展中国家总体上处于外围，中心是全球经济的增长极，它通过不对称的相互依赖关系，使外围向它提供供给，而外围则依靠中心的需求。在经济全球化的条件下，中心把越来越多的外围国家组合进它创建的等级经济体系，因而拓展新的发展空间。而发展中国家则感受到一种无形的、越来越紧的束缚”；[①] 就具体国家而言，弱国对于强国的防范意

① 俞正梁：“国家在全球化中的位置”，载《国际政治》，2003 年第 2 期，第 14 页。

义重于强国防范弱国，弱国对于强国的依赖意义也重于强国依赖弱国。在全球化与信息化的当今时代，防范与依赖的核心问题仍然莫过于主权原则，最强者对于主权问题几乎完全不需要防范，也不需要依赖他者，大多数弱国则必须通过不同方式防范强者或其他次强者甚至弱者，同时也不同程度地在某些领域依赖他国。但这种防范与依赖并不是没有问题的，“问题的复杂性在于现今的全球化并非是纯粹意义上的进程，而是与美国的霸权纠合在一起的。美国的霸权并不单单是在一般意义上侵害了其他国家主权的有效性，恰恰是充分地利用其在全球化及其所带来的全球机制化中的主导地位和独享的特权，把它的霸权有效地扩展到其他国家的主权领域，从而限制和削弱了它们的主权”。[①]

无论是相互防范还是相互依赖，都能因为观念、身份、利益等因素的变化而导致国际关系不同程度的退化，而且退化往往比进化更直接、更突然。但国际关系的总体发展方向必须至少看起来是趋向于稳定的、发展的、进化的，这不仅是国家自身发展的需要，也是国际社会一种恒定的发展倾向。尽管国际关系仍然存在无数变数，冲突与战争总是伴随着和平与稳定而出现，然而国家在国际体系的实力与身份在较长时期内一般都是相对稳定的。如果某个国家违背了这种社会发展倾向，其他国家就会调整相互防范的类型与相互依赖的层级，迫使该国不至于过度谋求利益，也不至于过度发展与自身实力及身份不相称的权力要求。也许正是这种不对称的实力因素、身份特征与权力结构，使得每个国家在国际体系中都有一个适合于自己、符合自身实力与身份的位置，国家间的相互防范与相互依赖才达成一种微妙的平衡。在既有相互防范又有相互依赖的悖论情况下，在总体上推动了国家间的交流与合作，促进了国际秩序的相对稳定与发展。这也正是国际体系中，国家间相互防范与相互依赖作

---

① 俞正梁：“国家在全球化中的位置”，载《国际政治》，2003年第2期，第9页。

为国际关系矛盾的双重根本特点，使群体主义及他者主义的研究具有了多姿多彩特征，也使群体主义成为国际关系理论的基础理论、为他者主义理论成为国际关系的元理论奠定了厚实基石。

第三节　国际体系的进化

国际体系（The International System or System of State，Interstate System）是一个相对比较宽泛的概念，有人称之为全球体系或世界体系。国际体系应该是一个独立的研究对象，并不必然地依附于国际关系。詹姆斯·多尔蒂与小罗伯特·普法尔茨格拉夫认为国际体系是指“既是国家构成的系统（System），也是国家组成的社会（Society）”。[①] 田中明彦认为国际体系似可定义为“存在于地球上的社会系统中、自身不带上位系统的最上位系统”。[②]

国际体系中，他者的存在是一个客观先在的，他者的存在造就了制度、规范、共有知识、组织机构、阶级、政党、国家及国际组织，造就了自我国家与他者国家之间及国家群体之间的动态互动关系，造就了国际社会的无政府状态。秦亚青认为，人与人之间的互动构成了社会，国家与国家之间的互动构成了国际社会。[③] 温特指出，互动关系形成身份，身份决定利益，利益决定行动，[④] 因而互动关系决定着国际秩序的状态和形式，使国际政治体系与所有的人造

① ［美］詹姆斯·多尔蒂、小罗伯特·普法尔茨格拉夫著，阎学通、陈寒溪等译：《争论中的国际关系理论》，第五版，北京：世界知识出版社，2003年版，第127页。

② ［日］田中明彦著，杨晶译：《世界系统》，北京：经济日报出版社，1990年版，第10页。

③ ［美］亚历山大·温特著，秦亚青译：《国际政治的社会理论》，上海：上海人民出版社，2000年12月版，译者前言，第27页。

④ 白云真、李开盛：《国际关系理论流派概论》，浙江：浙江人民出版社，2009年版，第245页。

体系（man-made systems）一样，也可能失效、失序或瓦解。国际关系作为国家对外关系的综合表现形式，像人类社会生活本身一样具有进化和退化两大基本形式。

按照理性主义的假定，在国际无政府主义状态下，国家外交的核心是利益，国际政治的核心是权力，而国际关系的核心则是秩序。尽管国家追求权力大小与利益的多少，本质上属于国家的个体行为和对外政策范畴，但国家固有的首要功能与作用是保全自己存在，并且国际体系和特定的实力分布结构制约着国家无限扩张的欲望。这就意味着，在一定的历史时期内，国家间关系有其现实合理性，国际秩序也具有当然的合理性和必然的内在惯性。

马克思从人类解放的高度来分析国际关系与国际秩序，虽然马克思相对忽视了国家在作用上的独特性与功能上的顽固性，但他坚信历史的进步性和社会的进化。诚如华尔兹评价的，他认为人类将最终实现世界主义的政治理想，“人类将不再生活在国家内，而结成一个非政治的自由联盟。”① 历史进步性与国际关系机制的进化具有一定的联系，历史不可假设，但历史往往以同一种类似模式反复出现，这正是机制退化的一种功能显示。

国际关系所指称的机制（regime）是在社会共有知识（socially shared knowledge）② 的基础上形成的，往往具有特定的功能与作用，而其首要的功能与作用则是促进秩序的稳定与延续。国际机制是指国际行为的机制化。③ 国际机制的最大功能是“制约和调节国际社会

---

① ［美］肯尼思·华尔兹著，倪世雄等译：《人、国家与战争——一种理论分析》，上海：上海译文出版社，1991年版，第109页。

② 社会共有知识（或称之为文化）来自温特的建构主义的一个概念，是个体之间共同的和相互联系的知识，也是指行为体在一个特定社会环境中共同具有的理解和期望。共有知识是建构主义结构最根本的因素。参见［美］亚历山大·温特著，秦亚青译：《国际政治的社会理论》，上海：上海人民出版社，2000年12月版，第187页。

③ Stephen Haggard and Beth Simmons，“*Theories of International Regimes*”，International Organization，Summer，1987.

角色的行为”。[1] 国家的对外行动一方面显示国家的需要和追求，在促进国际关系机制退化的同时，使国际关系的进化机制得以实现，另一方面，也在不断调整着既有的国际机制和改变着国际秩序。

秩序是机制的结果，如果机制不管用，那么秩序就无从谈起；如果秩序有序，那么机制一定起了作用。因此，如果某一机制削弱了，则说明这一机制与其实践行为不相协调，就需要加以调整。机制的调整主要有两种形式：一是机制进化，即机制的原则和准则都基本不变，只是根据现实发展的需要，调整或修改某些领域内相互认可并运行着的规则。这种调整并不带来行为体权力分配方面的显著变化，基本不影响到机制的权力结构和状态；二是机制退化，即原有机制的原则、准则和规则都遇到了重大挑战，不再具有可接受性和可操作性，必须只有重建新的国际行为的原则、准则和规则，才能适应和满足已经变化了的实力变化与权力转移。也就是说机制退化为形成新的机制进化让路，原有机制必须推翻并重建某种新的机制，以此对新秩序有所反应、控制和规划。例如从国联到联合国、从欧共体到欧盟、中美关系从冲突到合作、从两个德国到一个统一的德国、从关贸总协定到世贸组织、G20 机制的形成等的关系或机制的变化等，属于前者形式；而华沙条约组织的解体、西欧防务联盟解散、韩日就历史与岛屿争端问题引起的纠纷、南北苏丹因石油利益引发的冲突、美国和伊朗从合作到冲突和 G8 机制的退化等，则属于后者形式。

基于文明的进步，尽管不能忽视事件的因果链条式逻辑关系，但从大历史角度来看，迄今为止，人类文明的指向性塑造、国际关系的历史实践、社会秩序和各国人民的期望等，都表现为正向演化

---

① Stephen Krasner（ed.），*International Regimes*，Cornell University Press，1983，p. 62.

的总体倾向，当然也始终伴随着各种不同形式的国际关系的退化。[①] 温特承认自己是进化论者，“我认为国际关系的历史将是单方向发展的：如果发生结构性变化，那么，这样的变化是朝着历史进步的方向发展的。”[②] 秦亚青也直截了当地指出，“建构主义是进化理论”。[③]

国际体系的进化，总是伴随国际体系的转型而实现的。秦亚青认为，转型中的国际体系，总是处于一个延续与变化共存的状态。他认为，国际体系的转型主要表现在三个方面：一是体系自身的转型；二是体系结构的转型；三是国际治理体系的转型。关于体系自身转型，就是指体系本身发生了质的变化，最根本的定义性特征是秩序原则，比如主权原则，最明显的特征是体系单位的变化，比如从帝国体系转向民族国家组成的国际体系。在重大国际事务中，以主权为基本原则、以民族国家为基本单位的体系仍然是当今的主导形式，但行为体多元化和主权原则松弛化在全球层面已经显现出来。关于体系结构转型，主要是指实力分布的变化，最典型的特征是“极”的概念，冷战结束之后，国际体系的结构呈现出“一超多强”的格局，这种格局还没有出现拐点，但多极化趋势更加明显，新兴国家作用明显加强。关于国际治理体制的转型，是指维护国际体系秩序的制度性安排，是与国际体系中的威胁性质高度相关的。冷战前，传统安全威胁一直是国际体系中的主要威胁，国家之间的战争是这种威胁的最高形式，所以，国际治理体制的最重要制度性安排是势力均衡，是大国之间维护相对的实力相当状态，以遏制战争冲

① 本文研究的国际关系“进化（Progression）”和“退化（Regression）”是相对国际关系中行为体的合作与冲突的，简而言之即合作意即进化，冲突意即退化。它是一种因果链条式机制，而非社会学中“社会进化论（social evolutionism）”的单向线性进化论。

② ［美］亚历山大·温特著，秦亚青译：《国际政治的社会理论》，上海：上海人民出版社，2000年12月版，第387页。

③ ［美］亚历山大·温特著，秦亚青译：《国际政治的社会理论》，上海：上海人民出版社，2000年12月版，译者前言，第29页。

动。冷战后，安全威胁性质发生了重大变化，一方面传统安全威胁持续存在，另一方面是非传统安全威胁的大量涌现，合作治理成为新的国际治理体制原则，多边主义在很大程度上成为新的共识，新兴国家发挥更大作用。[①]

历史上，国际体系的转型，大致可以分为三大阶段。

第一阶段，以1648年欧洲三十年战争后签订的《威斯特伐利亚和约》为界，[②] 是古代区域性混战无序的家族式王国体系逐步转向现代主权民族国家体系，这一阶段初步完成了国际体系的基本框架，形成了国际体系的基本制度与秩序原则。

第二阶段，以1945年二战结束为界，这一阶段，国际体系的特征主要是各大国积攒力量、称霸地区、征服世界的实践，也验证了特定的国际体系结构制约着国家无限扩张的可能。

第三阶段，以1991年冷战结束为界，这一阶段属过渡性阶段，时间跨度太短，但也具有特殊意义。冷战的结束，使美国暂时性一超独强，国际权力与支配控制力前所未有。但同时国际体系也显示出日趋完善性，逐步向多极、多元、平等、民主、和平、稳定、发展的国际新秩序演进。

国际体系的转型，总的来说是进化式的。乔治·莫德尔斯基（George Modelski）在总结世界政治的进化时，认为是由4个进化机制推动的：增加变量（variation）、合作（cooperation）、选择（selection）、放大（amplification）。其中，增加变量、选择、放大都是达尔文进化论中的常见的自然进化机制，而以政党、联盟和社会运动表现出来的合作机制则是社会进化区别于生物进化的标志。莫德尔斯基指出，“全球政治的进化可以看作是由多种政策设计、扩散而形

① 秦亚青：“国际体系转型以及中国战略机遇期的延续”，载《现代国际关系》，2009年第4期，第35—36页。

② 第一阶段的时间点也有争论，比如沃勒斯坦选定的时间点是1492年，这一年，哥伦布发现了“新大陆”。人类社会由区域文明走向全球文明，国际体系才得以慢慢形成。

成的竞争、合作机制推动的结果。”[①] 尽管莫氏这一理论把进化主要归于“合作”的结果，尚不足以全面解释进化的动力、原因、方式、特征和发展方向等，但至少承认并试图解释全球政治和国际体系是一个不断发展进化的过程。在亚历山大·温特的建构主义中，国际体系的发展具有明显的进化特性，在结构形式上，温特根据国家之间互动特性的不同，提出国际体系三种可能的无政府状态文化：相互敌对的霍布斯式“敌人”文化、自己存在也让他者存在的洛克式“对手”文化、和平互助的康德式“朋友”文化。霍布斯文化是过去，洛克文化是现在，康德文化则可能是将来国际社会的主导性文化。温特进一步认为，一旦洛克文化得以内化，就很难再退回到霍布斯文化之中。

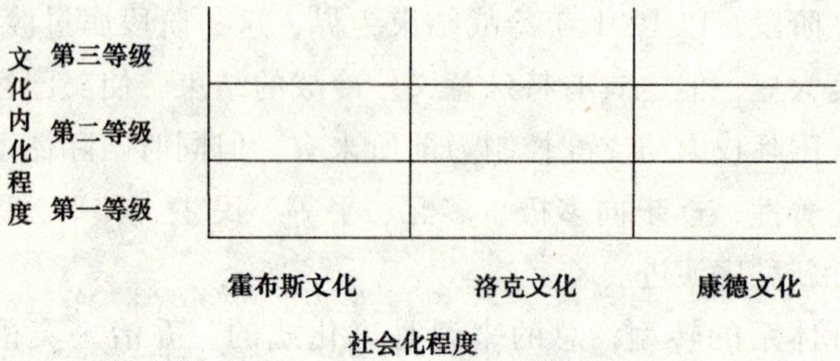

图 8—2 国际文化的多种实现方式[②]

在国际体系的转型与进化中，国际和平机制的发展脉络最具有典型的进化特征，也就是说，国际体系的进化机制主要体现之一就是国际和平机制的发展。首先，欧洲三十年战争后于 1648 年签订了《威斯

---

① 转引自：许嘉等著：《美国国际关系理论研究》，北京：时事出版社，2008 年版，第 492—493 页。George Modelski，“What is Evolutionary World Politic”，http：//faculty. Washing. edu/modelski/whatsEWP. Htm.

② ［美］亚历山大·温特著，秦亚青译：《国际政治的社会理论》，上海：上海人民出版社，2000 年版，第 322 页。

特伐利亚和约》，这无疑具有转折性意义，它标志着国家主权原则的确立、国际法的产生、国际规范的传播和集体会议讨论决定制度的创立，也标志着世界近代史的开端。从此，资本和武力征服进一步向世界各个角落扩张，世界各地加快了民族国家的形成与产生，科学技术的作用越来越大，生产力与生产关系进一步大幅革命性地调整。

其次，神圣同盟[①]的产生。由于《神圣同盟条约》产生了国际政府的名称，因此神圣同盟通常被“人们称之为”“国际政府”，[②]这是世界上第一次进行世界政府的尝试。尽管有诸多局限性，但神圣同盟试图以超国家的国际组织机构来管理世界、强制制裁、控制冲突、预防战争、实现和平，并进一步确立了相对完善的国际制度、规范、程序或惯例，对国际关系的协调、国际秩序的管控、国际和平的发展产生了积极作用，具有重大实际意义。

再次，国际联盟是国际组织发展与国际和平保障的一个重要里程碑。国际联盟是一战后在“凡尔赛—华盛顿体系”[③] 上产生的，

---

① 神圣同盟建立在1814年的《肖蒙条约》、1815年的《四国同盟条约》和1815年的《神圣同盟条约》的基础之上。《肖蒙条约》为奥地利、英国、普鲁士和俄罗斯订立了为期20年的同盟，并保证了击败拿破仑战争之后的领土安排；《四国同盟条约》除了在限制法国的扩张、共同应付法国威胁等方面进一步确认了《肖蒙条约》之外，还确立了通过定期举行会议机制；《神圣同盟条约》则强调所有统治者均应信奉基督教原则。

② ［美］汉斯·J. 摩根索：《国家间政治》，北京：中国人民公安大学出版社，1990年版，第563页。

③ 一战改变了原有的世界大国力量分布状态，英、法等国的实力遭到不同程度的削弱，而美、日等国跻身于世界强国之林，欧洲不再是世界唯一的政治经济中心，美洲和亚洲同样成为国际关系的重要舞台。巴黎和会重建了凡尔赛体系的欧洲秩序，华盛顿会议暂时建立了华盛顿体系的东亚和太平洋地区秩序，两者合称为“凡尔赛－华盛顿体系”。国际联盟被威尔逊称为“和平的保障”，盟约规定了“增进国际间合作并保持其和平与安全”，“承担不从事战争”的义务和维持各国“基于公正与荣誉”的“公开邦交”。盟约“第一次确立集体安全制度的要素”，代表着迈向集体安全的重大步骤。在国际联盟短暂的历史中，其机构处理过66件事务，从技术性的立法问题到有关武装冲突的重大问题。其中20件提交其他机构；11件是以违背国际联盟义务的武力征服来解决的。它成功地处理了其余35件事务。

它打破了欧洲长期支配、在世界体系居中心地位的格局。与神圣同盟相比，国际联盟具有很大的进步性，具有了更多“政府”的性质，是一个拥有代表机构而实际存在的组织，加入国联的每个国家都拥有在大会和行政院投票的权利，权力分配取决于在行政院是否拥有常任理事国资格。尽管国联后来由于各种矛盾和形式的发展而失败了，但仍是世界和平和国际体系进步机制方面的一次重要尝试，不代表着世界和平与国际体系的进化机制到此为止，它为更高级的世界性和平组织“联合国”的产生奠定了样本性作用。“联合国又在国联的基础上进行了前所未有和更高水平的实验”。①

然后，联合国是在人类历史上最大、最残酷、最凶险的第二次世界大战基础上产生的，它不仅是对战争的反思，也是对和平的深刻认识。与国际联盟相比，联合国的组织机构更加完善，联合国的性质、宗旨、原则、作用、目的和对和平解决国际争端的方式都有了进一步发展，“在从国际法律结构到全球法律结构的谱系中，联合国起到了承上启下的作用”。② 尽管联合国在战后初期一度沦为了美国等大国控制世界事务的工具，但总体上，联合国的行动和目标大都指向了和平，尤其冷战后，联合国对世界和平的作用与贡献得到进一步强化。③ 尽管联合国没有能有效阻止一些主权国家之间的战争，但联合国本身与运作机制仍旧在不断发展与完善之中。“联合国的历史就是一部由各种思想、妥协和局限性经验构成的历史，而所有这些思想、妥协和经验都或多或少导向了这样一种超国家

① 李铁城著：《联合国的历程》，北京：北京语言学院出版社，1993年版，第2页。

② ［美］麦克尔·哈特、［意］安东尼奥·奈格里：《帝国：全球化的政治秩序》，南京：江苏人民出版社，2003年版，第3页。

③ 联合国成立以来，已经成功地处理了世界各地200多起国际争端，联合国绝大多数成功的维和行动也得到全世界的认可。

的秩序”，[1] 这种超国家秩序就是国际体系进化机制中不可或缺的重要载体，也是国际体系进化机制的重要体现。

第四节　国际秩序重构

什么是“秩序”？秩序是机制的结果。诚如斯坦利·霍夫曼认为的，“秩序”意指“法律和次序”，是严格实施规则治理的意思。“社会秩序”则指社会集团根本需要的准则、实践和过程。[2]

什么是“世界秩序”？1965 年，西方一些国际关系学者在意大利开会讨论世界秩序问题。会议主持人是法国著名国际政治学权威阿隆·雷蒙，他提出“秩序”的五个可供选择的定义：

（1）现实的任何有规则的安排；

（2）各组成部分的有序关系；

（3）生存的最低条件；

（4）共存的最低条件；

（5）美好生活的必要条件。

与会学者经过热烈的讨论，多数倾向于第四个定义，认为世界秩序就是生活在国际社会的成员国相互共存的最低条件。[3] 斯坦利·霍夫曼在总结他的老师阿隆·雷蒙的理论基础上，从新的角度提出了世界秩序的定义。这位哈佛大学的著名教授认为世界秩序有三个

---

① ［美］麦克尔·哈特、［意］安东尼奥·奈格里：《帝国：全球化的政治秩序》［M］，南京：江苏人民出版社，2003 年版，第 4 页。

② Stanley Hoffmann, Janus and Minerva, p. 85. 转引自：倪世雄等：《当代西方国际关系理论》，上海：复旦大学出版社，2001 年版，第 457 页。

③ 倪世雄等：《当代西方国际关系理论》，上海：复旦大学出版社，2001 年版，第 458 页。

不可分割的定义要素：①

(1) 世界秩序是国家间关系处于和睦状态的一种理想化的模式；

(2) 世界秩序是国家间友好共处的重要条件和有规章的程序，它能提供制止暴力、防止动乱的有效手段；

(3) 世界秩序是指合理解决争端和冲突，开展国际合作以求共同发展的一种有序的状态。

什么是“国际秩序”？国际秩序与世界秩序在定义上有诸多共同之处，其内容主要有国家、主权、权力、权利、利益、制度、法律、规则、道德、正义、公共利益和共有知识等。二者之间的区别是，世界秩序主要着眼于全球性的国家、组织、人之间共存的所需最低条件，而国际秩序主要着眼于国家间相互关系的状态。简单地说，国际秩序仍具有“私有”属性，而世界秩序主要具有“公共属性”，国际秩序可以依托国际关系来衡量，世界秩序则需要共同参与和管理。

具体来说，笔者的理解是，国际秩序的概念包含五层内容：

(1) 就物质力量来说，国际体系中行为体的实力结构决定国际秩序的结构状态；

(2) 就非物质力量来说，共有知识、规划、机制、制度、规范和认同制约国际秩序的运行；

(3) 不管某一历史时期的国际秩序是否合理与稳定，施动者的对外政策与行为最终都指向国际秩序；

(4) 国际秩序是国际权力分配、利益分配和观念分配的结果；

(5) 国际政治的核心是国家利益，国际关系的灵魂是国际秩序。

资本永不停歇的积累与扩张，带动了19世纪欧洲各国利用军事经济优势向全世界扩张。它们不仅追求利益，满足原始征服欲望，

---

① 倪世雄等：《当代西方国际关系理论》，上海：复旦大学出版社，2001年版，第458页。转引自：Stanley Hoffmann，Primacy or World Order，p. 109 and p. 188.

也把它们的标准强加给其他国家，形成了后来国际秩序赖以依附的国际制度、国际规范和国际机制的雏形。亚当·沃特森（Adam Watson）指出，“在欧洲向世界其他地区扩张的狂潮以及随后的衰退中，它们留下了人们可以进行管理的全球体系。因为至少在目前，全球性国际社会一直是在欧洲文化的母体中孕育形成的。”①

全球性国际社会的形成与发展意味着存于其中国际秩序逐渐有脉有序、有规有制，也逐渐为人们所认知和了解。赫德利·布尔也表述过类似的思想。在区分国际秩序和世界秩序时，他指出，“国际秩序指的是国际行为的格局或布局，它追求国家社会基本、主要或普遍的目标”，包括“维持国家体系和国家社会本身的生存”、“维护国家的独立或外部主权”和平等。世界秩序“指的是支撑整个人类社会生活的基本或主要的目标的人类活动的格局或布局”。“虽然今天的世界政治体系是以国家体系，或主要以国家体系的形式存在着的，但是从理论上说，世界秩序还可以通过其他世界政治组合形式得以实现。”而且，相比之下，“整个人类的秩序比国家间的秩序范围更广、更重要、更基本”，“前者在道义上优先于后者”。②

笔者还认为，国际秩序本身是一种现实、一种状态、一种结构、一个过程，它具有自身独特的涵义：

（1）国际秩序的一种现实。国际秩序既能为我们所感知，也能被我们所认知，它依条件而真实存在。在无政府状态下，国际秩序通常是一种“人人为人人”的洛克式秩序，其主要特征是互防、互争、互为。但是，时段性地、区域性地，或者在将来，也有“人人为我、我为人人”的康德式国际秩序，其主要特征是互信、互助、互利。

（2）国际秩序是一种状态。国际秩序决不只是我们常常意向性

① ［美］詹姆斯·德·代元主编，秦治来译：《国际关系理论批判》，浙江：浙江人民出版社，2003 年版，第 27 页。

② ［英］赫德利·布尔著，张小明译：《无政府社会：世界政治秩序研究》，北京：世界知识出版社，2003 年版，第 13—17 页。

地所指的和平稳定的状态，混乱纷争的无序状态也是国际秩序的另一种真实存在。整体稳定局部冲突、整体和平局部动荡、整体发展局部倒退的秩序也是一种常态性国际秩序状态。

（3）国际秩序是一种结构。任何区域性、全球性秩序都有自己的特定体系结构，这种体系结构由主权原则、国家实力、地缘政治、利益分配、道德正义、法律制度、国际组织等来维系，具有相当的稳定性与持续性，但在一定时候，这种体系结构也会有重大改变。例如，欧洲三十年战争造就了近代“威斯特伐利亚体系”结构，拿破仑战争造就了“维也纳体系”，第二次世界大战造就了“雅尔塔体系”结构。

（4）国际秩序是一个过程。国际秩序从来不是一成不变的，不是静止的，而是变化的、动态的，一个历史时期内特定的国际秩序可能延续数百年上千年，也可能只是过渡性的数十年。当然，国际秩序的有些内容具有继承性、延续性与发展性，例如国际法、国际制度、国际惯例等。

（5）和平稳定、公正合理的国际秩序是各国人民的福祉，也是各国人民的愿望和追求；混乱无序、纷争不断的国际秩序是各国人民的灾难，也为各国人民所反对和抛弃。

现实中，国际秩序首先体现在国际格局，国际格局主要表现政治格局、经济格局和文明格局。相应地，国际秩序主要表现为国际政治秩序、国际经济秩序（包含国际金融秩序）、国际文明秩序。国际政治秩序方面，由于秩序的主要管控者为国家，因而在无政府状态条件下，国际秩序事实上主要由实力国家（大国）所管控，区域秩序与全球秩序也相互影响和对应。然而大国的行为并不总是以某一准则为标的，行动的主要依据在不同时期、不同条件、不同目的的情况下，常常有主权原则、领土原则、制度原则、民主原则、人权原则、价值原则、均势原则、权力原则、利益原则、制衡原则、反制原则、历史原则、宗教原则、意识形态原则，有时甚至是优势原则或霸权原则等。国际经济秩序与国际金融秩序在总体上的政治性比国际政治秩序显然更趋弱化，参与的行为体更加多元。除国家之外，地区实体、国际组织、跨国公司、普通企业甚至自然人都是有效行为体，而且同类行为体之间更为平等、民主，国际机制、国际制度、国际规范、国际法和国际惯例在秩序中的意义与作用更大，因此就秩序本身来说更为规范、合理、有序。国际文明秩序的根基主要基于历史上文明形成的不同类型，主要有东方文明、西方文明、伊斯兰文明和非洲文明，在全球化快速发展的今天，文明之间的融合现象在进一步深化，但文明之间的冲突现象也不少。

国际秩序的模式主要有三种，霸权秩序（例如19世纪后期至20世纪初期的英国霸权）、均势秩序（例如一战后的凡尔赛—华盛顿体系）、宪政秩序（例如二战后的美国霸权）。秦亚青对这三种秩序模式有过深刻分析，[①] 他认为，霸权秩序观并不认为霸权是一个贬义词，从根本上讲，霸权秩序观认为任何秩序都需要足够的实力作保障，都需要一个超强国家向全世界提供“稳定”这一公共物品。均势秩序观实际上是欧洲古典均势秩序论的翻版，其基本假定是国际体系中追求权力的丛林法则是不可更改的，国际体系的无政府性也使得任何超越国家的权威无法出现，所以，唯有大国之间的实力均衡才是这类国家不至于非理性地使用实力的比较可靠的保证，才能有一个基本的稳定秩序。同时，均势秩序观还认为在一个国家的实力不足以抗衡另外一个更强大的国家的时候，要充分利用外交运作，与其他大国结盟，以其合力形成均势、维持秩序。宪政秩序观（秦亚青称之为法制秩序观）认为国际社会不仅需要权力的支撑，也需要法律、制度、规则、道德等因素，规范社会成员的行为，塑造它们的身份与认同。任何国家，无论其实力多么强大，都无法单独管

---

① 秦亚青：“国际体系秩序与国际社会秩序”，载《现代国际关系》，2005年第10期，第4页。

理世界，治理国际社会。全球性问题日益增多的今天，更应当加强对话与合作，通过国际社会成员的协商，制定相应的国际规则来治理世界。所以，法制秩序观在某种程度上超越了以“极”定义格局的思维模式。

有些学者对国际秩序也有不同理解与看法，例如莫顿·卡普兰（Morton Kaplan）提出了著名的“国际体系六模式”，[①] 这六种国际体系模式实际上就是对国际秩序模式的六种理解。卡普兰在其名著《国际政治的系统和过程》中提出的六个模式是：

（1）均势体系，指18世纪至20世纪初的均势格局；

（2）松散的两极体系，指战后初期的两极格局；

（3）牢固的两极体系，指20世纪50年代和60年代的冷战对峙；

（4）环球体系，指20世纪60年代末至今的世界多极趋势；

（5）等级体系，指大国称霸的局势；

（6）单位否定体系，指出现一国的威慑力量足以影响和阻止别国行为的情势。

国际秩序具有顽固性和持续性，但仍然是动态的，在一定历史条件下，也会有改变、转换。每一个行为体都可能、也可以对国际秩序持批判性态度，但又往往在实际上持合作、融入、维护、共建的政策，直到秩序无以为继。詹姆斯·德·代元（James Der Derian）曾深刻地指出，“每一方都承认，由于对秩序的渴望和对无政府状态的恐惧，因此，国际社会、国际制度以及国际机制都是历史上建构起来的，并经常灾难性地遭到解构。”[②]

下面我们来分析国际秩序的转换与重构。假定在时间点T时，

---

① 倪世雄等：《当代西方国际关系理论》，上海：复旦大学出版社，2001年版，第330页。

② ［美］詹姆斯·德·代元主编，秦治来译：《国际关系理论批判》（导言：批判性探索），浙江：浙江人民出版社，2003年版，第5页。

国际社会的结构和秩序普遍被认为是不合理的，但却是稳定的；在时间点 T+1 时，国际社会的结构和秩序普遍被认为是既不合理，也是不稳定的；那么，在时间点 T+2 时，国际社会的结构性冲突与调整将不可避免（不一定导致暴力），而国际秩序的重构也势在必行（不一定导致和平）。按时间的单向性顺序，在时间点 T、T+1、T+2时，国际体系、国际结构和国际秩序的状况是：

（1）时间点 T（合作—摩擦）：国际社会的结构和秩序关系虽不合理但却保持相对稳定；

（2）时间点 T+1（冲突—退化）：国际社会的结构和秩序关系既不合理也不稳定；

（3）时间点 T+2：（战争—和平）：国际社会的结构和秩序关系缺乏制度性安排并无支配性力量控制；

（4）时间点 T+3：（进化—发展）：国际社会的结构和秩序关系再次相对合理也相对稳定；

（5）时间点 T+4、5、6……国际社会的结构和秩序关系顺次往复循环、发展、改变、提升……

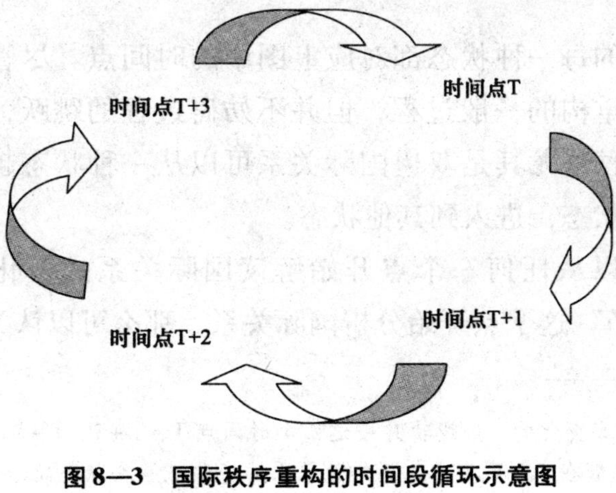

图 8—3　国际秩序重构的时间段循环示意图

从时间点 T 到时间点 T+1，国际关系从合作与摩擦转向了冲突与退化，也即转向了退化机制，从时间点 T+1 到时间点 T+2，国际关系由冲突与退化转向了战争与和平（国际社会的结构和秩序仍然具有一定程度的不合理性），从时间点 T+2 到时间点 T+3，国际关系由战争与和平转向了合作与发展的轨道。再接下来，如果从时间点 T+3 到时间点 T+4，则回复到了时间点 T 的合作与摩擦状态，并依序如此循环往复，如下图所示。[①]

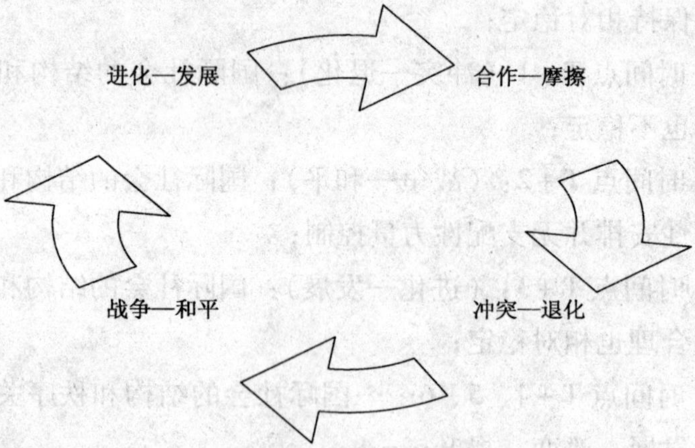

图 8—4　国际秩序重构的一般发展过程图示

上图中的每一种状态都对应上图中的时间点。尽管此图标注的是国际秩序重构的一般过程，但并不妨碍过程的跳跃，即在特殊情况下，国际秩序尤其是双边国际关系可以从一种状态越过可能需要经过的下一状态，进入到其他状态。

图中可以从任何一个点开始解读国际关系的变化发展。如果“战争—和平”这个点开始分析国际关系，那么可以认为：一场决定

---

① 国际关系变化的一般逻辑是按这四个时间点 T、T+1、T+2、T+3 的循环变化基本过程。尽管在客观现实中，不排除关系的变化从一种状态跳过某一状态进入到下一状态，表面上具有时间上的突然性，但实际上在此过程中，时间段的长短可以是不同的，从一个时间点到另一个时间点，可能是数月、数年，甚至也可能是数十年、数百年甚至上千年。

性的战争之后，出现和平稳定格局，国际秩序在和平中获得新的继承与发展；和平稳定的国际秩序促进了各国交往合作，然而在合作中又陆续产生各种新的难以调和的摩擦，新的摩擦逐渐发展成新的结构性冲突，冲突使各方关系持续退化，当退化到一个临界点时，战争便再次不可避免地发生了，战争之后，又出现了新的和平曙光……

这种往复循环的状态特征，并不说明国际秩序是简单的循环重复，战争也并不是缔造和平的必然手段与政策，战争的方式也不一定再是大规模的陆上对决杀戮，而可能是在海上、天空，或在生物技术和虚拟网络上，直接大规模消灭有生力量的可能性越来越低，当国际秩序本身和人类共有知识进化到某个高度时，人们便会有意识地通过其他各种方式来进行新的机制性安排，从而发展出新的国际和平秩序格局。同时，需要指出的是，在某一时期的状态过程中，可能存在国际关系与国际秩序的反向退化，或者整个国际体系在一定程度上的崩溃与重构，但从长远来看，总体上一直处于正面的进步演化状态，是一种螺旋式的上升进化状态。国际体系的长周期理论提出者乔治·莫德尔斯基在建构其理论时也曾强调："体系的周期性变革并不意味着简单的轮回，全球战争也不一定会宿命式地爆发，体系变革本身也是一个不断自我更新的政治性进程，是一个动态的过程，因为国际政治体系具备进化式学习的特性。"①

一种（或数种）机制的进化是以另一种（或数种）机制的退化为前提条件的，换言之，退化为进化让路（两者通常是同时发生的）。每一次决定性的战争（或机制性安排）之后，国际秩序总体上会趋于新的和平稳定状态，一种新的国际秩序也随即建立了起来，形成新的具有进化意义的国际和平机制，完成国际秩序的重构，从而继续促进世界政治、经济、文化、科技和社会等方面的发展。如

---

① George Modelski, *Long Cycles In World Politics*, pp. 223 – 224.

下图所示：

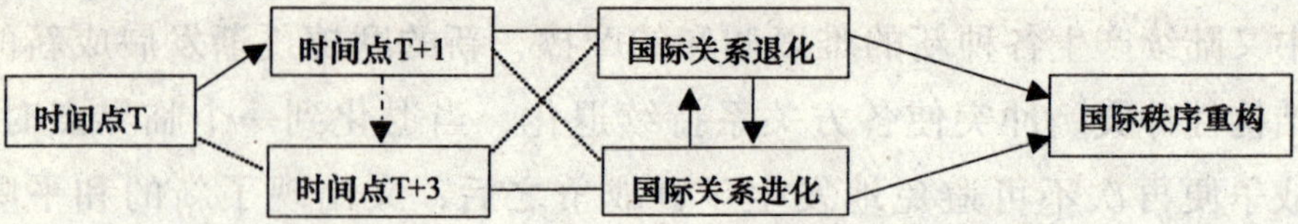

图 8—5　国际关系的退化或进化与国际秩序的关系

国际关系是一种动态的存在，它既一种“状态”，是一种“秩序”，又是一种“结构”，也是一种“进程”。任何一个时间点上的存在状态，都是一种进程性上的结构。而行为体与结构之间是一种相互构成的关系，也即单元与体系的相互构成，在这种相互构成的同时，在既有共有知识与互动方式的约束下，加上行为体的身份塑造在不断地调整和变化，国家行动或国际关系机制面临着的有效支持或有效压力也在不断调整，在此情况下，国际关系的退化机制总能得以自我修正（新的退化或进化）。

在国际无政府主义状态下，“安全是国家最强大的驱动力”。[①]“对于国家安全而言，进攻性战略或防御性战略两者中何为最好的办法的问题，是随着局势的变化而不同。[②] 国家安全显然具有很大的相对固定性，国际政治历史经验表明，导致国家间冲突的往往不是具体的国家利益，而是国家间对安全的不同理解和相互恐惧。国家的作用首先是保全自己，国家的政策和行动首先是依据自己的安全与利益而做出决定，“国家是在一个道义和法律的真空中制定和实施对

① Jack Snyder, *Myths of Empire*: *Domestics Politics and International Ambition*, Ithaca, NY: Cornell University Press, 1991, pp. 11 – 12.

② 白云真、李开盛：《国际关系理论流派概论》，浙江：浙江人民出版社，2009 年版，第 153 页。

外政策的。”[1] 国家安全与利益的挑战、持续的恐惧和私下寻求安全困境的解套，使国际关系的自变量、因变量与他变量持续处于变化临界点的禁区范围，将促使国际关系的退化经常处于暂时性退化或者持续性退化的状态。

在一般性国际关系正向演化中，国际关系是随时间变化的，而不是时间随国际关系变化的，也即合作与冲突虽然是国际社会的一种常态存在，但冲突性的规范结构不可能在国际关系中永存。正如黑格尔所言：“战争绝不是国家间关系的‘正常’状况”，[2] 因而国际秩序的重构是必然的。

我们把共有知识与互动方式、结构状态与身份吻合度作为非行为体因素的变量看待。退化机制分析的理论简图是（图8—6）：

图8—6　国际关系退化机制分析简图

在一定时期内，由于有效支持度或有效压力的作用，国际关系的退化，按时间来说可分为暂时性退化、持续性退化，按空间来说可分为独自退化、制约退化和共同退化和恶化崩溃。相应地，国际关系的进化按时间来说可分为暂时性进化、持续性进化，按空间来说可分为独自进化、制约进化、共同进化和变革优化。国际关系的退化或进化直接决定着国际秩序的重构及重构的水平与层次。

基于以上分析，在任意时间点 T 及 T+1 和 T+2，对于变量 DV=F（IV）、ODBE=F（IV）+F（OV）关系引起的一种国际关

① ［英］赫德利·布尔著，张小明译：《无政府社会：世界政治秩序研究》，北京：世界知识出版社，2003 年版，第 19 页。

② David Boucher, *Political Theories of International Relations*: *From Thucydides to the Present*, Oxford: Oxford Press, 1998, p. 347.

系的退化机制分析如下图（图 8—7）：

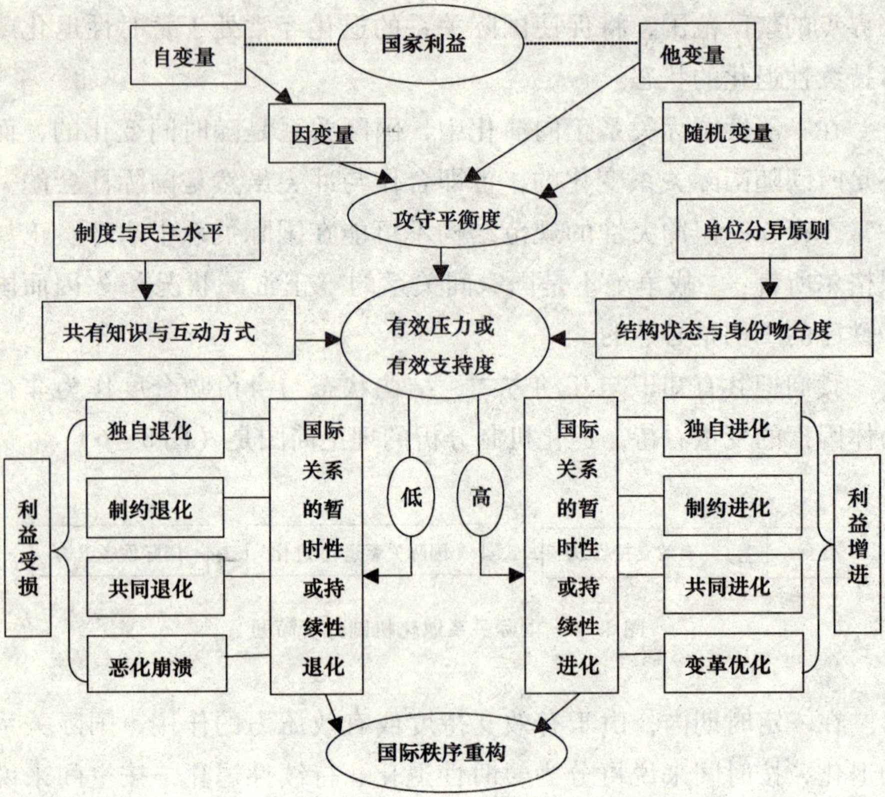

图 8—7　国际关系的进化/退化机制分析与国际秩序的重构简要图谱①

从上图可看出，一切国际关系变化都因国家利益而起，而一旦在国家利益之上采取行动之后，在国家内部及国际体系中所获得的有效支持度或有效压力则处于核心位置，是整个国际关系体系稳定

① 本图谱遵循基本的“S－N—R”机制反应模式。行为体国家（N）对刺激（S）作反应（R），即 S－N—R 反应机制。这里刺激变量就是自变量和他变量（自变量一般来说应是主变量），反应就是因变量。应当承认，本图谱仍主要遵循了权力政治的逻辑，经济、科技、文化、社会等虽然列入了变量考察的范围，但分析指涉有限，实际上，这些要素对于新秩序重构的水平和层次具有重要意义。

的指标性关键因素。它与国家间的攻守平衡度、国际社会既有的共有知识与互动方式、国际体系的结构状态与不断构建的新的国家身份吻合度，有着复杂的因果链条式关系。因而，国际秩序没有不可改变的固定模式（unshakable patter/mode），但却有非常相似的逻辑和难以超越的规律，于是就有了“历史永远不会重复，但却会惊人相似”的现象。秩序在表面上具有高度的一维性，单相指向行为体自己理想的合理性，并且由于合理性秩序总是建立在现实的内在逻辑之上，因此，所谓的理想合理秩序，只有在观念的建构中才有意义，现实逻辑基础之上的合理秩序会在围绕均势的平衡波动范围内，在暂时或持续的进化或退化中得以演化。

由于自变量与他变量在研究对象中的反应形式、特征、目的上是最为独立的，因此对于国际关系的机制退化与国际秩序的重构具有直接的决定性意义。需要特别指出的是，秩序虽然是实现其他价值的条件，但秩序并非总是优先于公平、正义、道德。

对于国际秩序的重构来说，讨论他者主义是有重要意义的。按照普遍性定义，他者存在的意义始终贯穿于人类所有和平与冲突的秩序之中，甚至可以简而言之地说，有什么样的他者，就有什么样的秩序。人类对正义、公平、道德、制度和规范等的认知累积与实践，对于秩序的正向进化具有重要作用和意义，它既是秩序稳定的基础，又是秩序紊乱的良药。罗伯特·考克斯在探讨国际秩序的稳定性时认为，“任何（国际）秩序都是三种力量的互动：权力分配、国际制度的作用和集体认同，三者一致则造就稳定而有益的国际秩序，三者不一致则带来秩序的波动乃至颠覆”。[①] 这与从他者主义角度来理解国际秩序是一致的，按照他者主义的分析逻辑，可以把三个因素概括为一个整体，即国家的国际体系身份与国家间相互身份

① Robert Cox, “State, Social Force and World Order,” in Robert O. Keohane, ed., *Neorealism and Its Critics*, New York: Columbia University Press, 1986, pp. 204 - 254.

必须具有一致性。如果大国的国家身份在历史上的某一时期明显不具有这种一致性，则可以认为是那个时期属于过渡时期。核心变量的不稳定性在这种过渡时期会被放大，各类层面的、各种理由的制衡也被视为一种当然选择，导致国际秩序的不稳定并发生较大的冲突与战争。值得指出的是，这些冲突或战争现象，不能在完全意义上被视为国际关系的退化，从历史来看，在这种不断的迂回变化中，国际体系秩序还是得到了某种进化累积。

第五节　中国崛起的外交战略

从理论上讲，外交战略是一个国家外交的顶层设计，不仅是一个主权国家在国际体系现实中的一种存在反应，也是一种应对现实变化的思路，包含了不同层面的外交思想、政策、策略、方针、战术、措施、方法、手段等。

中国崛起的外交战略，必须具有全局性、长远性、可靠性、可操作性，也必须是低调而硬气、大气而和合、坚韧而灵活。从相当长的一段时期来看，深刻理解“韬光养晦”战略内涵，正确赋予“有所作为”时代意义，仍然是可预见将来中国崛起的最合适外交战略。

“韬光养晦”最早出现在《旧唐书·宣宗记》，书中写道：“常梦乘龙升天，言之于郑后。乃曰：‘此不宜人知者，幸勿复言。’历太和、会昌朝，愈事韬晦，群居游处，未尝有言。”[①] “韬光养晦”的本义是隐藏才能、不使外露，其潜在之意是低调谦恭而有所作为。中国历史上，实施“韬光养晦”外交战略的典型案例就是春秋战国时期越王勾践，兵败于吴国后，卧薪尝胆，奋发图强，十年生聚、

① 《辞海》，上海：上海辞书出版社，1980年版，第1235页。

十年教训、十年发展，最终崛起并战胜吴国，演绎了“三千越甲可吞吴”的神话。

新中国外交实施“韬光养晦”战略，是邓小平同志针对1990年前后的东欧剧变、社会主义阵营瓦解、西方阵营欢呼历史终结的国际局势提出来的。这一战略概括起来共有28字——“冷静观察，稳住阵脚，沉着应付，韬光养晦，善于守拙，决不当头，有所作为”，简称为“韬光养晦”。中国的这一外交战略在冷战后的初期发挥了重大作用，目前仍然是指导中国外交的基本战略。

中国的外交理念是谋求建立和平、发展、开放、正义、合作、和谐、共赢的世界，这些与“韬光养晦”战略是基本一致的。目前中国的“韬光养晦”战略有了新的内涵：不当头、不扛旗、不骄横、不霸道，秉持正义、做事中庸，不挑事端、不惹是非，广交友少树敌，致力于发展，面对矛盾与争端能有礼有利有节来处理，强调低调谨慎、奋发进取，戒禁争强好胜和虚力为之，但也不惧挑衅、不怕鬼敲门，目的是保有尊严、增强实力、确保发展。尽管这一战略在国内外都存在某些误读，在国内还有是否要继续坚持韬光养晦战略的争论，在国外也有中国可能正在改变以往韬光养晦战略迹象的印象与疑虑，但主流观点仍然认定中国现在仍是并将继续需要实行韬光养晦战略，但却可能在具体问题上保持更多元的灵活性。

当前，美国仍然并将长期是国际体系的唯一超级大国，其体系霸权力量十分强大，其自身除了政治、经济、军事、科技等硬实力方面超常强大，其文化、制度、地缘、资源、民族、语言等软实力方面也十分强大，国际体系内的他国均无法企及。同时，美国霸权的支点力量遍布全球，为美国霸权的维系与效用做出了重要贡献。事实上，目前全球尚没有单支力量能形成对美国的明显威胁，即使是美国及国际社会普遍认为的潜在挑战国——中国，也在相当长时期内难以真正与美国较量。中国尚不具备对美国构成决定性打击和杀伤力的制衡手段，将来即使中国具备了一些挑战美国体系霸权的资本，中国也无战略意图来挑战美国并进而支配全世界，那是中国发展战略上的禁忌。“历史的经验教训告诉我们，坚持韬光养晦是后起的中国走向强盛之路唯一正确的方法。历史上法国、德国、日本和苏联选择了和世界顶级强国对抗的战略，而濒于亡国”。[①]

中国的崛起，是和平崛起，是和谐发展，不是要通过在忍隐中发展壮大来取代美国谋求全球霸权，而是在发展中避免扛旗、避免骄横而招惹是非，以免和平发展之路被打断甚至出现发展上的倒退。“当前的中国，需要一种大国的自信。这才是‘韬光养晦’战略能得以在新时期发挥其无穷魅力的根本所在”。[②] 当然，韬光养晦战略虽说是一种低调而进取的战略，但在维护和巩固国家利益面前，既非单纯无原则地一味忍让，也非要刻意隐藏锋芒以图日后发威，而是与有所作为相辅相成。有所作为主要是积极发展自己的实力，毕竟实力才是力量之源、谋略之基、胜利之本。此外，要坚持公平正义、维护世界和平、促进共同发展。概而言之，“‘韬光养晦’更应是一种价值而不应是一种手段”。[③] 诚如孙子兵法所指出的，“非利不动，非得不用，非危不战”。[④] 因此，坚持“韬光养晦”不是说放弃了应有的对挑衅的反击，同样，适当地对挑衅的反击也不是要抛弃“韬光养晦”的基本战略。

中国崛起实质就是中国追求现代化，实现国民共同富裕目标的“中国梦”进程，改革、开放是中国实现这一目标的途径。所以，中国崛起的本质就是中国发展，所以“韬光养晦”战略的另一种最佳解释就是——“发展才是硬道理”。发展有发展的必然规律，包括发

---

① 周立丙：“论‘韬光养晦’方针必须长期坚持的原因”，载《攀枝花学院学报》，2012年10月，第29卷第5期，第31页。

② 陈文良：“对‘韬光养晦’的哲学审视”，载《中国发展》，2012年2月，第12卷第1期，第83页。

③ 陈文良：“对‘韬光养晦’的哲学审视”，载《中国发展》，2012年2月，第12卷第1期，第82页。

④ 《孙子兵法全鉴》，北京：中国纺织出版社，2010年版，第298页。

展的前提、方式、条件、途径、保障、内涵、目的等。当前，中国要顺利实现崛起，实现中华民族伟大复兴的“中国梦”。在对外关系上，实行“韬光养晦”的基本战略仍是最佳选择，这是中国历史文化传统、发展理念、国际形势、国力状况等多方因素决定的。具体到中国崛起的外交战略，应该在以下方面着力建构好中国的外交关系：

第一，继续高举和平、发展、合作、共赢的旗帜，保持大国自信，发挥负责任大国作用，始终站在正义和道德的高点上；

第二，继续坚持对外关系三个主要方面的原则，即“周边国家是首要，发展中国家是基础，大国关系是关键”的外交政策；

第三，继续弘扬“平等互信、包容互鉴、合作共赢”的精神，遵循制度与规范，坚守国家利益，体现正派厚道；

第四，发挥地缘环境、历史文化与经济发展上的长处与优势，坚持做好“睦邻、安邻、富邻”的周边国家文章，同时做好持续、健康发展同广大发展中国家的关系；

第五，积极与可能的友好国家发展准同盟关系，韬光养晦战略并不排斥适当、适度的结盟政策，既有广泛示范效应，又有相互支持作用；

第六，平衡性发展同美国与欧盟关系。美国是一个直接与中国崛起息息相关的国际体系霸权国，平衡性地发展同美国多样、多元、多层级、多领域、多渠道的关系，十分重要。美国有其强势特点和全球利益考量，但也有其制度主义与行事原则的弱点。欧盟是一个不得不联合却又有成员国主权利益分异的一体化组织，这是其优势也是其缺陷，可以各个利用；

第七，采取“画圈”战略，对周边国家、发展中国家和大国区别对待、分而待之的策略，例如对东盟，既视为整体，又毫不犹豫地分而治之，把友好与敌意国家区别开来对待；

第八，加强自信和国民素质培育，以中国悠久的历史文化价值为出发点，以政府外交为主轴，大力发展民间外交、公共外交、商业外交、事务外交等，不断拓展国家外交的深度、广度和厚度。

当前，中国发展比较纠结的问题是来自海上，尤以与日本的钓鱼岛问题、与菲、越等国之间的南海问题较为突出。加之，美国疑虑、戒备、遏制中国发展之心始终存在，其介入中国周边领土领海问题争端之心也较强，给中国带来了巨大不利与隐忧。日本和菲律宾都是美国在亚太的盟友，而日本与菲律宾又都与中国没有陆地相连，只是隔海紧邻。如果这三个国家在中国的东面形成犄角态势对抗中国，将不是一个好的形势。

当前中国的外交环境十分复杂，也十分微妙，在较长时期内，很难有实质性的改善，韬光养晦的对外战略仍十分必要：

首先，继续坚持改革开放的大政策，持续健康发展经济，建设并完善社会民主法治制度，克服极端性不良倾向带来的严重影响，如偏激性民族主义、官员腐败、贫富差距、民生问题、资源环境的开发与保护等。必须秉持公平正义、积极扬善惩恶、促进民主法治，发展高附加值经济。同时，也要创新性发展金融，持续增强人民币的国际货币地位也应该是一个长期推进的战略性政策。发展好教育与科技是国家长久兴旺发达的根本措施和力量源泉。

东西方文化与价值观上的巨大差异，使得中国与西方在今天全球化时代的发展中，仍然具有明显的对立性特征，而缺乏坚强盟友的中国很难站在上风位置。即使在东亚，尽管中国文化对周边国家的影响很大，地缘相邻，人缘相近，但心缘却相远，加上利益纷争十分错综复杂，中国很难与这些国家形成共同的发展认识，也难形成向心合力。在具体外交行动和利益关系中，相关国家还明里暗里进行各种掣肘，使得中国的发展具有更加复杂的外围环境，崛起之路注定不会那么平坦。中国文化、文明发展之路，走向何方？这个问题不仅是西方关心与不确定的问题，同样也是中国自己关心与不确定的问题。尽管这个问题并非是涉及生存的问题，但在中国崛起过程中，却实实在在是一个带来了现实困惑与战略政策倾向的问题。

其次，执行准同盟战略，改善与有关国家的友好协作关系。要向美国学习在全球发展战略性盟友或准盟友关系，要看到，“支点力量是美国霸权运作中的重要环节，它既构成了美国全球治理的一部分，也是美国政治精英制定对外政策的重要考虑之一”。[①] 继续巩固深化与巴基斯坦的全天候的政治、经济、军事与文化关系；印度是一个有良好地缘条件、发展中的大国，有悠久的历史文化和自己的大国雄心，发展两国友好合作、互信互利关系，应该是中印关系的方向；对朝鲜应可以考虑采取更灵活的政策，鼓励朝鲜尽早走上改革、发展、自强的现代化之路；韩国在中国的东北亚战略和全球战略中都有着重要作用，一是因为韩国是重要邻国，二是因为韩国在美日韩关系中的重要且微妙的角色作用，中国要坚持推进与韩国的友好战略协作关系；俄罗斯是一个能在世界范围内发挥重要作用的大国，也是唯一有能力对美国造成毁灭性军事打击威胁的国家，虽然经济、政治与文化上不足以对美国构成重大影响，但军事上确实能让美国忌惮三分；古巴和委内瑞拉、巴西、阿根廷等国家，也是中国要重点发展关系的支点性国家，以往中国只是有这种愿望，但投入不够，尚未在深度上下功夫；中东的伊朗、以色列、土耳其、沙特等国家，虽然比较难以发展成准同盟性的关系，但也是可以深入发展关系的国家；在非洲，传统的几个友好关系型国家，如坦桑尼亚等，虽然在中国全球战略中，难以独立发挥重大作用，但是在中非关系和全球发展中国家中，可以树立起友好、友谊、友爱的双边关系榜样。

再次，无论从短期还是从长期来看，美国都是一个可以学习、可以交流、可以竞争、可以纠纷，但不可为敌的国家。这并不是说

---

① 胡欣：“论霸权支点结构及其对中国外交的影响”，载《太平洋学报》，2010年6月，第18卷第6期，第28页。

中国在与美国关系中的重大核心国家利益面前，不能应对挑衅，而是中国应该认识到，美国在政治、经济、军事、科技、文化、制度等方面是一个超级强大的国家，因此，无论从政治游戏规则还是从客观现实需要出发，美国都应该是中国需要极力统合的国家。这不仅是中国崛起过程中韬光养晦战略的需要，而且也确实能给中国带来稳定、发展、繁荣与进步。中美两国相处好了，世界的和平、发展、合作、进步也就有了一个强大而坚实的保障，这也是中美两个伟大国家都应有的义务与责任。中国和美国两个国家，都是人口众多、幅员辽阔又有广阔大平洋相隔开的大国，“因此，它们实际上无法被另一个大国征服。”①

中国可以追求全球和谐，当然，这首先在于中国自然而然地融入国际秩序。在多边国际关系中，中国要发挥好中国在联合国、G20、APEC、上合组织、WTO、IMF 及 WB 等重要多边组织中的作用。在欧洲，中国可以进一步发展同爱尔兰、瑞士、挪威、西班牙等国家的关系。欧盟在全球政治、经济、军事、文化、价值、正义、规则、制度上是一个重要堡垒，中国应以“新欧洲”和“老欧洲”来区别对待。对于德国、英国、法国、意大利等老牌西方发达国家，中国应谨慎而又自信地与之打交道，利用各种矛盾搞杠杆外交、分化外交和必要时候的制衡外交，力求谋得相对的主动。

此外，中国崛起的外交战略中，离不开政治、经济、军事、文化、科技、制度等方面的内容。例如，科技领先、人民币国际化、文化引领、军力强大、制度进步等，中国都需要认真打磨，确保改革和发展事业得以健康持续。中国崛起的过程将是长期的，不能简单地把经济上超越美国定义为崛起。中国的崛起实际上应该是在确保有能力维护自己的统一与领土领海主权完整，在国际上赢得尊重

① “世界迈向美中两国共治时代?”，载《参考消息》，第 19876 期，2013 年 7 月 16 日，第一版。该文引自：日本《外交学者》杂志网站 2013 年 7 月 12 日文章，原题是“为何中美（很可能）不会开战”，作者是扎卡里·凯克。

与信任，在国内则是经济繁荣、科技发达、民生幸福、社会稳定、文明进步、文化繁荣、制度先进。中国也应认识到，美国并非是没有弱点的国家，并非是能随心所欲的国家，也并非总是一个对全球带来利好的国家。事实上，美国的很多战略与政策基本上都是以美国自己的国家利益为中心的，不可避免地对有些国家和全球利益带来不利影响。所以，这也是中国需要全面分析的方面。

本章小结

冷战后，国际体系变成了“一超多强”的过渡性格局，国际秩序重构一直在加速进行，国际秩序的变化也已经不再几乎完全由他者的意图、政策、行动而引起。不仅科技的力量使全球化、信息化加速向政治领域渗透，新兴国家群体性崛起和全球性问题的挑战也在改写国际秩序的重构方式。“两大历史进程同时接近尾声。第一，长达 500 年的以欧洲为中心的世界在日渐瓦解。当不同于欧洲的另外一些文明，如中国的、印度的、伊斯兰的、拉丁美洲的文明出现在舞台上的时候，人类就成为新的地缘政治秩序的见证人。第二，200 年来的工业文明走向末路，被称作一体化的后工业文明正在诞生。全球战略必须更新，其目的是形成新的生产和消费方式，保证自然和社会的平衡，消除贫富差距，在各种文明和各国对话伙伴关系的基础上形成真正的多极世界。”①

在当前的国际秩序重构过程中，中国被国际社会普遍视为国际体系中的崛起者（当然中国并不这样看，中国视自己的发展为“复兴”，视自己的崛起为“归来”），在各个方面与领域都在挑战现今

---

① 《欧洲文明全面危机征兆尽显》，载《参考消息》，2011 年 11 月 18 日，第 10 版。原文来源为俄罗斯《独立报》11 月 14 日文章，题：欧洲文明的危机，作者是莫斯科国际关系学院文明伙伴关系中心主任韦尼阿明·波波夫。

体系中的霸权国美国。这种说法是不现实的，或者说是不准确的！首先，美国的全面优势没有那么容易撼动；其次，美国是西方白人种族发展及基督信仰的国家，[①] 西方主宰的国际体系架构及价值观也难以撼动，新兴崛起国只能选择融入既有的国际体系；再者，对于被视为最有可能挑战美国霸权地位的中国，国际社会的普遍认识还是理性的，认识到中国自身在历史上不是一个扩张国，而是一种文化上与事实上的内敛国，“与以往的崛起大国不同，中国并非一个扩张主义者”。[②] 美国学者理查德·韦茨认识到，“中国在崛起的同时逐渐融入一个历史上非典型的由地区和全球机构组成的网络，这个网络是美国外交官基于美国价值观建造的。这种秩序实施开放自由的原则，因此很容易加入；但它的丰富、高效和普遍性使之在不发生大型战争的情况下很难被取代。”[③]

日本亦步亦趋地跟在美国的后面，做美国的跟班，在东亚的国际政治地位不是增强了，而是减弱了，号召力不比美国，牵引力不如中国。如果没有美国的保护与支持，日本在国际体系中的地位就如一条死鱼，周边国家就会立即同日本旧账新账一起清算，而日本无法承受这样持续不断的清算。“《福布斯》杂志认为，‘与其他国家相比，日本在地缘意义上的重要性和价值都在急剧且不可逆转地

---

① 虽然所有的国际关系理论很少提及种族的国际政治，而是基本上以宗教信仰及价值观来替代这个敏感的话题，但事实上，白人始终在国际社会中有一种有意无意的优越感。《环球时报》2012 年 11 月 12 日的头条报道中，转述了《悉尼先驱晨报》10 日的一段话，其中说到美国“超级大国统治的终结、白人统治的终结”，这等于直接承认白人国际秩序的说法。白人至上主义和白人国际秩序虽然在某些国家中仍有市场，但终将是历史上的昙花一现。

② 阿里·维内：“中国既非盟友也非敌人（原题：《中国可能不是美国的盟友，但也不是敌人》）”，载《参考消息》（原载：美国《福布斯》双周刊网站 11 月 6 日文章），2012 年 11 月 8 日，第 14 版。

③ 理查德·韦茨：“中国是美国新总统首要挑战（原题：无论谁赢，中国都将是美国的首要问题）”，载《参考消息》（原载：《世界政治评论》杂志网站 11 月 6 日文章），2012 年 11 月 8 日，第 14 版。

下降’，‘在新的美中关系中，日本将降至配角地位，在实质上将不可避免地中立化’。实际上，《纽约时报》和《华盛顿邮报》也持类似观点。”①

不过，日本国内有战略眼光的政治家、日本前首相中曾根康弘就曾经告诫过，“日中是近邻，除了正常的国际关系外，还需要礼仪关系，相互礼让是必要的。这一点对两国领导人而言尤为重要。日本应该右手握着美国，左手握着中国。唯有如此，才能确保日本的存在感，确保日本的发展，确保东亚的和平”。②

美国用接触加防范的战略对待中国，试图用规制的办法来达到遏制的效果。中美关系在现实中要“照顾敏感度，保持舒适度”的微妙平衡，并不是一件简单的事情，但目前来看还是可行的。“中国战略文化的特性绝不是多愁善感，而是头脑清醒。”③

---

① “世界迈向美中两国共治时代?”，载《参考消息》，第19876期，2013年7月16日，第一版。原文引自：日本《追求》双周刊8月号（提前出版）文章，原题是：了解美中首脑会谈的真正意义（作者是大前研一）。

② 中曾根康弘：外交の要諦を話そう，《外交》創刊号，2010年9月30日。转引自：蔡亮：“日本‘新国家主义’派的对外战略构想与困境”，载《现代国际关系》，2012年第7期，第16页。

③ “世界迈向美中两国共治时代?”，载《参考消息》，第19876期，2013年7月16日，第一版。该文转引自：阿根廷《号角报》2013年7月14日文章。

参考文献

一、中文文献

（一）著作

倪世雄等：《当代西方国际关系理论》，上海：复旦大学出版社，2001 年版。

秦亚青：《权力·制度·文化：国际关系理论与方法研究文集》，北京：北京大学出版社，2005 年版。

阎学通、阎梁：《国际关系分析》，北京：北京大学出版社，2008 年版。

袁正清：《国际政治理论的社会转向：建构主义研究》，上海：上海人民出版社，2005 年版。

李少军：《国际关系学研究方法》，北京：中国社会科学出版社，2008 年版。

朱立群主编：《国际体系与中欧关系》，北京：世界知识出版社，2008 年版。

田野：《国际关系中的制度选择：一种交易成本的视角》，上海：上海人民出版社，2006 年版。

孙武：《孙子兵法》，山西：山西古籍出版社，1999 年版。

汪伟民：《联盟理论与美国的联盟战略——以美日、美韩联盟研究为例》，北京：世界知识出版社，2007 年版。

王小章主编：《中国社会心理学》，浙江：浙江大学出版社，

2008 年版。

刘鸣：《国际体系：历史演进与理论的解读》，北京：中共中央出版社，2006 年版。

赵广成：《从合作到冲突：国际关系的退化机制分析》，北京：世界知识出版社，2011 年版。

白云真、李开盛著：《国际关系理论流派概论》，浙江：浙江人民出版社，2009 年版。

张旭昆：《制度演化分析导论》，浙江：浙江大学出版社，2007 年版。

白万纲：《大国的崛起》，北京：中国社会出版社，2007 年版。

桂立：《美苏关系 70 年》，北京：人民出版社，2005 年版。

王建伟主编：《国际关系学》，北京：中国人民大学出版社，2010 年版。

马克思：《致路·库格曼（1871 年 4 月 17 日）》，《马克思恩格斯选集》（第 4 卷），北京：人民出版社，1995 年版。

黄小明：《文化、文明与国际关系》，王建伟主编：《国际关系学》，北京：中国人民大学出版社，2010 年版。

老子：《道德经》，第三十三章，陕西：陕西旅游出版社，2006 年版。

中国史学会：《戊戌变法》，上海：上海人民出版社，1957 年版。

吴惕安、俞可平主编：《当代西方国家理论评析》，陕西：陕西人民出版社，1994 年版。

肖佳灵：《国家主权论》，北京：时事出版社，2003 年版。

任晓、胡泳浩：《中美日三边关系》，浙江：浙江人民出版社，2002 年版。

《邓小平外交思想学习纲要》编写组：《邓小平外交思想学习纲要》，北京：世界知识出版社，2000 年版。

王国维：《观堂集林》（第十卷，第二册），北京：中华书局，1995年版。

任吉悌、王暟霞：《国家哲学论》，安徽：安徽人民出版社，2000年版。

蒋立峰主编：《21世纪中日关系发展构想》，北京：世界知识出版社，2004年版。

吴学文、卓南生：《中美关系出了什么问题》，北京：北京大学出版社，2005年版。

徐世澄：《美国和拉丁美洲关系史》，北京：社会科学文献出版社，1995年版。

杨存堂：《美苏冷战的一次极限——加勒比海导弹危机》，广西：广西师范大学出版社，2002年版。

资中筠：《战后美国外交史》，北京：世界知识出版社，1994年版。

徐国定：《形象学》，香港：香港国际海洋出版社，1998年版。

管文虎主编：《国家形象论》，四川：电子科技大学出版社，1999年版。

李正国：《国家形象构建》，北京：中国传媒大学出版社，2006年版。

杨伟芬等编：《渗透与互动——广播电视与国际关系》，北京：北京广播学院出版社，2000年3版。

李巨廉、王斯德：《第二次世界大战起源历史文件资料集》，上海：华东师范大学出版社，1985年版。

刘青建：《当代国际关系新论——发展中国家与国际关系》，北京：清华大学出版社，2004年版。

刘靖华：《霸权的兴衰》，北京：中国经济出版社，1997年版。

郭树勇：《建构主义与国际政治》，北京：长征出版社，2001年版。

陈乐民主编：《西方外交思想史》，北京：中国社会科学出版社，1995 年版。

梁西：《国际组织法（总论）》，武汉：武汉大学出版社，2001 年版。

许嘉等：《美国国际关系理论研究》，北京：时事出版社，2008 年版。

李铁城：《联合国的历程》，北京：北京语言学院出版社，1993 年版。

（二）译著：

［美］亚历山大·温特，秦亚青译：《国际政治的社会理论》，上海：上海人民出版社，2000 年版。

［德］卡尔·马克思、弗里德里希·冯·恩格斯：《马克思恩格斯选集》（第 1—19 卷），北京：人民出版社，1995 年版。

［俄］列宁：《列宁选集》（第三卷），北京：人民出版社，1972 年版。

［英］G·巴勒克拉夫：《国际事务概览，1959—1960 年》，上海：上海译文出版社，1986 年版。

［美］托马斯·帕特森：《美国外交政策》，北京：中国社会科学出版社，1989 年版。

［德］恩格斯：《路德维希·费尔巴哈和德国古典哲学的终结》，《马克思恩格斯全集》，第 21 卷，北京：人民出版社，1995 年版。

［美］马克斯韦尔·泰勒：《剑与犁》，北京：商务印书馆，1981 年版。

［俄］谢·赫鲁晓夫著，张岱云、王长荣、陆宗荣、潘绪年、关可光等译：《赫鲁晓夫回忆录》，北京：东方出版社，1988 年版。

［捷］姆林纳日著，新征译：《严寒来自克里姆林宫》，北京：世界知识出版社，1980 年版。

[美] 约翰·米尔斯海默：《大国政治的悲剧》，王义桅、唐小松译，上海：上海人民出版社，2003 年版。

[美] 汉斯·摩根索：《国家间政治——寻求权力与和平的斗争》，徐昕等译，北京：中国人民公安大学出版社，1990 年版。

[美] 约翰·加迪斯：《遏制战略：战后美国国家安全政策评析》，时殷弘等译，北京：世界知识出版社，2005 年版。

[俄] 谢·赫鲁晓夫：《导弹与危机》，北京：中央编译出版社，2000 年版。

[美] 约翰·纽豪斯：《核时代的战争与和平》，北京：军事科学出版社，1989 年版。

[美] 詹姆斯·多尔蒂、小罗伯特·普法尔茨格拉夫著，邵文光译：《争论中的国际关系理论》，北京：世界知识出版社，1987 年版。

[美] 塞缪尔·亨廷顿著，周琪、刘绯、张立平、王圆译：《文明的冲突与世界秩序的重建》，北京：新华出版社，2002 年版。

[美] 塞缪尔·亨廷顿著，程克雄译：《我们是谁——美国国家特性面临的挑战》，北京：新华出版社，2005 年版。

[美] 肯尼思·华尔兹著，信强译：《国际政治理论》，上海：上海人民出版社，2003 年版。

[德] 费希特著，梁志学、沈真译：《论学者的使命》，北京：商务印书馆，1982 年版。

[德] 黑格尔著，范杨、张企泰译：《法哲学原理》，北京：商务印书馆，1982 年版。

[美] 塞缪尔·亨廷顿著，程克雄译：《我们是谁：美国国家特性面临的挑战》，北京：新华出版社，2005 年版。

[美] 詹姆斯·德·代元著，秦治来译：《国际关系理论批判》，浙江：浙江人民出版社，2003 年版。

[德] 马克思：《1844 年经济学哲学手稿》（单行本），北京：

人民出版社，2000 年版。

［日］山室信一：《面向未来的回忆》，中国社会科学院编：《中国与日本的他者认识》，北京：社会科学文献出版社，2004 年版。

［法］拉康：《拉康选集》，上海：上海译文出版社，2001 年版。

［德］海德格尔著，陈嘉映、王庆节译：《存在与时间》，北京：三联书店，1987 年版。

［美］汉斯·J. 摩根索著，杨歧鸣、王燕生、赵归、林小云译：《国家间的政治——为权力与和平而斗争》（第 5 版修订版），北京：商务印书馆，1993 年版。

［英］安东尼·吉登斯著，，胡宗泽、赵力涛译：《民族—国家与暴力》，北京：生活·读书·新知三联书店，1998 年版。

［俄］列宁：《论国家》，北京：人民出版社，1995 年版。

［美］乔纳森·哈斯著，罗林平、罗海钢等译：《史前国家的演进》，北京：求实出版社，1988 年版。

［美］肯尼思·华尔兹著，倪世雄等译：《人、国家与战争——一种理论分析》，上海：上海译文出版社，1991 年版。

［英］伯特兰·罗素著，张师竹译：《社会改造原理》，上海：上海人民出版社，1986 年版。

［俄］阿尔巴托夫著，徐葵译：《苏联政治内幕：知情者的见证》，北京：新华出版社，1998 年版。

［美］威廉·曼彻斯特：《光荣与梦想》（第四册），北京：商务印书馆，1980 年版。

［法］让·巴蒂斯特·迪罗塞尔：《外交史》（下册），上海：上海译文出版社。

［美］西奥多·索伦森著，复旦大学世界经济研究所译：《肯尼迪》，上海：上海译文出版社，1981 年版。

［美］小阿瑟·施莱辛格：《一千天》，北京：三联书店，1981 年版。

［美］罗纳德·杰普森、亚历山大·温特、彼得·卡赞斯坦著，宋伟、刘铁娃译：《规范、认同和国家安全文化》，载彼得·卡赞斯坦主编：《国家安全的文化：世界政治中的规范与认同》，北京：北京大学出版社，2009 年版。

［美］温都尔卡·库芭科娃、尼古拉斯·奥努弗、保罗·科维特主编，肖锋译：《建构世界中的国际关系》，北京：北京大学出版社，2006 年版。

［美］罗伯特·杰维斯著，秦亚青译：《国际政治中的知觉与错误知觉》，北京：世界知识出版社，2003 年版。

［英］戴维·赫尔德、安东尼·麦克格鲁编，曹湘荣、龙虎等译：《治理全球化：权力、权威与全球治理》，北京：社会科学文献出版社，2004 年版。

［美］罗伯特·基欧汉编，郭树勇译：《新现实主义及其批判》，北京：北京大学出版社，2002 年版。

［美］玛莎·费力莫，袁正清译：《国际社会中的国家利益》，浙江：浙江人民出版社，2001 年版。

［美］罗伯特·基欧汉、约瑟夫·奈著，门洪华译：《权力与相互依赖》，北京：北京大学出版社，2002 年版。

［日］田中明彦著，杨晶译：《世界系统》，北京：经济日报出版社，1990 年版。

［美］麦克尔·哈特、［意］安东尼奥·奈格里：《帝国：全球化的政治秩序》，江苏：江苏人民出版社，2003 年版。

［英］赫德利·布尔著，张小明译：《无政府社会：世界政治秩序研究》，北京：世界知识出版社，2003 年版。

（三）论文

倪世雄、蔡翠红：“西方国际体系论探索——从科学行为主义到建构主义”，载《国际观察》，2006 年第 4 期。

阎学通："国际关系理论与大国关系研究"，载《世界经济与政治》，2003 年第 5 期。

董青岭："国家形象与国际交往刍议"，载《国际政治研究》，2006 年第 3 期。

秦亚青："国际体系转型以及中国战略机遇期的延续"，载《现代国际关系》，2009 年第 4 期。

俞正梁："国家在全球化中的位置"，载《国际政治》，2003 年第 2 期。

门洪华："相互依赖与国际机制：理论的比较"，载《中共天津市委党校学报》，2001 年第 4 期。

俞吾金："存在、自然存在和社会存在"，载《中国社会科学》，2001 年第 2 期。

胡群英："人的群体存在、社会存在与共同体存在的哲学辨析"，载《廊坊师范学院学报》（社会科学版），2009 年 8 月，第 25 卷第 4 期。

谢剑南："'他者的存在'与国际社会的无政府状态分析"，载《东方论坛》，2011 年第 2 期。

晓端："角色与个性——人性与国际关系"，《世界经济与政治》，2000 年第 4 期。

伍兴元："认识论中理性主义的基本类型及其历史变迁"，载《延安大学学报》（社会科学版），2006 年 6 月，第 28 卷第 3 期。

颜岩："拉康'他者'理论及其现代启示"，载《重庆社会科学》，2007 年第 2 期。

赵俊："国际关系中的承认：合法性与观众成本"，载《世界经济与政治》，2001 年第 4 期。

宣兴章："国际关系是关系：对存在的反思与重构"，载《世界经济与政治》，2009 年第 1 期。

余潇枫："'认同危机'与国家安全"，载《毛泽东邓小平理论研究》，2006 年第 1 期。

李少军：“论‘主体间世界’”，载《国际观察》，2010 年第 5 期。

阎学通：“对中美关系不稳定性的分析”，载《世界经济与政治》，2010 年第 12 期。

陈健：“即使 GDP 第一，中国也不争当老大”，载《环球时报》，2011 年 11 月 15 日，第 14 版。

杨栋梁：“中日关系的结构性变化与对策”，载《东北亚学刊》，2012 年 9 月第 4 期。

叶海林：“日本：仇人？友人？敌人？”，载《同舟共济》，2012 年第 10 期。

王学玉：“地区与国际关系研究”，载《世界经济与政治》，2010 年第 4 期。

杨柳婧、杜睿：“基于神经反射传入过程探释思想政治教育内化机制”，载《南华大学学报（社会科学版）》，2012 年 4 月，第 13 卷第 2 期。

彭洁：“认知失调对政治决策者决策的影响——以古巴导弹危机为例”，载《内蒙古农业大学学报》（社会科学版），2009 年第 6 期。

赵俊：“国际关系中的承认：合法性与观众成本”，载《世界经济与政治》，2011 年第 4 期。

钱海英：“论古巴导弹危机”，载《法制与社会》，2010 年 2 月（下）。

桂立：“古巴导弹危机决策分析”，载《武汉大学学报》（社会科学版），1992 年第 4 期。

蔺陆洲：“苏联国内政治斗争与古巴导弹危机决策”，载《法制与社会》，2011 年第 5 期（下）。

吴文成、梁占军：“古巴导弹危机中的官僚位置与决策”，载《国际政治科学》，2006 年第 4 期。

于江欣："古巴导弹危机及其影响"，载《战争史研究》，2004年第4期。

柳植："一场惊心动魄的核对抗——美苏解密档案展示的古巴导弹危机"，载《百年潮》，2000年第3期。

赵学功："肯尼迪政府对古巴导弹危机的军事反应"，载《历史教学》，2011年第20期。

张红、刘会宝："肯尼迪在美苏古巴导弹系统危机中的'战争边缘策略'"，载《中南大学学报》（社会科学版），2010年8月，第16卷第4期。

季玲："重新思考体系建构主义身份理论的概念与逻辑"，载《世界经济与政治》，2012年第6期。

姜源："异国形象研究中的文化意义"，载《社会科学研究》，2005年第2期。

汤光鸿："论国家形象"，载《国际问题研究》，2004年第4期。

傅新："全球化时代的国家形象——兼对中国谋求和平发展的思考"，载《国际问题研究》，2004年第4期。

张昆、徐琼："国家形象刍议"，《国际新闻界》，2007年第3期。

李正国："当前国内学术界对国家形象的研究现状"，载《宁夏党校学报》，2006年1月，第8卷第1期。

赵可金：《进攻性现实主义的理论逻辑及其批判》，载《复旦学报（社科版）》，2004年第5期。

门洪华："压力、认知与国际形象"，载《世界经济与政治》，2005年第4期。

李效东、李瑞景："西方战争伦理的理论体系及当代论争"，载《世界经济与政治》，2011年第7期。

夏立平："21世纪初的中美关系——非对称性相互依赖"，载《当代亚太》，2005年第12期。

余万里：“相互依赖研究评述”，载《欧洲研究》，2003年第4期。

李国亭：“军事战略新命题——信息威慑”，载《国际技术经济研究》，第9卷第3期。

钱春泰：“国际政治中武力的潜在运用”，载《欧洲研究》，2005年第4期。

江海洋：“从‘霸权均势’到‘相互依赖均势’——试析当代东亚国际秩序的现状”，载《高等函授学报》（哲学社会科学版），2009年8月，第22卷第8期。

罗伯特·肯尼迪：“十三天：古巴导弹危机回忆录”最后两章，载《战略与管理》，2001年第5期。

罗伯特·W·考克斯：“思考世界秩序的不同方式”，载《世界经济与政治》，2012年第3期。

J. 弗罗利克·托马斯：“卡普洛·拉斐尔与信息伦理学的挑战”，载《国外社会科学》，2002年第1期。

安杰伊·沙哈伊：“作为一种新人文主义的后现代自由主义”，艾彦译，载《国外社会科学》，2007年第2期。

约瑟夫·奈：“中国使人意识到和平的可贵”，新加坡：《海峡时报》，2005年3月18日。

（四）工具书

中国社会科学院语言研究所词典编辑室编：《现代汉语词典》（第5版），北京：商务印书馆，2005年版。

辞海编辑委员会编：《辞海》（缩印本），上海：上海辞书出版社，1979年版。

李忆民主编：《现代汉语常用词用法词典》，北京：北京语言文化大学出版社，1995年版。

中国大百科词典编委会：《中国百科大辞典》，北京：华夏出版社，1990年版。

二、英文文献

（一）著作

Robert Keohane and Joseph Nye, *Power and Interdependence* (3rd Edition), New York: Addison Wesley, Longman, 2001.

Hans J. Morgenthau, *Politic Among Nations: The Struggle, for Power and Peace*, The McGraw-Hill Companies Inc, 1985.

Michael Walzer, *Just and Unjust Wars*, New York: Basic Book, 1992.

Max Weber, *Politics as a Vocation*, in Essays from Max Weber, Routledge, 1998.

Marcel Marle, *The Sociology of International Relations*, Translated from French by Dorothy Parkin, Berg-Leamington Spa Publishers, 1987.

Stanley Hoffmann, *The State of War-Essays on the Theory and Practice of International Relations*, Praegers Publishers, 1965.

Samul Makinda, *Reading and Writing International Relations*, Austrian Journal of International Relations, 54: 3 (2000).

Antonio Damasio, *Descartes' Error: Emotion, Reason*, and the Human Brain, New York: Putnam, 1994.

George Kennan, *American Diplomacy*: 1900 - 1950, A Mentor Book by The New American Library, 1951.

Simone de Beauvior, *The Second Sex*, translated and edited by H. M. Parshley, New York: Bantam Books, 1961.

C. W. F. Hegel, *The Phenomenology of Spirit*, Oxford: Clarendon Press, 1977.

Charles Tilly, *Reflections on the History of European State-Making*, *in Tilly, ed., The Formation of National States in Western Europe*, Princeton: Princeton University Press, 1975.

Andrew Vincent, *The Theories of the State*, London, 1987.

Morton H. Fried, *The Evolution of Political Society*, New York: Random House, 1967.

Elman R. Service, *Origins of the State and Civilization: The Process of Cultural Evolution*, *New York*, Nornto, 1975.

Liebkind, *Minority Identity and Identification Processes*, p. 51, citing Henri Tajfel, Interindividual Behaviour and Intergroup Behaviour in Tajfel, ed., *Differentiation Between Social Groups: Studies in the Social Psychology of Intergroup Relations*, European Monographs in Social Psychology, 14 (London: Academic Press, 1987).

Richard J. Walton, *Cold War and Counterrevolution: The Foreign Policy of John F. Kennedy*, The Viking Press, New York, 1972.

G. W. Sand, *Soviet Aims in Central America*, A Division of Greenword Press, 1989.

Blight and Welch: *Cuba on the Brink*, New York: Pantheon Books, 1993.

Mary McAuliffe, *CIA Documents on the Cuban Missile Crisis*, Washington, D. C.: CIA History Staff, 1992.

Alexandr Fursenko, Timothy Naftali, "*One Hell of a Gamble: Khrushchov, Castro, and Kennedy*, 1958 – 1964. New York: W. W. Norton Company, 1997.

U. S. Department of State, *Foreign relations of the United State* (FRUS) (1961 – 1963) Volume XI, Cuba, Washington D. C: U. S. Government Printing Office, 1996.

Graham T. Allison, *Essence of Decision: Explaining the Cuban Missile Crisis*, 1995.

Lawrence Chang and Peter Kornbluh, *The Cuban Missile Crisis*, New York: The New Press, 1998.

Theodore Sorensen, *Kennedy*, New York: Harper and Row, 1965.

Lawrence Freedman, *Kennedy's Wars*, New York: Oxford University Press, 2000.

Michael A. Hogg, Deborah J. Terry and Katherine M. White, *A Tale of Two Theories: A Critical Comparison of Identity Theory with Social Identity Theory*, Social Psychology Quarterly, Vol. 58. 2001.

Philip Kotler, *Marketing Management*, *Analysis*, *Planning*, *Implementation and Control*, 9th ed. Upper Saddle River, NJ: Prentice Hall International, Inc., 1997.

Eugene D. Jaffe & Israel D. Nebenzahl, National Image and Competitive Advantage, Copenhagen: Copenhagen Business School Press, 2001.

Onathan Mercer, *Reputation and International Politics*, London: Cornell University Press, 1996.

H. Butterfield and M. Wight (eds), *Diplomatic Investigations*, London: George Allen & Unwin, 2003.

Nicholas J. Wheeler, *Saving Strangers: Humanitarian Intervention in International Social*, Oxford: Oxford University Press, 2000.

Chris Brown, *Sovereignty*, *Rights and Justice: International Political Theory Today*, Cambridge: Polity Press, 2002.

Michael Walzer, *The Moral Standing of States: A Response to Four Critics*, Philosophy and Public Affairs, 9: 3 (1980).

D. Thomas O' Connor, *A Reappraisal of the War Tradition*, Ethics, 84: 2 (1974).

Alexander L. George and Richard Smoke, *Deterrence in American Foreign Policy: Theory and Practice*, New York: Columbia University Press, 1974.

Bernard Brodie, *The Absolute Weapon: Atomic Power and World Order*, *New York: Harcourt Brace*, 1946.

Stephen Haggard and Beth Simmons, *Theories of International Regimes*, International Organization. Summer, 1987.

Stephen Krasner, *International Regimes*, Cornell University Press, 1983.

Robert Cox, State, *Social Force and World Order*, in Robert O. Keohane, ed., *Neorealism and Its Critics*, New York: Columbia University Press, 1986.

（二）论文

Joseph Grieco, *Anarchy and the Limits of Cooperation: A Realist Critique of the Newest Liberal Institutionalism*, International Organization, Vol. 42, No, 3, 1988.

Neta C. Crawford, *The Passion of World Politics: Propositions on Emotions and Emotional Relationships*, International Security, Vol. 24, No. 4, 2000.

Alexander Wendt, *Why a World State* is Inevitable, European Journal of International Relations, Vol. 19 (4), 2003.

Evgeny Krieger, *From Moscow to the Prussian Frontier*, London: Hutchinson, 1945, p. 8, November, 1941.

Goebbels, *speech in the Berliner Sportpalast*, October 3, 1943, Volkischer Beobachter, October 4, 1943.

Ken Booth, *Security in Anarchy: Utop ian Realism in Theory and Practice*, International Affairs, 1991 (3).

Raymond Garthoff, *The Havana Conference on the Cuban Missile Crisis*, *Cold War International History Project Bulletin*, 1992.

Robert Dallek, *JFK's Second Term*, The Atlantic Monthly,

June, 2003.

Joseph Nye, *Soft Power*, Foreign Policy, Fall, 1990.

Alexander Wendt, *Constructing International Politics*, International Security, Vol. 120, no. 1, 1995.

Eric J. Labs, *Offensive Realism and Why States Expand Their War Aims*, Security Studies, 6: 4 (1997) .

John J. Mearsheimer, *The Future of the American Pacificer*, Foreign Affairs, vol. l80, No. 5, 2001.

致　谢

2010年，我有幸获得了教育部社科研究青年基金项目的资助，开始着手国际关系进化/退化机制的有关研究，并把书目定位《国际关系退化机制与国际秩序重构》。按理说，我没有从事与国际关系相关工作，因此，说起来，研究国际关系有些勉强了，尤其是有关国际关系理论方面的，许多资深的国际关系专家教授都尽量避免言及国际关系理论，我却硬着头皮往前，不免有点无知妄为了。

此书立项后的三年中，由于事务性的工作十分琐碎繁忙，很少能集中精力做细致的研究，在时间上，零零碎碎的加起来，不过三个月时间来写作此书。当然，在没有写作时，我还是抽空阅读了大量有关著述、论文、新闻等素材，并及时记下思想火花，在写作过程中予以深入分析。在写作中，即使遇到各种困难与困惑，我也依然尽力克服。

我要感谢我的导师苗华寿教授，感谢同学赵广成、赵跃钦、车正光、于德强、陈国锋、任成金等，他们给了我宝贵的思想上的火花、写作上的帮助和精神上的鼓励，使我受益匪浅；感谢课题组成员纪珊尚、欧斌等同事；感谢时事出版社的高冉编辑，她给了我很多建设性意见，在编辑此书过程中，也做了大量细致的工作，付出了很多精力。他们都让我深为感动，在此特为致谢。

我还要感谢我的家人，他们在我一路走来中，付出了最多的无私支持。谨以此书献给我亲爱的家人。

图书在版编目（CIP）数据

国际关系退化机制与国际秩序重构/谢剑南著．—北京：时事出版社，2014.1

ISBN 978-7-80232-678-1

Ⅰ.①国…　Ⅱ.①谢…　Ⅲ.①国际关系—研究　Ⅳ.①D81

中国版本图书馆 CIP 数据核字（2013）第 297059 号

出版发行：时事出版社
地　　址：北京市海淀区巨山村 375 号
邮　　编：100093
发行热线：（010）82546061　82546062
读者服务部：（010）61157595
传　　真：（010）82546050
电子邮箱：shishichubanshe@ sina. com
网　　址：www. shishishe. com
印　　刷：北京百善印刷厂

开本：787×1092　1/16　印张：21.25　字数：280 千字
2014 年 1 月第 1 版　2014 年 1 月第 1 次印刷
定价：69.00 元
（如有印装质量问题，请与本社发行部联系调换）